Collection « Essais »

La *sportokratura* sous Vladimir Poutine

Une géopolitique du sport russe

Lukas Aubin
Docteur en Études slaves contemporaines
Spécialiste de la géopolitique
de la Russie et du sport

W0376782

Éditions Bréal

Édition : Myriam Pasek
Relecture : Blandine Renard
Mise en page et infographies : Loïc Pennanéac'h

© Bréal, mai 2021
Toute reproduction même partielle interdite
ISBN 978 2 7495 5071 8

À Antoine et Antoine,
petits cousins, grands amis

« Le judo apprend la maîtrise de soi, la capacité de sentir le moment, de voir les forces et les faiblesses de l'adversaire, et de lutter pour les meilleurs résultats. Ce sont des aptitudes et des capacités essentielles à tout homme politique. »

Vladimir Poutine, « Maître de sport » de judo
et président de la Fédération de Russie

SOMMAIRE

PRÉAMBULE

Cet ouvrage naît sur les bords de la mer Noire lors d'un voyage à Sotchi au lendemain des Jeux olympiques d'hiver 2014. La « capitale du sud » de la Russie est vide. J'arpente les rues délaissées d'une ville qui était encore l'épicentre du sport international quelques semaines auparavant. Difficile d'imaginer que les athlètes, politiques, journalistes et touristes du monde entier y grouillaient dans un chaos organisé au cœur d'un moment historique. Depuis la chute de l'URSS, aucun pays post-soviétique n'avait accueilli un événement sportif de cette ampleur. L'ambiance était à la fête et il n'était pas rare de croiser à Moscou comme à Ekaterinbourg ou à Irkoutsk des Russes aux joues mouillées de larmes de fierté. Pourtant, hasard de l'histoire, à l'instar des JO d'été de Moscou en 1980 et du boycott lié à l'invasion soviétique en Afghanistan, Sotchi s'est retrouvée au centre de la politique mondiale. Tous les regards étaient alternativement tournés vers l'Ukraine, à quelques encablures des palmiers et des tremplins de ski, où la révolution dite du Maïdan faisait rage et vers Sotchi, où les moindres réactions de Vladimir Poutine à ce sujet étaient guettées. Comme en 1980, l'événement sportif était devenu un prétexte politique.

Non loin de ce bruyant passé, mes déambulations deux mois plus tard sur les bords de la mer Noire offrent un contraste saisissant. Tout ça pour ça ? 40 milliards d'euros dépensés pour un événement qui a duré deux semaines et dont le principal souvenir restera lié à jamais à l'Ukraine et à la réincorporation de la Crimée à la Russie ? Et puis après ? Un territoire vide et presque abandonné ? Je décide d'en chercher le sens. Quelques mois plus tard, en juillet 2014, je retrouve mes camarades sur les bords de la mer Noire, à Batumi en Géorgie cette fois, lors d'une mémorable université d'été organisée par l'Institut français de géopolitique (IFG). Plusieurs fois, nous évoquons le projet d'un ouvrage potentiel. Et c'est par une chaude après-midi tropicale, entre khatchapouri, khinkali (plats traditionnels géorgiens) et autres débats sur la géopolitique de l'espace post-soviétique, que surgit l'inspiration : le sport russe comme outil de compréhension du système Poutine ! À quatre ans de la Coupe du monde de football, le timing semble parfait et le terrain de recherches identifié. Je me souviens d'une discussion brève mais exaltée propre aux jeunes chercheurs. En quelques phrases jetées en l'air sous les palmiers d'une station balnéaire post-soviétique en reconstruction, me voilà sur les rails d'une nouvelle aventure.

Les premiers mois sont difficiles. Commencer une enquête, c'est avancer et tâtonner dans un couloir sombre. Parfois, on trébuche et, souvent, on ne sait absolument pas où l'on va. Il faut réaliser un état de l'art exhaustif, lire tout ce qui existe sur le sujet en français, russe et anglais, et se remplir le cerveau de nombreuses informations qui, sans le savoir, vont nourrir le propos en métamorphose. Ce processus intellectuel délicat me conduit souvent à des errances nécessaires. Par quel bout prendre ce sujet ? L'histoire, d'abord, me souffle mon instinct d'ancien étudiant à l'Université du Havre. J'écume alors les bibliothèques de la BNF et de l'INALCO pendant des mois afin de lire et relire les textes historiques sur la guerre froide sportive, le rôle du sport dans la révolution bolchévique, ou encore la création du sport moderne en Russie sous les Romanov. Le constat est implacable : que dire quand tout semble déjà avoir été écrit ?

Parallèlement, l'affaire du soi-disant « dopage d'État » en Russie prend une ampleur sans précédent. En décembre 2014, la chaîne allemande ARD diffuse le documentaire *Le dopage secret : comment la Russie fabrique ses champions*. Il repose principalement sur le témoignage du couple Ioulia et Vitaly Stepanov qui décrit l'existence d'une organisation étatique du dopage en Russie depuis 2009. L'Agence mondiale antidopage (AMA) décide d'enquêter et statue, 11 mois plus tard, sur l'existence d'un système de dopage généralisé en Russie. Dans la foulée, les sanctions tombent. Le Centre antidopage russe (RUSADA) et la Fédération russe d'athlétisme (ARAF) sont suspendus. Le second rapport de l'AMA, qui confirme les liens entre dopage, sport et politique en Russie, est suivi par les décès brutaux de deux anciens directeurs de RUSADA. Aussi extraordinaire soit-elle déjà, l'histoire ne s'arrête pas là. Quelques mois plus tard, en février 2016, le lanceur d'alerte Grigory Rodchenkov fuit aux États-Unis après s'être confié au cinéaste américain Bryan Fogel sur la réalité du dopage russe. Rocambolesque, son récit fait naître le documentaire *Icarus* à la mi-2017. Dès lors, il n'est pas usurpé de dire que nous sommes face à la plus grosse affaire de dopage de l'histoire du sport dont la présence de protagonistes russes et américains en première ligne ne peut que faire penser à la guerre froide. Vladimir Poutine lui-même est accusé sans preuves d'avoir orchestré un dopage systématique des athlètes russes à grande échelle afin de remporter, entre autres, les JO de Sotchi 2014. Explosion médiatique : mon sujet de recherche, qui était jusqu'alors peu mentionné, se voit projeter sur le devant de la scène internationale. Les médias du monde entier s'en emparent et les plus grands dirigeants de la planète y vont de leurs propres commentaires. Le sport russe et sa politisation deviennent pendant des mois durant le sujet numéro 1 lorsqu'on évoque la Russie.

Face à ce déferlement médiatique, je choisis de multiplier les terrains de recherche. En décembre 2015, je m'envole pour Moscou afin d'investiguer et de mieux saisir l'ambiance. C'est décidé, l'empirisme sera le maître mot de mon enquête. Avec une telle actualité brûlante, il serait impensable de ne pas en profiter. La Russie est en pleine préparation pour la Coupe du monde 2018, le prétexte est tout trouvé. Je suis résolu à sillonner plusieurs années durant les 11 villes hôtesses de la Coupe du monde. Quoi de mieux pour comprendre le système politico-économico-sportif russe que la préparation du plus grand événement sportif de la planète ? J'entame alors ce qui s'apparentera par la suite à un voyage initiatique dont les séjours successifs constitueront autant d'épreuves que de paliers à franchir.

Les premiers terrains sont difficiles. En pleine crise du dopage, les autorités politiques du sport russe refusent systématiquement mes demandes d'entretiens. À Moscou et Saint-Pétersbourg, je fais chou blanc à plusieurs reprises. En outre, mon statut de jeune chercheur ne joue pas en ma faveur. Je suis parfaitement inconnu et mes demandes tombent souvent à la trappe. Je décide de changer mon fusil d'épaule et de me concentrer sur les régions. Mon sujet est vaste et la Russie véritable se situe loin des ors des deux capitales du pays. Que ce soit à Kazan, Ekaterinbourg, Samara ou encore Saransk, je réussis peu à peu à obtenir des entretiens avec les élites locales. Au fil des voyages, j'affûte mon *modus operandi.* D'abord, je contacte les journalistes et les chercheurs locaux. Ensuite, ceux-ci m'orientent vers les sources de la région en question. Souvent, je me retrouve face à des associations libérales locales très critiques à l'égard du pouvoir. Parfois, je réussis à obtenir un entretien avec un ministre des sports de la région. Il n'est pas rare que celui-ci semble aussi surpris que moi, notamment quand mes questions d'abord sportives deviennent politiques. Les réponses se font alors à la hâte, en catimini. Entre deux souffles, j'obtiens parfois des informations primordiales. Je me souviens de cet entretien avec le lutteur champion olympique et double champion olympique Varteres Samourgachev devenu député du groupe Russie unie à l'assemblée législative de Rostov-sur-le-Don. Lorsque je lui demande qui décide des financements sportifs en Russie, il me répond d'une mimique on ne peut plus explicite : un geste en direction d'une photo de Vladimir Poutine suivi d'un doigt sur ses lèvres mimant son incapacité à parler. Ces petits moments mis bout à bout débloquent peu à peu des pans entiers de mes recherches.

Avec les hommes politiques russes, nous sommes toujours trois dans la pièce. L'interviewé, l'intervieweur et l'observateur. Ce troisième larron sert à contrôler les verbes du premier. Lorsqu'une question est trop politique, trop tendue, trop ceci ou trop cela, il se manifeste soudainement en demandant à changer de sujet. La plupart du temps, les informations à mon propos sont consignées précautionneusement et mon nom commence à circuler au sein des élites locales. « Il y a un chercheur français qui étudie la politisation du sport russe », « il voyage de ville en ville pour apprendre de notre modèle sportif », « attention, il est trop politique »... Ces phrases relayées par des informateurs locaux me permettent de savoir que, si je suis parfaitement libre de mes mouvements et de mes questions, je suis contrôlé. En outre, le temps passé à être interrogé par des membres du FSB (Service fédéral de sécurité de la Fédération de Russie) à la descente des avions s'avère proportionnel au nombre de voyages effectués en Russie.

Je me souviens particulièrement d'un interrogatoire de 2 heures à l'aéroport de Rostov-sur-le-Don après que les autorités m'ont laissé attendre plusieurs heures seul dans le hall. Nous sommes en février 2018. Sur le tarmac, il fait un froid polaire décuplé par un vent glacé qui gifle les visages déjà rouges des passagers. Dans la queue de la douane, un homme sans insigne vient me voir pour me demander mon passeport. Sans explications, il me le prend et me demande d'attendre là. Je dispose d'un visa de travail délivré par le journal *Le Courrier de Russie*. Si l'on me refuse l'entrée en territoire russe, le terrain de recherches le plus important de mon enquête risquerait de s'envoler. Nous sommes en effet à quelques mois de la Coupe du monde de football et il est primordial que je puisse profiter de ce moment exceptionnel pour écumer la Russie. Une voix forte résonne dans le hall vide et me tire de mes pensées. Le même homme sans insignes, petit et brun, le regard vif, me hèle afin que je le suive. Nous arrivons dans une petite pièce blanche d'à peine 5 mètres carrés. Un interrogatoire précis et rapide commence alors. Qui suis-je ? Que fais-je en Russie ? Qui est mon employeur ? Quels sont mes travaux ? Quels sont mes contacts ici ? Des noms, des adresses, des numéros de téléphone ? À ces questions, je balbutie des réponses vagues, favorisées par un russe que je rends volontairement moins bon qu'à l'accoutumée. Néanmoins, n'ayant pas eu le temps d'anticiper ma couverture, je suis parfois pris de court et me retrouve à donner des informations contre mon gré. « Ah, vous avez une amie qui travaille à l'Institut français de Saint-Pétersbourg ? Donnez-moi son nom et ses coordonnées. Nous allons l'appeler immédiatement. » Suspense... Puis, après un moment interminable durant lequel je sens la sueur couler le long de ma nuque, elle corrobore finalement mes propos. Rasséréné, je reprends de la constance. « Vous voyez », dis-je, « je ne suis pas un espion ». Le regard froid et les lèvres droites, mon interlocuteur n'exprime aucune émotion face à mon trait d'humour. Alors que l'interrogatoire s'éternise, son téléphone se met soudainement à sonner au rythme de la chanson *Takogo kak Putin* (« Comme Poutine », en français) du groupe *Poiouchtchie Vmeste*. C'est ainsi que les trois chanteuses russes prêchent en cœur les vertus de leur président au beau milieu d'un interrogatoire des plus tendus : « Je veux quelqu'un comme Poutine. Quelqu'un comme Poutine, qui est fort. Quelqu'un comme Poutine, qui ne boit pas. Quelqu'un comme Poutine, qui ne m'offense pas. Quelqu'un comme Poutine, qui ne s'enfuit pas. » Je ne peux m'empêcher de réprimer un rire nerveux. Mon interlocuteur me regarde froidement avant de décrocher. En quelques syllabes, il expédie une discussion qui ne l'enchante guère et me laisse finalement partir rejoindre les froides terres russes du Don. Durant les jours qui suivent, au fil de mes pérégrinations, je le revois à trois reprises à trois endroits différents, au loin. À chaque fois, il me regarde avec insistance. Et moi, qui ne crois plus aux coïncidences depuis que je voyage en Russie, je me sais suivi.

Au fil de l'avancée de mes recherches, les expériences de ce type se multiplient. Loin de me ralentir, elles me permettent au contraire de forger peu à peu mon propos à mesure que j'en sais plus sur la Russie d'aujourd'hui. Il y a ce jour où je rentre dans le stade de football de Samara alors en construction en franchissant par miracle sans autorisation tous les check-points avant de pouvoir interviewer un à un les ouvriers russes qui œuvrent par – 20 °C. Il y a ce rendez-vous mystérieux dans un café en banlieue de Sotchi avec deux activistes locaux dont je tais les noms ici qui me racontent pendant 4 heures la face cachée du fonctionnement du sport local. Il y a ce rendez-vous fascinant avec Isaak Valitsky, le directeur du Palais des glaces Iceberg de Sotchi, qui se termine par un spectacle son et lumière au pied de la vasque olympique encore en activité cinq années après les JO. Il y a cette interview avec une personnalité politique de Grozny qui me rencontre contre son gré, car il doit une faveur à la coiffeuse de son fils qui m'héberge. Il sera renvoyé quelques jours après notre entrevue. Il y a ce professeur en histoire de l'Université du Sud de Rostov-sur-le-Don qui me raconte qu'il a mis une photo de ses chiens à la place du traditionnel et obligatoire portrait du président russe dans son bureau. Il y a ce moment où l'on m'explique que si j'arrive dans la semaine à Sotchi, je vais pouvoir rencontrer Vladimir Poutine en personne pour lui poser mes questions… et où malheureusement mon visa commence dans trois semaines. Autant d'histoires qui, mises bout à bout, me donnent une certaine idée de la Russie d'aujourd'hui. Un pays où le possible et l'impossible se côtoient en permanence. Un pays où les petites portes sont souvent fermées et où, un jour, la plus grande de toutes s'ouvre devant vous.

Et puis, il y a la Coupe du monde de football. Un événement si important pour les Russes que Vladimir Poutine lui-même le qualifie de plus grand événement sportif de l'histoire du pays. Je suis en Russie pendant le Mondial, vaquant de ville en ville et de stade en stade. J'ai la chance d'obtenir des tickets pour plusieurs matchs, de pouvoir suivre l'équipe de Russie au fil de son parcours brillant et de voir la ferveur animer toujours un peu plus un pays qui semble alors heureux. Jamais la Russie n'aura été plus ouverte qu'à ce moment-là. Les frontières sont pour la première fois de l'histoire moderne russe des portes battantes que le « Fan ID » dont chaque supporter dispose permet d'ouvrir. Le bruissement des langues sur le bord de la Volga à Samara. Les chants nocturnes de la foule dans la rue Nikolskaïa de Moscou. La jeunesse avinée par centaines dans les parcs de Ekaterinbourg. La fête est belle et l'expérience fondatrice. Le soir de la victoire de l'équipe russe contre l'Espagne, le pays tout entier exulte comme un seul homme. De mémoire de Russes, on n'avait pas vu une fête pareille depuis la chute de l'URSS et la fin de la Grande Guerre patriotique. C'est dire…

Mois après mois, je réussis à décrocher de plus en plus d'entretiens et ainsi à pénétrer les arcanes du sport russe. En cinq années de recherche et pas moins de dix voyages d'une durée de 1 à 6 mois, je découvre un monde qui dispose de ses propres logiques et de ses propres réflexes. *in situ*, j'appréhende un système nébuleux gigantesque à la mécanique et aux rouages qui lui sont propres. En réalité, le sport, par son caractère relativement léger, me permet de découvrir des pans méconnus du pouvoir russe. J'acquiers peu à peu l'intime conviction que mon ouvrage est moins un ouvrage sur le sport que sur le pouvoir russe. Dès lors, le sport doit être une clé originale pour mieux le comprendre. Il me faut donc construire une grille d'analyse, une lunette, un prisme par lequel regarder la Russie aujourd'hui.

De terrain en terrain, je comprends peu à peu que la structure politico-économico-sportive russe est un système organisé et parfaitement rodé. Tentaculaire et loin d'être anarchique, il part du Kremlin pour se diffuser jusque dans les régions les plus reculées du pays. Il répond à des logiques d'allégeance, de pouvoir, de don et contre-don entre les acteurs économiques, politiques et sportifs du pays. En outre, il repose sur une structure inédite composée à la fois de certaines caractéristiques du système capitaliste et de l'héritage du modèle et des représentations soviétiques du sport pour lesquelles l'organisation verticale en était le fondement. À Nijni Novgorod, Rostov-sur-le-Don ou Volgograd, les mêmes logiques sportives de pouvoir régissent les lieux. Ces derniers oscillent entre soumission et indépendance à l'égard du pouvoir central et leur marge de manœuvre aléatoire est propre au fédéralisme russe. Caractéristique de l'immensité, ce système politico-économico-sportif à deux vitesses fluctue en fonction de nombreux facteurs tels que l'identité locale, l'économie, les ressources ou encore l'histoire. Pour cette raison, les régions tentent d'exercer des forces centrifuges à l'égard du Kremlin afin de s'en autonomiser quand le Kremlin, au contraire, cherche à exercer une force centripète destinée à garder le contrôle sur les régions. Le sport russe dispose donc d'une organisation unique au monde. En d'autres termes, il fait système. Et comme tout système, il faut le nommer. C'est ainsi que naît la *sportokratura*.

Je me souviens du moment où l'idée germe dans ma tête. Je suis en retraite d'écriture dans une cabane en bois sur les bords du lac Baïkal en avril 2018. La Coupe du monde va se tenir dans quelques mois et j'essaie de structurer ma pensée. Pendant ce temps, Nastia, mon hôtesse, m'initie à la vie sibérienne et me donne des conseils pour marcher sur le lac sans me perdre. Elle me raconte comment survivre par – 30 °C et m'enseigne les vertus de la contemplation. Je passe des journées entières à marcher sur ce lac gelé de la taille de la Belgique. Souvent, je n'aperçois pas l'autre rive. Mes pensées s'échappent sans que je ne puisse les saisir. Pourtant, l'océan glacé m'offre jour après jour des couchers de soleil à couper le souffle. Et puis, un beau matin, ma pensée se lie. L'expression *sportokratura* surgit dans ma tête comme une bourrasque et je passe une dizaine d'heures à écrire, former, formuler et forger un concept : le concept sur lequel repose cette enquête. J'écris alors : « La *sportokratura* est un néologisme formé des mots *sport*, *kratos* – «force, pouvoir» en grec ancien – et *nomenklatura*[1] qui désigne la machinerie de l'élite politico-économico-sportive russe. Elle s'imprime et s'exprime sur et par les corps du président, des élites et de la société civile en Russie à l'ère de Vladimir Poutine. » Je me souviens d'une excitation qui surpasse toutes celles que j'ai pu ressentir jusqu'alors. Ce bonheur exalté est à la mesure des longues heures passées à tâtonner et trébucher dans ce couloir sombre qui me conduit vers l'inconnu depuis alors trois ans. Le labeur d'un chercheur est long et fastidieux. Comme le territoire russe, il est fait de plein et de vide au milieu d'un vaste océan de connaissance. Atone et inerte, il est injuste car il n'offre bien souvent aucune récompense. Pourtant, lorsque les pensées s'alignent, il se meut alors en une sensation indescriptible et

1 Sous l'URSS, la *nomenklatura* était composée de l'élite du pouvoir soviétique, détenait les pouvoirs publics et contrôlait la production, la consommation et les services.

vivante. Ai-je tort ? Pour le savoir, à moi de le mettre à l'épreuve des faits et de l'utiliser comme une grille de lecture du système politique russe. Mais, pour le moment, peu m'importe, mon concept est sur les rails de la connaissance, je le défendrai plus tard. « Nastia ! », crié-je en ouvrant une bouteille d'alcool blanc, « j'ai trouvé ! »

INTRODUCTION

Le 10 mai 2019, à l'occasion d'un match de gala de hockey sur glace qui se tient dans la patinoire olympique de Sotchi, Vladimir Poutine patine et marque huit des quatorze buts de son équipe. Les caméras tournoient à mesure que les cadreurs s'évertuent à prendre le meilleur profil du président, tandis que l'événement est retransmis en direct sur les chaînes russes d'information nationale (*Rossiya 1*) et internationale (*RT*). Et pour cause, c'est le point d'orgue de la Ligue nocturne de hockey (LNH), créée en 2011 à l'initiative de Poutine, qui a pour objectif de promouvoir le hockey amateur à travers toute la Russie. Pourtant, l'intérêt est ailleurs. Sur la glace, le *who's who* de l'élite du pouvoir en Russie patine avec une grâce toute relative. L'œil avisé reconnaîtra des profils familiers. Le ministre de la Défense Sergueï Choïgou et le gouverneur de Moscou Andreï Vorobiev côtoient des légendes vivantes du hockey soviétique en la personne de Pavel Boure et Viatcheslav Fetissov. En face, Guennadi Timtchenko, Roman Rotenberg et Vladimir Potanine, oligarques proches du pouvoir, se meuvent de concert pour amuser la foule. Moins en vue mais tout aussi important, le banc des remplaçants est composé d'une cinquantaine de personnalités politiques, économiques et sportives fortement impliquées dans le sport russe, venues principalement des régions éloignées de Moscou. Méconnus du grand public, ces gouverneurs, petits oligarques ou encore athlètes de haut niveau sont invités en récompense de leurs efforts, de leurs investissements et de leurs succès politiques, économiques et sportifs récents. En Russie, l'accès au corps du président et à l'élite du pouvoir se monnaye en exploits sportifs. Au coup de sifflet final, le président russe est élu homme du match, fait un tour d'honneur pour saluer le public et, enivré par ce sport qu'il affectionne tant, se prend littéralement les pieds dans le tapis rouge en chutant lourdement. Très vite, la séquence « fait le buzz » partout sur la planète. Mais la vidéo Youtube officielle de l'événement publiée par *RT* est bien sûr amputée de ce passage. En Russie, aujourd'hui, le sport est une histoire politique qui se raconte au présent. Et la face visible de l'iceberg de la *sportokratura*[1].

Derrière ce néologisme barbare, la *sportokratura* désigne un système informel mis en place par Vladimir Poutine depuis son arrivée au pouvoir en 2000 qui traduit la machinerie de l'élite politico-économico-sportive russe. Elle s'exprime par le corps du président qui s'imprime lui-même sur les corps des élites et de la société civile en Russie. Héritier d'un modèle sportif en faillite dans les années 1990, Vladimir Poutine s'attache dès lors à construire méthodiquement une organisation sportive totale, viable et efficace dont les rouages tournent grâce à l'élite du pouvoir post-soviétique. L'objectif ? Faire rayonner la Russie à travers le monde, hygiéniser la population russe, faire du sport un catalyseur du patriotisme et régenter l'élite du pouvoir autour d'un but commun. Dès lors, la question est la suivante : pourquoi le pouvoir russe s'attache-t-il à faire du sport un élément essentiel de sa politique ? La réponse est partout autour de nous. Alors que l'hyperpuissance militaire ne peut compenser l'hyperpopularité et que la course à l'armement a cédé sa place au rayonnement culturel, le sport offre la possibilité à chaque nation de se façonner une image et « d'étendre son influence idéologique en augmentant son espace vital » (Boniface, 2014). Ainsi, le sport participe-t-il à la construction de l'image de marque d'une

---

1 L'expression *sportokratura* est inspirée et se veut la continuité des travaux de Jean-Robert Raviot sur les élites politiques et administratives suprêmes de Russie qu'il appelle lui-même la *korpokratura*. Selon lui, la *korporatura* est un néologisme formé des mots russes *korporaciâ* (de l'anglais *corporation*) et *nomenklatura* (système généralisé de contrôle des postes dirigeants par le Parti à l'époque soviétique). Il s'agit d'une sorte de nouvelle *nomenklatura*, mais très informelle, qui associe une même élite à la direction des plus hauts postes dans les domaines politique et économique. (Raviot, 2007)

nation (*Nation branding*[2]), de son édification et de son unité (*Nation building*[3]). Le sport est donc un vecteur de *soft power*[4] (Nye, 1990) idéal car il est à la fois populaire et symbolique de la puissance. À l'heure de la globalisation et de l'importance des opinions publiques – notamment à travers les réseaux sociaux –, la domination passe par le rayonnement médiatique. C'est pourquoi, les rapports de force géopolitiques dans le domaine sportif ont considérablement changé ces vingt dernières années, avec notamment la volonté des BRICS[5] et du Qatar de monopoliser la scène sportive internationale en s'appropriant la majorité des événements sportifs de premier plan. Le sport est donc devenu un véritable instrument géopolitique[6] d'exaltation de la « puissance de l'imaginaire » (Machiavel, 1532). Comme l'exprime le géographe Pascal Guillon, il « est un phénomène social instrumentalisé par des acteurs qui établissent des stratégies pour en prendre le contrôle et/ou s'en servir ». Il est par exemple

2 L'expression *Nation branding* (ou « image de marque nationale » en français) est définie par Göran Bolin et Per Ståhlberg « comme un phénomène par lequel un gouvernement engage consciemment des activités visant à produire une certaine image de l'État-nation », « Between community and commodity: nationalism and nation branding », Bolin et Stahlhberg, 2010.

3 Le *Nation building* (ou « édification de la nation » en français) est le processus qui consiste à construire ou structurer une identité nationale par l'intermédiaire de l'intervention de de l'État.

4 Le *soft power* (ou « puissance douce » en français) est un concept théorisé par Joseph Nye qui désigne un pouvoir qui favorise la cooptation à la coercition. Selon lui, le *soft power* est « la capacité d'un pays à structurer une situation de telle manière que d'autres pays développent des préférences ou définissent leurs intérêts en harmonie avec les siens ».

5 L'acronyme BRICS désigne les puissances émergentes – Brasil, Russia, India, China, South Africa – qui se réunissent depuis 2001 (l'Afrique du Sud y a adhéré en 2011). Sur la scène sportive internationale, ces puissances ont régulièrement tenté d'obtenir les plus grands événements sportifs de la planète durant les deux dernières décennies. Néanmoins, en 2021, il semblerait que l'expression « puissances émergentes » ne soit plus tout à fait adaptée, notamment au regard de la puissance chinoise actuelle.

6 Selon Yves Lacoste, la géopolitique, c'est « l'analyse des rivalités de pouvoir sur un territoire » entre des protagonistes à la fois dans le temps et dans l'espace par le prisme des représentations contradictoires qui les animent. (Lacoste, 1993)

utilisé par les nations pour « exister sur la carte » et diffuser leur modèle à travers le monde. Illustration d'un monde bipolaire durant la guerre froide, il offre désormais la vision d'un monde multipolaire dans lequel de nombreux pays cherchent à tirer leur épingle du jeu.

Il s'impose également comme un outil diplomatique de communication entre les États qui leur permet de continuer ou de reprendre le dialogue lorsque celui-ci est tendu ou rompu. Chaque État peut disposer du sport comme d'un instrument supplémentaire au service de sa diplomatie internationale. C'est ce qu'on appelle la « *diplomatie sportive* » ou la « *diplomatie du sport* ». L'expression est récente. En France, elle n'a fait son entrée à l'Assemblée qu'en 2015 sous l'impulsion de la ministre des Sports Valérie Fourneyron pour qualifier ce qu'elle appelle un « outil d'avenir, qui mérite d'être mieux employé dans la diplomatie économique de la France et dans sa stratégie d'influence sur la scène internationale ». En Russie, elle apparaît plus tôt. À la fin des années 2000, Vitali Moutko – ministre des Sports russe de l'époque – parle de *sportivnaïa diplomatia* (« diplomatie sportive ») et Dmitri Medvedev alors président de la Fédération de Russie use de l'expression *sportivnaïa derjava* (« puissance sportive »). Ainsi, le sport permet-il de comprendre les intentions et les stratégies des États entre eux par l'étude des discours et des symboles mis en avant dans ses différents usages politiques. Il exprime la puissance des États sous toutes ses formes et constitue un outil diplomatique destiné à signifier l'intention d'un État envers un autre. Mais la diplomatie du sport n'est pas uniquement culturelle et économique, c'est également un substitut à la guerre. Comme la guerre froide était un substitut à la « guerre chaude », la diplomatie sportive est préférée à l'affrontement armé. À l'heure de la mondialisation, de l'avènement d'un monde multipolaire et de la médiatisation à outrance des méga-événements sportifs, le sport est devenu incontournable pour étudier les rapports de force entre les États. Il est *de facto* un élément indispensable dans le cadre de ce que certains appellent la « nouvelle guerre froide » (Raviot, 2016), dont la Russie est l'un des protagonistes principaux.

En réalité, les racines de la *sportokratura* sont profondes en Russie. Entre la passion pour le tennis de Boris Eltsine, les récurrentes mises en scène du corps de Vladimir Poutine et la pratique intensive de la natation par Léonid Brejnev, les dirigeants russes de l'histoire contemporaine s'illustrent tous ou presque par leur obsession pour le sport et sa politisation. Au lendemain de la révolution bolchévique de 1917, le sport est utilisé par les dirigeants de l'URSS comme un vecteur d'expression de l'altérité soviétique à l'égard de la bourgeoisie capitaliste. Pour Vladimir Lénine, il s'agit avant tout de construire un monde nouveau. Mais, après la Seconde Guerre mondiale, Joseph Staline en décide autrement et fait du sport un moyen pour affirmer la supériorité du modèle socialiste sur le reste du monde. Jusqu'en 1991, la guerre froide devient sportive. Les États-Unis et l'URSS s'affrontent régulièrement sur les terrains pour prouver leur domination au sein d'un espace mondial bipolaire. À la chute de l'URSS, le modèle sportif russe s'effondre. L'entrée dans l'économie de marché consécutif à la « thérapie de choc » engendre la « fuite des cerveaux et des muscles » à l'étranger. Entraîneurs et entraînés partent par milliers en quête d'horizons économiquement viables et sportivement relevés. Finalement, le sport russe renaît de ses cendres avec Vladimir Poutine au sein d'un monde désormais multipolaire. Entre 2000 et 2021, Vladimir Poutine fait du sport un instrument primordial de son pouvoir. Pour lui, « la *fizkul'tura*[7] – le sport – n'est pas un plaisir, c'est une tâche politique qui incombe à l'État »[8]. Sous son règne, la sportivisation de la politique et la politisation du sport prennent une dimension globalisante au point de faire émerger la *sportokratura.* Conscient de la puissance du sport aussi bien d'un point de vue interne (*Nation building*) qu'externe (*Nation branding*), l'« élite du pouvoir post-soviétique » russe tente de centraliser et contrôler le mouvement sportif dans les années 2010,

---

7 Terme russe très populaire sous l'URSS, la *fizkul'tura* désigne la culture physique.

8 « *Meeting of the Council for the Development of Physical Culture and Sport* », President of Russia, 27 mars 2019, en.kremlin.ru/events/president/news/60152.

en mobilisant trois catégories d'acteurs qui constituent la constellation de la *sportokratura* : les oligarques, les figures politiques et les athlètes de haut niveau.

Dès le début des années 2000, Vladimir Poutine restaure « la verticale du pouvoir » et instaure la « dictature de la loi ». Très vite, le sport devient un enjeu primordial pour illustrer le retour russe sur la scène politique mondiale. Dans un premier temps, il « dépolitise » les oligarques du pays en leur faisant prêter allégeance au Kremlin. Afin de montrer patte blanche, ces derniers se doivent, entre autres, de financer le sport russe sous peine d'exclusion du jeu politique et économique, voire d'emprisonnement[9]. À ce titre, « l'État entreprise » qu'est Gazprom fait figure de levier pour le pouvoir. C'est ainsi que ces « nouveaux oligarques », bon gré mal gré, partent à la conquête du monde du sport. Pêle-mêle, ils rachètent des clubs russes et étrangers (Roman Abramovitch, propriétaire de l'équipe de football du Chelsea FC ; Oleg Tinkov, propriétaire de l'équipe de cyclisme Saxo-Banque), financent la construction d'infrastructures pharaoniques (site olympique de Sotchi) et participent à l'organisation d'événements sportifs *via* de grandes compagnies (Vladimir Potanine, propriétaire d'Interros ; Alexeï Miller, directeur de Gazprom ; Alicher Ousmanov, directeur de Kommersant). En quelques années, ils pénètrent un milieu délaissé dans les années 1990.

Parallèlement, Vladimir Poutine encourage vivement les hommes et les femmes politiques à s'investir dans le sport en faisant la promotion d'un mode de vie sain auprès de la population. Ils doivent ainsi se donner les moyens de légiférer, contrôler et réguler le mouvement sportif.

---

9 L'oligarque Mikhaïl Khodorkovski est probablement l'exemple le plus connu de ce « grand ménage ». En 2004, alors qu'il était la première fortune de Russie, il a été emprisonné pour évasion fiscale et vol par escroquerie à grande échelle avant d'être gracié, 10 années plus tard, le 20 décembre 2013, par Vladimir Poutine suite à une demande de l'intéressé.

Dans la foulée, le président mobilise les plus grands athlètes de Russie afin de les ériger en modèles, inspirateurs et porte-étendards de la nation à l'intérieur et à l'extérieur du pays.

Enfin, au sein de cette constellation politico-économico-sportive originale, Vladimir Poutine tient le rôle de pivot. Omniprésent, le président est central dans la construction de ce nouveau système, lui qui ne cesse de se mettre en scène en train de jouer au hockey, de pratiquer le judo ou encore de monter à cheval. À l'instar d'une marque, il symbolise le nouvel homme russe, sain et sportif, qui cultive une certaine franchise à l'égard de ses homologues internationaux. Jusque dans les rumeurs lui prêtant une liaison avec l'ex-gymnaste Alina Kabaïeva, la pratique de la politique par Vladimir Poutine est sans cesse teintée de culture physique et de valeurs sportives. Aujourd'hui, il est peut-être devenu la principale image de marque de la Russie à lui tout seul. Et le premier *sportokraturiste* du pays.

Plus de deux décennies après la mise en place progressive de ce modèle, la Russie est donc de retour sur le devant de la scène sportive mondiale pour le meilleur… et pour le pire. Si elle a accueilli le plus grand nombre d'événements sportifs internationaux de premier plan dans les années 2010, l'affaire de dopage qui dure depuis 2014 montre à la fois l'ampleur de la *sportokratura* et sa fragilité. En Russie, le sport est un instrument politique contrôlé par l'État. Vladimir Poutine serait-il prêt à tout pour remporter la victoire ?

CHAPITRE 1

LE SPORT SOVIÉTIQUE : UNE AUTRE HISTOIRE DE L'URSS

Le sport russe pré-révolutionnaire

De Vladimir Lénine à Vladimir Poutine, la passion du sport

À première vue, tout sépare le premier président de l'Union soviétique de l'actuel dirigeant russe. Vladimir Lénine a fomenté la plus importante révolution du XXe siècle ? Vladimir Poutine abhorre jusqu'à l'idée même d'une manifestation et ne jure que par la stabilité. Le premier était un athée convaincu ? Le second a fait de l'orthodoxie un pilier de sa politique. Pourtant, une passion – aussi étonnante soit-elle – les rapproche : le sport. De tous les dirigeants soviétiques, de tous les révolutionnaires russes, Vladimir Lénine était sans conteste le plus sportif. Patineur, pêcheur, marcheur, alpiniste et cycliste, il rappelait en privé que, lors de ses périodes d'emprisonnement, il pratiquait « la gymnastique tous les jours » (Lénine, 1968). Il était adepte de la formule latine *mens sana in corpore sano* (un esprit sain dans un corps sain) reprise à la fin du XIXe siècle par Pierre de Coubertin, le rénovateur des Jeux olympiques (JO). Lénine l'avait revu à sa manière sous la forme « corps sains, esprits sains » (Zetkin, 1955). Marchant sur ses traces, Vladimir Poutine a élevé le sport au rang de priorité politique et en a fait un élément central de son régime. Il se met physiquement en scène en train de pratiquer le hockey, la musculation ou encore le football. Il ne cesse de répéter que le sport est primordial pour la construction de la nation russe au même titre qu'il l'a été pour son parcours personnel. Selon sa propre légende, c'est le judo qui l'aurait sorti des rues malfamées de Léningrad.

Le « sport moderne » en Occident

Étymologiquement, le mot international « sport » vient du verbe latin *deporto* (« remporter un triomphe »), devenu en ancien français *desport* (« s'ébattre, s'amuser, badiner »). Le mot a été ensuite adopté par les soldats anglais venus en France durant la guerre de Cent Ans.

Outre-Manche, il s'est transformé insensiblement en *disport* puis, enfin, au XIXe siècle, en *sport*. Le sport moderne serait donc avant tout un loisir, un passe-temps ? Pas tout à fait. Les historiens s'accordent pour situer sa naissance en Grande-Bretagne durant la révolution industrielle entre 1820 et 1870. Durant cette période, l'entraînement sportif individuel se métamorphose grâce à la création de clubs et de ligues, qui permettent l'émergence de collectifs. Le sport devient alors une compétition.

À ce sujet, deux courants de pensée s'opposent chez les sociologues et les historiens. Les uns considèrent que le sport est un invariant culturel inhérent à toutes les civilisations de l'histoire du monde. Pierre de Coubertin voit notamment une filiation directe entre le sport contemporain et l'Antiquité. Les historiens Wolfgang Decker et Jean-Paul Thuillier montrent la prégnance du sport dans les civilisations antiques jusqu'à 3 000 ans avant J.-C. en Égypte. Les travaux des sociologues ces dernières années s'accordent sur l'idée que le sport moderne émerge en même temps que les différentes révolutions industrielles essaiment l'Europe entre le milieu du XVIIIe et le XIXe siècle. Selon Eric Dunning et Norbert Elias, le sport moderne naît donc en même temps que les régimes parlementaires et la démocratie contemporaine en Occident. Les auteurs soutiennent que le sport a vocation à canaliser la violence inhérente à chaque société et ainsi socialiser l'individu. Selon eux, dans une démocratie, la violence doit être contrôlée pour éviter le chaos ou une forme de totalitarisme. Ainsi, le sport moderne serait la résultante des processus intrinsèques aux civilisations occidentales de maîtrise de la violence, des instincts et des pulsions (Dunning & Elias, 1978). D'autres sociologues comme Jean-Marie Brohm empruntent aux théories trotskistes en analysant l'apparition du sport moderne comme une résultante de l'avènement du capitalisme avec ses valeurs de performance et de compétition (Brohm, 1992).

Le sport moderne et la culture physique en Russie

Ces analyses sont néanmoins très majoritairement centrées sur le monde occidental et leurs critères ne permettent pas de saisir toutes les subtilités du contexte russe pré-révolutionnaire, post-révolutionnaire et soviétique. En effet, si le sport moderne est arrivé en Russie au XVIIIe siècle, c'est réellement sous l'URSS qu'il est devenu une affaire d'État vecteur de puissance et de contrôle social. Il s'est donc massifié dans le cadre d'une société communiste dite autoritaire souvent perçue comme uniquement verticale. C'est ainsi que le mythe de l'homme-machine soviétique perdure aujourd'hui dans les représentations occidentales. Néanmoins, comme l'écrit déjà Alexandre Zinoviev en 1982 dans son ouvrage *Homo sovieticus* :

> « L'Occident se précipite entre deux extrêmes – entre l'extrême exagération du pouvoir militaire de l'Union soviétique et l'extrême exagération de ses défauts quotidiens. Ici dans le magazine se trouvent des photographies, à partir desquelles il apparaît que l'Union soviétique est un pays en retard sur les plans économique, national, culturel et industriel. Mais messieurs, d'où viennent les réalisations dans l'espace, le pouvoir militaire, des musiciens exceptionnels, des victoires dans le sport, etc. ? Le mode de vie soviétique ne se situe pas entre ces extrêmes, mais sur un plan complètement différent. Et dans lequel, personne ne veut savoir. La crainte de l'objectivité dans la compréhension de la vie publique est l'un des phénomènes les plus étonnants de notre époque super-scientifique. » (Zinoviev, 1982)

Cette perception occidentale souvent binaire de l'Union soviétique semble être toujours d'actualité alors que les récents travaux de Sylvain Dufraisse montrent au contraire un système sportif soviétique pluriel et plus complexe qu'il n'y paraît (Dufraisse, 2019). Et cela commence par l'usage et la compréhension des termes adéquats. En réalité, le mot « sport » ne se démocratise en Russie qu'à la fin des années 1920 et il désigne principalement le sport de compétition dit bourgeois. Par opposition, la pratique sportive est plus ancienne et désignée par l'expression « culture physique » (*Fizkul'tura* en russe).

Elle renvoie à la bonne forme de l'individu et des masses grâce à des exercices physiques spécifiques. À cette époque, la culture physique et le sport s'opposaient dans l'esprit de nombreux penseurs bolchéviques et les débats faisaient rage, créant un maelström inédit.

Dans ce contexte unique, comment comprendre l'apparition du sport moderne en Russie au début du XXe siècle alors que la « démocratie » ne s'y développe qu'à la chute de l'URSS ? Quelles sont ses spécificités ? Comment analyser l'émergence d'un modèle sportif ultra-performant qui fit de l'Union soviétique une des deux plus grandes puissances sportives de la planète durant la seconde partie du XXe siècle ? Comment comprendre l'émergence d'un modèle sportif moderne dans le cadre d'un État autoritaire ? Comment définir le modèle sportif soviétique à l'aune des modèles occidentaux ? Comment mesurer son importance et son influence dans le développement du sport moderne ? Et, enfin, quelle place accorder à celui-ci aujourd'hui ? Autant de questions auxquelles nous allons tenter de répondre ici en retraçant et analysant l'histoire politique du sport russe et soviétique au XXe siècle.

■ Le sport dans la Russie tsariste pré-révolutionnaire

Dans l'histoire russe, le sport moderne fait son apparition tardivement. On distingue les prémices de son arrivée avec la création d'un système d'entraînement physique et militaire au sein de l'armée russe à la fin du XVIIe siècle et au début du XVIIIe siècle à l'initiative de Pierre Le Grand. À Moscou et à Saint-Pétersbourg, des arénas sont construites afin de former la noblesse et les officiers à l'équitation grâce à des instructeurs étrangers. Sur les chantiers navals royaux, les voiliers sont la propriété des nobles qui les possèdent, mais ils doivent s'acquitter d'une participation à des exercices tous les dimanches de mai à octobre. Toujours à l'initiative de Pierre Ier, une salle d'entraînement à l'escrime est aménagée dans l'École des sciences mathématiques et de la navigation à Moscou. De manière générale, les cours de gymnastique, de tir ou d'escrime deviennent monnaie courante dans les grandes universités russes et ils sont même parfois obligatoires. Dans la vie quotidienne, la natation, la lutte, le ski, les promenades en traîneau, les jeux de ballon et les échecs rythment la vie du peuple. Le pugilat[1] est particulièrement apprécié des dirigeants. Pierre Le Grand, Catherine I, Pierre II ou encore Catherine II en font même un symbole de fierté afin de montrer la témérité du peuple russe. Catherine I publie notamment un *oukaz* (« décret »), « Sur les coups de poing »[2], qui définit précisément les règles de conduite des combattants. Ces derniers n'ont par exemple pas le droit d'être armés ou d'attaquer un individu au sol. Ce n'est qu'en 1832 que les pugilats sont finalement interdits car jugés trop dangereux.

Dans la deuxième moitié du XIXe siècle, après l'abolition du servage (1861) et alors que la révolution industrielle est en cours, les sports modernes apparaissent en Russie. Les premiers clubs et associations de sport sont créés et les meilleurs athlètes commencent à participer à des compétitions internationales. Courses de chevaux, yachting et escrime laissent place aux sports occidentaux : le cyclisme en 1884 (création de la Société des cyclistes amateurs de Moscou), l'athlétisme en 1894 et la boxe en 1895. En 1860, la gymnastique se développe rapidement grâce notamment à la création de la Société de Palma à Saint-Pétersbourg (1863) et de la Société de gymnastique de Moscou (1868). En 1882, la Société russe de gymnastique est fondée à Moscou et marque une avancée fondamentale dans le développement de ce sport en Russie, puis en URSS. Le patinage de vitesse se répand également avec la création en 1877 de la Société des amateurs de patinage à Saint-Pétersbourg.

Concomitamment, les premiers magazines sportifs apparaissent et facilitent la diffusion de ces nouvelles pratiques. Dès 1842, le *Journal de l'élevage et de la chasse des chevaux* (*Zhurnal konnozavodstva i ohoty*) est publié pour la première fois. En 1859, le journal

1 Le pugilat est un sport de combat pratiqué à coups de poing, particulièrement apprécié en Russie à l'époque.

2 « Article de définition ». *Grande encyclopédie russe – version électronique*, bigenc.ru/text/5064021.

entièrement consacré aux échecs *Pièce d'échecs* (*Shahmatny listok*) apparaît. Entre 1874 et 1878, le *Yacht* est en vente pour les amoureux de la marine. Et c'est dans les années 1880-1890 que ces médias se démocratisent avec l'apparition de très nombreux hebdomadaires sportifs dont le journal *Sport*.

Les sports collectifs occidentaux commencent à s'installer en Russie. Le basketball, le rugby, le hockey sur glace, et… le football. Ce dernier, qui commence à peine à prendre de l'importance dans les consciences collectives européennes, fait son apparition à la faveur du hasard à la fin des années 1870. La légende dit qu'un ballon rond serait tombé du pont d'un navire britannique qui mouillait dans le port de Saint-Pétersbourg après que des matelots eurent commencé à jouer (Jallot et Jallot, 2018). Selon l'historien James Riordan Jim, il est plus probable qu'il s'agisse d'un ballon… de rugby, comme ça avait été le cas au Havre (France) quelques années auparavant (Riordan, 1980). Plus sûrement, le Cercle des *sportsmen* amateurs de Saint-Pétersbourg formé en 1888 importe et popularise de nombreux sports, dont le football en 1897. Très *british*, ce cercle rassemble bourgeois, patrons ou encore ingénieurs britanniques et russes lors de manifestations sportives à fort marqueur social. Ainsi, en 1902, la ligue de football de Saint-Pétersbourg est créée.

Pourtant, c'est quelques années plus tôt, le 12 septembre 1893 à Saint-Pétersbourg à l'occasion d'un entracte, qu'a lieu le premier match de football sur le territoire russe. Ce jour-là, le *tsiklodrom* (« vélodrome ») de la place Semionov est noire de monde. La « société des cyclistes amateurs » a mis les petits plats dans les grands : cyclistes et troïkas s'affrontent dans des courses homériques. Soudain, c'est la pause. Les spectateurs s'abreuvent et se nourrissent pendant que, sur le terrain, apparaissent 20 volontaires tout de blanc vêtus qui commencent à taper dans un ballon rond pour divertir le public. Dans les gradins, c'est l'hilarité. Quel est ce sport ? Il faudra encore quelques années avant que la popularité du football ne grandisse pour ne plus jamais retomber.

La fin du XIXe siècle et le début du XXe siècle se caractérisent également par le développement du jeune sport moderne russe à l'étranger. En 1894, le Comité international olympique (CIO) est fondé à Paris à l'initiative de Pierre de Coubertin et la Russie fait partie des 13 États membres. Pourtant, le pays ne participe pas à la première édition à Athènes la même année. Il faut attendre 1900 et les JO de Paris pour voir le drapeau russe flotter. À Londres en 1908, la Russie remporte sa première médaille d'or avec le patineur Nikolai Panin en figures spéciales.

Suite à ce succès espéré mais quelque peu inattendu, la Russie décide d'envoyer une délégation de 159 athlètes à l'édition suivante quatre ans plus tard à Stockholm. Signe de l'importance de l'événement pour la couronne, l'équipe est conduite par le grand-duc Dimitri Romanov. L'échec est retentissant. La Russie ne pointe qu'à la 16e place sur 18 nations représentées avec seulement cinq médailles (trois en bronze et deux en argent). Symbole de cette déconfiture : la défaite en football face à l'équipe d'Allemagne par le score de 16 à 0. Sonnée, la presse de l'Empire qualifie cette « performance » de « honte pour l'ensemble du peuple russe ». Pour éviter que cela ne se reproduise, le tsar Nicolas II décide de prendre les choses en main. Les mesures sont drastiques. Le sport devient une discipline obligatoire à l'école en Russie. Et le pays va désormais organiser annuellement des Olympiades sportives panrusses (*Vserossiyskaya sportivnaya olimpiada*) afin de « mener des campagnes de mobilisation à l'essai de toutes les forces sportives russes ».

La première édition se tient à Kiev du 20 au 24 août 1913. Pour l'occasion, un stade a été construit à Kiev afin d'accueillir les quelques 639 athlètes et leurs supporters venus de 20 villes de l'Empire russe (dont Saint-Pétersbourg, Moscou, Samara, Riga ou encore Varsovie). Fait nouveau, l'équipe russe concourt dans toutes les épreuves officielles des JO et c'est la première fois que se tient un marathon sur le territoire. Au lendemain de l'épreuve, les journalistes s'indignent. « C'est l'inquisition ! C'est juste de la barbarie ! Pourquoi, pour l'amour de Dieu, courir 38 miles ? [...] Dans l'Antiquité, quand il n'y avait ni chemins de fer ni télégraphes, une telle course avait du sens comme moyen de transport et de communication, mais maintenant avec les voitures, les télégraphes [...] une telle course folle n'a aucun sens. » Signe de ce désamour pour l'épreuve, la Russie n'a aujourd'hui encore jamais remporté de médaille en marathon aux JO. L'année suivante, en 1914, la seconde Olympiade panrusse se tient à Riga. Cette fois plus de 1 000 athlètes provenant de 24 villes différentes participent. L'événement prend une telle ampleur que le tsar est contraint de créer le Conseil provisoire pour le développement physique de la population russe afin de faciliter au mieux l'organisation. Ces deux Olympiades connaissent un succès sans précédent auprès du public. Les peuples de l'Empire russe se prennent au jeu et commencent à connaître les athlètes, à supporter leur ville, à apprécier tel ou tel sport. En réalité, c'est un instant charnière dans l'histoire du sport en Russie pour trois raisons :

1. Il marque durablement les représentations russes à l'égard du sport et de son mode de fonctionnement : on peut penser notamment à la capacité toujours valable aujourd'hui à organiser rapidement un événement sportif de grande ampleur.
2. Il est une véritable prise de conscience par les autorités russes de l'importance du sport à plusieurs niveaux : image du pays à l'international, défense du territoire ou encore fierté nationale.
3. Il représente à la fois le début et la fin du sport moderne de type capitaliste dans l'Empire russe.

En effet, si, sur le papier, le sport russe semble monter en puissance, à la veille de la Première Guerre mondiale, l'Empire des tsars perd de sa superbe. La trop grande ruralité du pays ajoutée à une classe moyenne quasi-inexistante rend le développement du sport plus lent qu'ailleurs en Europe. La crise couve. La révolution gronde. Il n'y aura plus jamais d'Olympiades panrusses.

Le sport dans l'idéologie soviétique

Avec la révolution bolchévique de 1917, la question prend une tout autre tournure. En quelques décennies, les dirigeants de l'URSS font du sport un élément central de leur modèle. L'« *homo sovieticus* » sera sportif ou ne sera pas. Mais, comment ? La compétition ne serait-elle pas contradictoire avec l'idéologie soviétique ? Les débats font rage dans les années 1920 entre les trotskistes, les Proletkul'tistes et les hygiénistes. C'est finalement Joseph Staline qui a le dernier mot en décidant de faire participer l'URSS aux compétitions sportives occidentales jugées pourtant « bourgeoises ». Dès lors, il faut gagner pour prouver la supériorité du modèle communiste sur le capitalisme. Course aux médailles, innovations technologiques, records en pagaille, le sport soviétique devient rapidement une référence et ses athlètes figurent alors parmi les meilleurs de la planète.

Pourtant, au-delà de cette image d'Épinal faite de médailles, de records et de sportifs bodybuildés, le sport soviétique joue un rôle majeur et révolutionnaire dans la construction de l'URSS. Son développement rapide dans les années 1920 coïncide avec l'émergence d'un nouvel État, dont deux des principaux objectifs sont la modernisation du pays et la création d'un homme nouveau : l'« *homo sovieticus* ». Le sport est donc mis en branle, orchestré et dirigé afin de servir ce double objectif. C'est tout à fait nouveau dans l'histoire des civilisations contemporaines : le sport soviétique est utilisé à des fins utilitaires tels que la construction de la nation, le développement de la société industrielle, la promotion de l'hygiène de vie, la défense militaire, le travail ou encore l'intégration des différentes ethnies dans un but commun au sein d'un État soviétique unifié (Kruger, Riordan et Terret, 2004). En se basant sur une population majoritairement rurale et illettrée, le sport joue donc un rôle révolutionnaire en étant le vecteur d'importantes mutations sociales. Et cela, paradoxalement, sans faire du sport un loisir, à l'inverse des sociétés occidentales.

De ce modèle sportif inédit naît une altérité qui est à l'origine des spécificités du système sportif russe actuel. Pour le comprendre, il est nécessaire de remonter aux écrits des pères fondateurs de l'idéologie soviétique : Karl Marx, Friedrich Engels et Vladimir Lénine.

Karl Marx : la nécessité de pratiquer un sport afin de s'émanciper du capitalisme

Karl Marx fait de très maigres références au sport dans son œuvre. D'un point de vue personnel, il abhorre, semble-t-il, l'exercice physique. Seuls les échecs trouvent grâce à ses yeux. Pourtant, on retrouve dans sa philosophie des références éparses au sport et notamment à la gymnastique. Les trois volumes du *Capital* y font plusieurs fois mentions. Selon lui, « l'éducation de l'avenir [...] associera pour tous les enfants au-delà d'un certain âge le travail productif à l'enseignement et à la gymnastique, et cela non seulement comme méthode pour élever la production sociale, mais encore comme l'unique méthode pour produire des hommes dont toutes les dimensions seront développées » (Marx, 1867). Il explique notamment que l'éducation au sein d'une société idéale associerait « l'enseignement et la gymnastique au travail manuel » et « donc également le travail manuel à l'enseignement et à la gymnastique » (Marx, 1867). En effet, selon K. Marx, il est nécessaire de varier les activités afin de faire de chacune un repos et une détente l'une par rapport à l'autre. Plus tard, en 1866, il publie les *Instructions*, un texte donné aux délégués du Conseil général de la première Internationale qui se réunit à Genève en septembre 1866. C'est ici que l'activité physique prend une tout autre ampleur dans le cadre de l'éducation des enfants. Il déclare :

> « Par *éducation,* nous entendons trois choses :
> – éducation *intellectuelle* ;
> – éducation *corporelle,* telle qu'elle est produite par les exercices gymnastiques et militaires ;
> – éducation *technologique,* embrassant les principes généraux et scientifiques de tous les procès de production, et en même temps initiant les enfants et les adolescents au maniement des instruments élémentaires de toutes les branches d'industrie.

> À la division des enfants et des adolescents en trois catégories, de neuf à dix-huit ans, doit correspondre un cours gradué et progressif pour leur éducation intellectuelle, corporelle et polytechnique. Les frais de ces écoles polytechniques doivent être en partie couverts par la vente de leurs propres productions.
> Cette combinaison du travail productif et payé avec l'éducation intellectuelle, les exercices corporels et la formation polytechnique élèvera la classe ouvrière bien au-dessus du niveau des classes bourgeoise et aristocratique. »

En mettant l'éducation physique sur un pied d'égalité avec l'éducation intellectuelle et l'éducation technologique, Karl Marx évoque donc la nécessité dans un contexte révolutionnaire de faire du sport afin de s'émanciper du capitalisme.

■ Friedrich Engels : la pratique sportive militaire dans le contexte révolutionnaire

À l'inverse de Karl Marx, Friedrich Engels pratique une activité physique régulière, la marche notamment. C'est peut-être la raison pour laquelle, dans son œuvre, il examine le problème du sport plus spécifiquement, en essayant de découvrir les liens directs entre l'éducation physique et l'entraînement militaire. Dans son article « La question militaire en Prusse et le parti ouvrier allemand », il évoque la nécessité de réduire la durée du service militaire au profit d'une meilleure éducation physique des jeunes. « Placez dans chaque cercle au moins un sous-officier à la retraite qui remplit les conditions requises pour devenir professeur de gymnastique et guidez-le dans l'enseignement de la gymnastique [...]. Dans 6 à 8 ans, vous serez payé en abondance et vous aurez des recrues plus nombreuses et plus fortes » (Engels, 1893), déclare-t-il.

Dans un autre article, « L'Europe peut-elle désarmer ? » en 1893, il développe également la possibilité d'une formation systématique et approfondie de la gymnastique pour les élèves de toutes les classes. Après dix années d'exil, il revient en Rhénanie et note l'apparition dans les villes et villages allemands de barres à traction horizontales.

Selon lui, l'effort étatique est louable mais bien faible. « Est-ce trop demander [...] que les jeunes de toutes les classes soient formés systématiquement et de manière approfondie à la gymnastique, tant que les membres sont toujours élastiques et articulés ? », s'interroge-t-il. Plus loin, il répond : « la gymnastique et l'entraînement militaire de tous les jeunes hommes » sont « une condition essentielle de la transition vers le nouveau système. » (Engels, 1893)

Le message est clair. Friedrich Engels posait déjà à la fin du XIXe siècle les jalons d'une activité physique nécessaire, et pour le travail, et pour l'armée dans le cadre révolutionnaire.

Vladimir Lénine : le sport pour construire l'homme nouveau

Ce lundi 22 avril 2019, les joueurs du club de football du Volga Oulianovsk s'apprêtent à disputer un match un peu particulier face à Tcheliabinsk. Sur le rond central, un homme s'avance pour donner le coup d'envoi. Les spectateurs se gaussent, sourient, applaudissent. Le bouc, la moustache, le béret du révolutionnaire, l'illusion est (presque) parfaite : voilà le sosie de Vladimir Ilitch Oulianov, dit Lénine ! Il est paré des attributs du club avec un maillot jaune et noir floqué du numéro 149 et du nom de l'ancien révolutionnaire. On distingue sur son torse une gravure de Lénine, ballon sous le bras et gants de gardien de but aux mains. Le symbole est fort. C'est dans la ville de Simbirsk que Lénine est né quelques 149 années auparavant et à laquelle il a donné son nom. Pour l'occasion, un maillot à son effigie a été conçu afin de célébrer son anniversaire. L'équipe du Volga Oulianovsk s'impose laborieusement 1 à 0, le sosie de Lénine continue à faire le show et les médias russes ne manquent pas de relayer l'information. Bientôt 100 ans après sa mort, Lénine suscite toujours autant de fascination. Problème, s'il adorait le sport, il détestait le football.

De son vivant, Vladimir Lénine pratique régulièrement l'exercice physique et le sport. Lors de ses longues périodes d'emprisonnement, il n'hésite pas à « faire de la gymnastique tous les jours »

(Lénine, 1968), car c'est selon lui un puissant stimulant afin de garder l'esprit alerte. Dans une lettre envoyée depuis Munich à sa sœur, il l'encourage : « fais de la gymnastique et fais un bon échauffement tous les jours. C'est absolument essentiel quand tu es seule... force-toi à faire quelques douzaines d'exercices (sans t'arrêter) ». Il aime néanmoins par-dessus tout les échecs. Il est d'ailleurs nommé président honoraire de la Société moscovite des échecs en novembre 1922. Aujourd'hui encore, il est considéré comme le plus sportif des révolutionnaires.

Lénine est également féru de cyclisme, et plutôt casse-cou. Dès octobre 1903, la veille du deuxième congrès de la « ligue de la social-démocratie révolutionnaire russe à l'étranger » à Genève, Lénine heurte une voie de tramway à toute vitesse et chute lourdement la tête la première. La blessure est bénigne, mais il est tout de même contraint de discourir le lendemain devant ses camarades avec un œil au beurre noir et le sourcil coupé. Quelques années plus tard, en 1910, alors qu'il fait sa traditionnelle promenade à vélo, il est victime à nouveau d'un accident. Il écrit alors à sa sœur : « Je conduisais en direction de Juvisy-sur-Orge et la voiture a écrasé mon vélo (j'ai réussi à descendre). Le public m'a aidé à enregistrer la plaque d'immatriculation et à recueillir des témoignages. J'ai reconnu le propriétaire de la voiture (vicomte, putain de lui) et maintenant je le poursuis en justice par l'intermédiaire d'un avocat... J'espère gagner. »[3] Quelques mois plus tard, il remporte son procès et le vicomte est condamné à lui racheter la même bicyclette et à lui verser 115 francs de dédommagement moral. Tout sauf un hasard, au lendemain de la révolution d'Octobre, le cyclisme et les échecs sont les deux sports favorisés par le nouveau pouvoir bolchévique.

---

3 Shukletsov Anatoly, « Lénine à bicyclette », proza.ru, 8 novembre 2017, proza.ru/2017/11/08/2126.

Vladimir Lénine (à droite) joue aux échecs contre Alexandre Bogdanov sous l'œil amusé de Maxime Gorki en Italie en 1908

Lénine est également un amoureux de littérature et il doit certaines de ses inspirations au personnage de fiction Rakhmetov présent dans le roman de Nikolaï Tchernychevsky, *Que faire ?*, paru en 1863. Rakhmetov est surnommé « le rigoriste », car il règle son temps comme du papier à musique, entre la gymnastique, la musculation et les études. Il adopte un mode de vie strict, sain, voire puritain. À l'époque, ce personnage devient un véritable modèle pour de nombreux révolutionnaires et Lénine n'hésite pas à l'imiter en pratiquant l'haltérophilie chaque jour.

Si cela peut sembler anecdotique, à l'aune du culte de la personnalité qui l'entourera par la suite et alors que ses moindres faits et gestes feront figure d'exemple pour plusieurs générations de Soviétiques, sa passion pour le sport est dès lors à prendre très au sérieux. Le désir des dirigeants soviétiques de promouvoir le sport est très probablement la résultante de certains aspects de la personnalité de Lénine, de son mode de vie et de sa popularité.

Néanmoins, il refuse de faire du sport un élément de son iconographie. Comme l'explique le professeur John Hoberman dans son ouvrage *Sport and political ideology*, « Lénine était le premier choix de la culture marxiste pour devenir une célébrité politico-sportive, mais il a catégoriquement décliné ce rôle » (Hoberman, 1984). Le journaliste Nicolas Valentinov précise cela dans son portrait « non-géométrique » de Lénine :

> « Avant de se passionner pour la lecture et la politique, il (Lénine) pratiquait de nombreux loisirs : faire du traîneau dans les montagnes enneigées, jouer au croquet, marcher sur des échasses, faire de la gymnastique, notamment des exercices de trapèze, ramer, nager et le patinage. Différents types d'exercices physiques ont aidé le jeune Vladimir Oulianov à développer un physique solide. Tout au long de sa vie, Lénine a préservé son amour et son goût pour toutes sortes de sports. Il accordait une grande importance aux exercices quotidiens. Lénine m'a vraiment étonné (combien de fois il m'a étonné !) quand il s'est avéré qu'il était très intéressé par le sport et l'exercice physique. Il m'a dit qu'à son retour à Kazan, il s'était souvent rendu au cirque pour assister aux tournois sportifs. Mais il a perdu «tout le respect» pour eux quand il a découvert par hasard dans les coulisses que les haltères étaient vides et creux, et qu'ils ne pesaient presque rien. » (Valentinov, 1953)

Dans son ouvrage, N. Valentinov ne manque pas de pointer du doigt le fait que « seules quelques personnes savent que Lénine est un grand sportif ». Ainsi, à l'inverse d'un V. Poutine qui ne manque pas une occasion pour révéler ses qualités athlétiques, Lénine est au contraire très discret.

Outre son intérêt personnel pour le sport, son œuvre reflète les prémices des usages politiques contemporains de l'exercice physique tout en ayant un caractère tout à fait révolutionnaire et atypique. En effet, il reprend à son compte les travaux de Karl Marx à propos de l'éducation globale et, là où le philosophe allemand ne consacre que quelques lignes à l'importance de l'exercice physique, Lénine en fait un pilier grâce auquel l'homme nouveau doit advenir. Il valorise

« l'entraînement combiné de l'esprit et de l'âme ». Selon lui, « il est impossible de visualiser l'idéal d'une société du futur sans la combinaison de l'instruction et du travail productif, pas plus que l'éducation physique doit être adaptée au niveau des technologies modernes et à l'état des connaissances scientifiques ». (Lénine, 1968)

Ainsi, lors des débats avec les partisans de « l'amour libre », il n'hésite pas à faire de la pratique sexuelle une activité secondaire par rapport au sport. « Les jeunes gens, surtout, ont besoin d'avoir le goût de la vie et d'être bon esprit. Le sport sain, – gymnastique, natation, marche, toutes les manières de faire de l'exercice physique –, devrait être combiné autant que possible avec des activités intellectuelles variées, études, analyses, recherches... Cela va apporter aux jeunes gens davantage que des théories et discussions étrangères à propos du sexe. Corps sains, esprits sains ! » (Zetkin, 1955), s'exclame-t-il, paraphrasant ainsi Juvenal et son fameux *Mens sana in corpore sano*. Et comment la jeunesse soviétique doit-elle dépenser son temps libre ? « Les jeunes hommes et jeunes femmes du territoire soviétique doivent vivre leur vie à fond aussi bien en privé qu'en public. Lutter, travailler, étudier, pratiquer un sport, être joyeux, chanter, rêver – ce sont toutes ces choses dont les jeunes doivent profiter. »[4]

De plus, selon Lénine, le sport a une puissance sociale hors du commun et il doit contribuer à émanciper les femmes. « C'est notre tâche urgente d'attirer les femmes dans le sport. Si nous pouvons réaliser cela et les entraîner à utiliser pleinement le soleil, l'eau et l'air frais pour se fortifier, nous apporterons alors toute la révolution dans le mode de vie russe. »[5]

Enfin, c'est probablement Léon Trotski qui résume le mieux l'importance du sport dans la pratique politique de Lénine au sein de son ouvrage *Cours nouveau* : « En tant que système d'action révolutionnaire, le léninisme présuppose un sens révolutionnaire aiguisé

---

4 Bezymensky A., « Vstreča komsomolcev s V. I. Leninom », *Politizdat*, Moskva, 1956, p. 18.

5 Podovoisky N. I., « Rabotnica i fizičeskaâ kultura », *Molodaïa Gvardiâ*, Moskva, 1938, p. 3.

par la réflexion et l'expérience et qui, dans le domaine social, équivaut à la sensation musculaire dans le travail physique. » (Trotski, 1934) En d'autres termes, Trotski présente l'inverse de « l'athlète politique » : le révolutionnaire travailleur. Selon lui, le révolutionnaire idéal est insensible à l'idée que la politique et la guerre sont des formes de jeu. Le révolutionnaire idéal enregistre jusque dans chacun de ses muscles la sensation qui s'oppose au sport : le travail. Aujourd'hui encore, cette vision novatrice modèle une partie des représentations qui entourent le sport en Russie.

Le léninisme est donc l'aboutissement de la pensée de Marx et Engels à l'égard de la pratique sportive. Cette dernière doit servir à libérer l'« homme nouveau », lui donner les capacités physiques et mentales de faire la révolution, et donc réaliser le projet communiste jusque dans sa chair. Ce sont les bases philosophiques qui, à la veille de la révolution d'Octobre 1917, prévalent et grâce auxquelles le sport devient un instrument politique sous l'URSS.

■ Le sport pour gagner la guerre civile

La période qui s'étend de 1917 à 1937 est charnière dans la construction du modèle sportif soviétique, car elle correspond aux balbutiements d'une URSS en construction. L'historien Sylvain Dufraisse qualifie cette période post-révolutionnaire de « nébuleuse, assez plastique, remodelée en fonction des inflexions politiques et des équilibres successifs entre organisation de jeunesse (Komsomol), parti, ministères et unions professionnelles, entre groupes d'avant-garde comme le Prolet'kult, les mouvements hygiénistes et les collectifs plus traditionnels, entre demandes locales et objectifs internationaux » (Dufraisse, 2019). Au lendemain de la révolution, la République socialiste fédérative soviétique de Russie (RSFSR) est plurielle et à la croisée des chemins. Elle est à un moment crucial de son histoire qui va décider de sa teneur et donc de son modèle sportif pour les décennies à venir. Que garder du capitalisme ? Du tsarisme ? Des écrits de K. Marx et F. Engels ? De Lénine ? De L. Trotski ? De Staline ? « Du passé faisons table rase. […] Nous ne sommes rien, soyons tout » ?[6] Pas tout à fait. L'historien James Riordan explique que « la révolution russe d'Octobre 1917 marqua une rupture avec le passé à bien des égards, mais il serait cependant erroné de penser qu'après 1917, une structure totalement nouvelle fut créée, inspirée entièrement par des idées révolutionnaires. Le sport soviétique n'a pas jailli, prêt à l'emploi, de la tête de Lénine ou de Marx. Le sport soviétique prend ses racines loin dans l'histoire russe, dans les us et coutumes du peuple, dans le climat, dans la peur des ennemis de l'extérieur et de l'intérieur » (Riordan, 1980).

Ainsi, au lendemain de la révolution, le premier effort à fournir est celui de l'effort de guerre. La guerre civile fait rage entre les blancs et les rouges, les monarchistes partisans de l'ancien régime tsariste et les révolutionnaires bolchéviques. De 1917 à 1922, le sport est centralisé par le Vsevobuch (*Vseobchchee Voennoe Obutchenie*, l'Agence centrale de préparation militaire) afin de mobiliser la population, la rendre physiquement prête au combat et l'« hygiéniser ». Pour répondre à ces considérations, tous les clubs et associations de sport sont réquisitionnés ainsi que leur matériel. Pendant la guerre civile, plus d'un million de personnes par an sont alors entraînées grâce au Vsevobuch.

La révolution terminée, les bolchéviques créent l'Union pansoviétique pour la culture physique rouge en 1922 afin de diriger la vie sportive du pays. Un an plus tard, elle devient le Conseil suprême de la culture physique (CSCP) et est rattachée au Comité exécutif central du parti communiste. Le CSCP regroupe des membres de différents commissariats du peuple provenant aussi bien de la Défense, de l'Éducation, du Travail et de l'Intérieur, tout en étant placé sous la tutelle de la Santé. Les débats sont houleux. Les contradictions permanentes. Aussi, le CSCP est-il soumis aux aléas des propositions des représentants de l'activité physique souvent en désaccord les

6 Paroles de l'Internationale, chantée pour la première fois par Eugène Pottier pendant la Commune de Paris, avant que la chanson ne soit reprise et traduite en russe pour devenir l'hymne de la RSFSR, puis de l'URSS de 1918 à 1943.

uns avec les autres. Pourtant, il est chargé de faire de la culture physique la figure de proue du nouveau modèle sportif soviétique. Et donc de la définir.

Le temps des possibles : les hygiénistes contre les proletkultistes

> « Nous ne sommes certainement pas contre le sport. Au contraire, nous considérons le sport comme l'un des plus puissants moyens de l'éducation physique. Mais nous sommes contre un type de sport qui fait de celui qui le pratique un estropié au lieu de lui donner une meilleure santé ; nous sommes contre un type de sport qui, au lieu de promouvoir les bons sentiments de l'homme, fait de lui un animal. »[7]
>
> Nikolaï Semachko, ministre de la Santé soviétique et fervent hygiéniste (1924)

> « À bas le sport ! »
>
> Slogan proletkultiste

Parmi les débatteurs, deux courants de pensée importants marquent le début des années 1920 par leur virulence, leur verve, leur influence et leur caractère révolutionnaire : les proletkultistes (les tenants de la culture physique prolétarienne) et les hygiénistes (les tenants de la culture physique médicale). Deux groupes pour lesquels le sport de compétition est une émanation du capitalisme qu'il faut transformer et/ou détruire afin qu'il réponde aux idéaux de la révolution. Selon eux le sport doit au minimum servir le développement physique du prolétariat et non l'inverse.

Les débats sont houleux. Mikhaïl Kalinine, un hygiéniste de la première heure et futur président du praesidium du soviet suprême de l'URSS, se montre frileux à l'égard des compétitions sportives : « Le sport est une affaire subsidiaire et il ne devrait jamais devenir une fin en soi, un effort pour battre des records… Le sport devrait être subordonné aux tâches de l'éducation communiste. Après tout,

7 *Proletariersport,* 1924, n° 5, p. 74-75. Cité par Gounot, 2013.

nous ne préparons pas des sportifs à l'esprit étriqué, mais des citoyens de la construction du communisme qui devraient posséder avant toute chose une large perspective politique et des capacités organisationnelles tout autant que des bras musclés et un bon système digestif » (Kalinine, 1962). Même son de cloche chez Nikolaï Semachko en 1928, le ministre de la Santé soviétique d'alors : « Le but (du sport) n'est pas de faire tomber des records mais bien d'apporter l'hygiène sociale aux populations arriérées » (Le Guellec, 2002). Fidèles à leur ligne, les hygiénistes se prononcent contre la pratique de quelques sports jugés dangereux pour la santé (football, boxe, haltérophilie, etc.). En outre, certains y voient une possibilité de repenser totalement le rapport à la compétition et de nouvelles idées apparaissent. Quelques-uns souhaitent par exemple réécrire les règles du football en faisant gagner non pas l'équipe qui marque le plus de buts mais l'équipe qui produit le plus beau spectacle (Gounot, 2013). Face à l'accueil mitigé de cette proposition par les amateurs de football, le projet est rapidement abandonné.

Parallèlement, les partisans du *Proletkul't* tentent d'imposer une vision encore plus radicale : la culture physique prolétarienne. Inédite, celle-ci est retranscrite dans leur programme « Sur les tâches de la culture physique prolétarienne » qui met en avant quatre points principaux :

1. Niant du point de vue historique et scientifique tous les anciens systèmes de culture physique de la bourgeoisie, le prolétariat crée une culture physique de classe.
2. À l'heure actuelle, il est nécessaire de construire non pas la culture physique pour le prolétariat, mais la culture physique prolétarienne.
3. La nouvelle culture physique prolétarienne est l'éducation psychophysiologique d'une personne qualifiée.
4. La nouvelle culture physique du prolétariat est une nouvelle gymnastique du travail et un nouveau sport collectif.

Les positions et propositions des hygiénistes et des proletkultistes au début des années 1920 en URSS

	Les hygiénistes	Les proletkultistes
Positions	Composés principalement de médecins, ils opposent la culture physique au sport car, selon eux, le sport implique la compétition. Or, les jeux sont potentiellement préjudiciables pour la santé mentale et physique. Les sports comme la gymnastique, la boxe ou encore l'haltérophilie sont considérés comme dangereux, irrationnels et individualistes. L'inverse total des valeurs collectivistes prônées par le communisme. Ils désapprouvent l'obsession des records du monde capitaliste. Mais ils ne sont pas défavorables à toutes les formes de compétitions.	Plus radicaux, ils se réclament de la culture physique prolétarienne. Ils condamnent toutes les formes de jeux, sports et compétitions touchées de près ou de loin par les sociétés bourgeoises. Ils sont contre le culte du champion et la recherche permanente du record. Ils accusent leurs opposants de vouloir politiser et militariser le sport. Pour eux, le sport est moins esthétique qu'utilitaire. Il est idéologique, car il doit participer de l'élévation de la culture prolétarienne. Ils s'approprient littéralement l'expression « Du passé faisons table rase ».
Propositions	– La création de formes non-commerciales du sport, sans tribunes ni spectateurs. – L'interdiction de sports jugés préjudiciables pour la santé mentale et physique : gymnastique, haltérophilie, boxe, football. – L'autorisation de sports jugés bénéfiques, car les athlètes concourent contre eux-mêmes ou la montre : la natation, l'aviron, l'athlétisme. – L'exclusion de l'éducation physique des écoles, car, selon eux, elle doit être incluse dans toutes les leçons et non artificiellement dans une seule.	– Le rejet complet des compétitions sportives. – La dissolution de toutes les organisations sportives qui viennent des sociétés bourgeoises. – La création de jeux modernes idéologiques de masse (« Le meeting d'octobre universel » ou « Indiens, Britanniques et Rouges », par exemple).

Ces positions, succinctement résumées par les slogans « Créons des exercices prolétariens ! » et « À bas le sport ! », formulent le souhait de supprimer les activités physiques telles que la société soviétique les connaît au profit de mouvements prolétariens : le marteau qui chute sur l'enclume ou la scie qui découpe le bois. En 1920, ils publient un ouvrage intitulé *Nouveaux Jeux pour nouveaux enfants*. Il s'agit de proposer des activités physiques « révolutionnaires » destinées à la jeune génération afin d'échapper aux réminiscences de la dégénérescence des sociétés bourgeoises et de leur décadence. Les jeux proposés sont destinés à imprégner la jeunesse soviétique de collectivisme et autres valeurs fondamentales du prolétaire tels que l'anticapitalisme, l'antifascisme ou encore la lecture de la littérature révolutionnaire. Les événements organisés par le *Proletkul't* sont souvent mis en scène de façon grandiloquente afin de présenter la grandeur prolétarienne sous un jour messianique.

Face à l'importance du mouvement (100 organisations et plus de 80 000 personnes impliquées en 1919 dans toute la Russie), Lénine monte au créneau en jugeant les positions du *Proletkul't* « comme théoriquement incorrectes et pratiquement nuisibles ». Selon lui, la culture prolétarienne doit tirer le meilleur des progrès de l'humanité au cours des siècles : « Ce n'est pas l'invention d'un nouveau prolétariat mais le développement des meilleurs exemples, traditions, résultats de la culture existante du point de vue de la vision du monde marxiste et des conditions de vie et de lutte du prolétariat à l'époque de sa dictature ». Cette prise de position sera suivie par de nombreux idéologues soviétiques dont L. Trotski. Le *Proletkul't* en ressortira considérablement affaibli, avant de commencer à disparaître à partir de 1922.

Conséquences, en 1923, après plusieurs mois d'intenses discussions, le CSCP semble avoir tranché. Pour la première fois, la *fizicheskaya kultura* (plus connue sous le terme de *fizkul'tura*) soviétique, la « culture physique », est officiellement définie ainsi :

> « La culture physique (*fizkul'tura*) se donne pour but d'assainir et de perfectionner la race humaine et d'améliorer l'activité vitale de chacun. Elle comprend aussi bien la gestion de la vie quotidienne au sens général du terme (hygiène personnelle, utilisation des forces naturelles du soleil, de l'air et de l'eau, répartition judicieuse des temps de travail et de repos, etc.) que l'éducation physique par la gymnastique, les sports et les jeux qui ont acquis le plus haut degré de popularité parmi la jeunesse ouvrière et paysanne. »[8]

Puis, en 1925, le Parti communiste assoit un peu plus sa position, renvoie définitivement dans les cordes les proletkultistes et offre une définition suffisamment large du sport soviétique pour lui permettre potentiellement de participer aux compétitions internationales :

> « La culture physique ne doit pas être considérée simplement du point de vue de la santé publique et de l'éducation physique, mais également comme un aspect de l'entraînement militaire, économique et culturel des jeunes gens. Elle doit être également considérée comme un moyen d'éduquer les masses (dans la mesure où elle développe l'effort de volonté, l'esprit d'équipe, l'endurance, les ressources et d'autres qualités de valeur). En outre, elle doit être regardée comme un moyen de rallier l'ensemble des travailleurs et des paysans à différentes organisations du parti, du gouvernement et du syndicat, par lesquelles ils peuvent être intégrés à une activité politique et sociale... La culture physique doit être une partie indissociable de l'éducation culturelle et politique de la santé publique dans leur ensemble. » (Riordan, 1980)

Dans un premier temps, la quête du record et la figure du champion semblent être écartées. Pourtant, si, sur le papier, l'affaire est entendue et les hygiénistes au pouvoir semblent avoir gagné, la réalité est plus complexe.

Au-delà des courants politiques, idéologiques et philosophiques, la réalité se situe d'abord sur les terrains. Au lendemain de la guerre civile, le sport tel qu'il existait à l'époque tsariste est exsangue.

---

8 Résolution du CSCP de 1923, *in Proletariersport*, 1924 n° 2, p. 21. Citée par Gounot, 2013.

Les clubs, cercles et autres sociétés vivotent difficilement sans pour autant disparaître, car les spectateurs et les athlètes amateurs en sont toujours très friands. C'est pour cette raison que le sport révolutionnaire promu par le Parti peine à s'imposer chez les prolétaires. De plus, la Nouvelle politique économique (NEP), décrétée en 1921, combine pour les années à venir « capitalisme d'État pour l'industrie et capitalisme privé pour le petit commerce et la production agricole » (Jallot et Jallot, 2018). Une aubaine pour les petites organisations sportives privées qui voient ici une opportunité de pouvoir financer infrastructures, déplacements ou encore salaires des sportifs. Le Parti cherche à asseoir son autorité, mais celle-ci n'est pas encore pleine et entière. Cependant, ce flou artistique est de courte durée.

L'Internationale rouge du sport (IRS) et les Spartakiades : vivre avec les contradictions

Si Lénine et consorts sont frileux à l'idée de concourir dans des compétitions sportives internationales, il n'en reste pas moins qu'il faut faire participer la masse des prolétaires à la culture physique pour étendre et montrer les succès du communisme à travers le monde. Dans ce but, le Komintern[9] (l'Internationale communiste) crée l'Internationale rouge sportive (IRS ou Sportintern) en 1921 par l'intermédiaire de Nikolaï Podvoïski[10]. L'objectif est quadruple :

1. Proposer une alternative prolétarienne aux organisations sportives internationales « bourgeoises ».
2. Contrer l'Internationale sportive de Lucerne (ISL) l'organisation sociale-démocrate du sport ouvrier.
3. « Former une réserve suffisante de combattants révolutionnaires pour les luttes décisives »[11].

9 Le Komintern est une organisation internationale qui réunit les partis communistes de tous les pays du monde entre 1919 et 1943.

10 Nikolaï Podvoïski est également le créateur et le directeur du Vsevobuch, l'organisme de préparation physique et militaire des futurs cadres de l'Armée rouge.

11 Nikolaï Podvoïski cité par Le Guellec, 2002.

4. Organiser les Spartakiades[12] par opposition aux JO et légitimer ainsi une certaine forme de sport de compétition comme un moyen de promouvoir « la saine émulation entre «avant-gardes physiques du prolétariat mondial» » (Le Guellec, 2002).

Les Spartakiades ont une importance fondamentale pour comprendre l'altérité soviétique et, plus tard, russe. C'est à partir de 1925 qu'elles sont envisagées afin de concurrencer les compétitions internationales « bourgeoises ». Le dictionnaire encyclopédique russe *Grenat* explique, dans son édition de 1932, les différences entre les JO traditionnels et les Spartakiades : « Les Jeux olympiques ont pour objectif de montrer le succès de la culture physique et d'identifier des réalisations record dans le domaine des sports purement individualistes. Contrairement aux Jeux olympiques des pays capitalistes bourgeois, l'IRS organise des festivals internationaux de sports ouvriers (Spartakiades), qui visent à promouvoir la culture physique en tant que moyen de guérir le prolétariat et d'éduquer les ouvriers à leur classe. [...] Des performances de masse sont proposées ici ».

Forte de cette idée, l'URSS organise les premières Spartakiades à Moscou le 12 août 1928, soit le jour de la clôture des JO d'Amsterdam. L'ambition est claire : se servir du sport afin de montrer la supériorité du modèle soviétique sur le modèle capitaliste dont les défauts sont symbolisés par les compétitions sportives bourgeoises. Mais pas question de se renier pour autant. Comme l'écrit le poète soviétique Vladimir Maïakovski à cette occasion : « Le recordiste sans cervelle ne nous est pas indispensable / Nous avons besoin de masses de sportifs en action »[13]. Pour ce faire, l'URSS emploie les grands moyens et construit le stade Dinamo. Avec une capacité d'accueil de 25 000 personnes, il devient le plus grand stade de toute l'URSS. C'est

12 Les Spartakiades (en russe *Spartakiada*) se sont tenues entre 1928 et 1934. Elles étaient des rencontres sportives internationales destinées à faire concurrence aux Jeux olympiques, jugés trop « bourgeois ». Le but était de démontrer la supériorité de l'internationalisme prolétarien sur le capitalisme.

13 Conclusion du poème *Tovarîsi, pospor'te o krasnom sporte* ! (« Camarades, discutons du sport rouge ! ») cité par Dufraisse, 2019.

sur la place Rouge que se déroule la cérémonie d'ouverture. Le triptyque « défilés, discours, musique » est délibérément politique. Il montre une URSS aux multiples alliés, moderne et prête au combat, faisant front face aux capitalistes.

La réalité est tout autre. Premièrement, l'idée d'organiser une compétition différente semble déjà dépassée. Les sports proposés – à l'exception du motocyclisme – sont strictement les mêmes qu'aux JO. Et les podiums, records et médailles témoignent des performances de chacun. Deuxièmement, seuls 12 pays étrangers sont représentés par 542 hommes et 70 femmes, contre 3 000 hommes et 879 femmes soviétiques[14]. En outre, les délégations étrangères n'ont que très peu de marge de manœuvre pour découvrir le pays par elles-mêmes. Elles sont quotidiennement patronnées par un syndicat russe dont la mission est de les encadrer.

L'événement échoue donc en partie dans sa mission. Néanmoins, les parades sportives de masse grandioses et les performances des athlètes sont amplement relayées dans la presse soviétique, inspirant les prolétaires de toute l'URSS. Le succès populaire est au rendez-vous et la question du champion se pose (Dufraisse, 2019). Nombreux sont ceux qui pensent la compétition inévitable. Les problèmes soulevés semblent insolubles : comment le champion, vainqueur d'une compétition, est-il réconciliable avec l'idéologie soviétique collectiviste ?

■ Du refus à l'appropriation du modèle sportif « bourgeois »

Dans la deuxième partie des années 1920, de nombreuses figures politiques tentent de repenser le sport de compétition afin de l'intégrer à l'idéologie soviétique. Maxime Gorki explique en 1926 qu'il est capital de montrer que « la culture physique des travailleurs s'est développée de telle manière que les sportifs ouvriers russes sont maintenant capables de battre les champions du sport

14 Gounot André, « Les Spartakiades internationales, manifestations sportives et polit... », *Journal open Edition*, 1er juillet 2002, journals.openedition.org/chrhc/1582.

bourgeois » (Gounot, 2013). Cette idée d'utiliser le sport soviétique amateur à l'étranger pour prouver la prédominance du modèle communiste sur le modèle capitaliste commence à émerger et Joseph Staline lui-même n'y est pas insensible. Le 3 novembre 1928, quelques mois après les Spartakiades, Nadejda Kroupskaïa, militante bolchévique et veuve de Lénine, se positionne également en faveur du sport de compétition mais pour des raisons différentes : « La compétition, si elle est bien organisée, coordonne l'activité, rend possibles les mesures, fonctionne selon le principe du contrôle social. [...] Ce n'est pas parce que la bourgeoisie utilise beaucoup la méthode de la compétition dans son proche but qu'il faut s'en éloigner. Il faut seulement substituer à l'approche individuelle de la compétition une approche collectiviste, donner à la compétition d'autres buts, en faire une arme de rassemblement et de contrôle collectif et d'entraide. »[15] Dans cette configuration, il n'y aurait donc pas un champion individuel mais des maîtres exemplaires au service du peuple soviétique.

Alors que les idées du sport de compétition comme instrument de contrôle social et vecteur de fierté et d'identité cheminent, le 3 avril 1930, le Conseil supérieur de la culture physique, rattaché au comité central exécutif de l'URSS, est créé et prend les pleins pouvoirs sur le sport soviétique.

Ce changement est notable, car, jusqu'alors, les multiples acteurs du sport en URSS ne permettaient pas une mise en place radicale et effective à l'échelle de toute l'Union d'un nouveau modèle sportif. En 1931, le Conseil supérieur de la culture physique crée le programme « Prêt au travail et à la défense » (GTO) : un organisme paramilitaire qui a pour mission d'édifier les masses dès le plus jeune âge en les entraînant à l'athlétisme, au tir, au ski, à la gymnastique et au secourisme. Pour le Parti, il a un triple usage. Il sert d'organisme de contrôle, de vecteur d'édification nationale et de programme de détection des futurs talents. Tout s'accélère dans les années 1930.

15 *Fizkul'tura i Sport*, 1928, n° 44, p. 2, cité par Dufraisse, 2019.

La distinction « maître de sport » apparaît en 1934. Un an plus tard, la *Pravda* publie un article au titre évocateur : « L'URSS doit être un pays modèle de la culture physique ». La conclusion est sans équivoque : « Nous travaillons, et nous devons travailler avec encore plus d'énergie pour que les sportifs soviétiques deviennent les meilleurs sportifs du monde, pour que dans les prochaines années l'URSS devienne le pays des records du monde » (Gounot, 2013).

En franchissant le Rubicon, la voix du Parti lance officieusement un nouveau programme sportif soviétique qui défie l'Occident capitaliste. Problème : les records officiels ne peuvent être homologués que par les fédérations sportives internationales auxquelles l'URSS n'est pas intégrée. L'IRS et les Spartakiades deviennent *de facto* obsolètes et Staline décide leur démantèlement en 1937. L'objectif est limpide désormais : intégrer les organes sportifs internationaux et remporter toutes les compétitions sportives mondiales.

Le sportif, un stakhanoviste ?

Parallèlement, à partir de la seconde moitié des années 1920, la figure type du sportif soviétique commence à se dessiner à travers notamment des articles dans la revue *Fizkul'tura i sport*, la principale revue sportive de l'Union. Le « maître de sport » soviétique amateur est alors opposé au champion bourgeois professionnel. « Le champion serait en effet lié à la réalisation de records, à la première place, à la défense dans les compétitions de l'honneur de son club, de son cercle, de sa ville, à l'individualisme. Le «maître» soviétique, à l'opposé, se consacre aux autres. Il n'est pas l'homme des records ou des premières places mais celui dont le travail opiniâtre invite les masses de *fizkul'turniki* à le suivre. Il est bien éduqué. Il participe à la progression de son cercle, travaillerait volontairement dans l'intérêt du collectif dont il améliorerait la santé et fait partager sa maîtrise technique. Il œuvre pour l'ensemble des participants et non pour lui seul. Les «maîtres» sont des modèles et des guides pour progresser. » (Dufraisse, 2019)

Comme le montre John M. Oberman en citant Katerina Clark dans son ouvrage *Sport and political ideology* (Hoberman, 1984), la mutation du sport soviétique correspond à la transformation de l'anthropologie politique soviétique. En réalité, l'idéal de la société communiste passe du concept de « fraternité » à celui de « hiérarchie » dans les années 1930 :

> « Une version condensée des grands changements de valeurs survenus dans les années trente se déroulerait comme suit. Première phase (1928-1931) : culte de l'homme humble et du jardin commun (savoir empirique). L'âge enfant. Période de transition (1931-1935) : différenciation sociale accrue et scepticisme quant à ce qui est empiriquement vérifiable. L'âge adulte. Deuxième phase (fin 1935-1937 et au-delà) : une hiérarchie dans les ordres de l'homme et de la réalité. Le culte de l'extraordinaire. L'âge sur-homme. » (Clark, 1977)

Dans cette logique, une fois rentrée dans l'âge sur-homme, la figure d'Alekseï Stakhanov devient le mètre-étalon de la nouvelle URSS où la hiérarchie est désormais reine. Avec ses 102 tonnes de charbon qu'il aurait extraites en 6 heures, le célèbre mineur soviétique représente l'aboutissement d'un système en quête de performances. La fraternité collectiviste des plans quinquennaux laisse place à l'ère de la volonté. Le stakhanoviste ne doit pas être le plus grand, il doit aller au-delà. Il est l'« homme nouveau », le « sur-homme », l'« *homo sovieticus* ». Et il a « réussi », car il a « voulu » et « cru » plus que les autres en l'idéal communiste. Le stakhanoviste est lui-même affublé régulièrement du nom *bogatyr'* qui désigne un chevalier de contes populaires slaves. Il ne connaît pas de limites, ni les siennes, ni celles de la science, même si celles-ci ont été prouvées empiriquement par des décennies de recherches. Il est un héros.

De ce point de vue, l'athlète soviétique post-1937 destiné à briser les records du monde et à remporter toutes les médailles semble être l'archétype du parfait stakhanoviste. Pourtant, ça n'est pas tout à fait le cas. Bien sûr, l'athlète de haut niveau dispose d'un degré de reconnaissance très important auprès de la population et il se doit d'être irréprochable. Mais, alors même que Stakhanov est un sur-homme qui réussit à dépasser son rang et à sortir du système (et même de la planète, comme les cosmonautes par exemple), le sportif soviétique est – et ce, à toutes les périodes de l'URSS – censé représenter la réussite du système. Il est le système. Il est tout le monde et c'est pour cette raison qu'il dispose officiellement du statut d'amateur et non de professionnel du sport. C'est l'essence même du système soviétique qui produit naturellement les athlètes de haut niveau. Comme le décrit le slogan dans les années 1930 : « Chaque athlète doit être un *oudarnik* (« travailleur de choc »), et chaque *oudarnik* un athlète »[16]. La frontière est mince entre un stakhanoviste et un athlète à tel point que les excellents travailleurs sont souvent encouragés à pratiquer un sport car, semble-t-il, « les qualités qui font d'un travailleur un héros du travail [sont] conçues comme similaires à celles montrées par les grands sportifs » (Edelman, 1993). Dans le monde soviétique post-1937, un *oudarnik* est moins grand qu'un stakhanoviste, et, bien sûr, moins grand que Staline.

■ Le grand tournant stalinien : la course aux médailles

Dans les années 1930, cette figure du « maître de sport » n'est pas suffisante pour rayonner à l'étranger. En 1937, Staline se retrouve confronté à un problème de taille. La supériorité sportive soviétique ne peut être démontrée, car les records internationaux soviétiques ne sont pas homologués : l'URSS ne fait pas partie intégrante des instances internationales prévues à cet effet comme la Fédération internationale de football association (FIFA) et le Comité international olympique (CIO). L'IRS montre donc ses limites et est vite démantelée. De plus, la Seconde Guerre mondiale achève de convaincre les dirigeants soviétiques de l'importance du sport pour son rôle paramilitaire et prestigieux.

16 Slogan original : *Kazhdyy fizkul'turnik – udarnik ; kazhdyy udarnik – fizkul'turnik in* Siegelbaum, 1988.

L'URSS intègre la Société des Nations (SDN) en 1934, la FIFA en 1946, le CIO en 1951 et est à l'origine de l'Union des associations européennes de football (UEFA) en 1954. Staline peut désormais compter sur la représentation soviétique à l'international ainsi que sur une masse considérable de sportifs compétents et surentraînés destinés à affronter les défis olympiques à venir. Quelques années plus tôt, en 1948, les directives officielles du Comité central du parti avaient été données : il ne s'agit pas seulement de participer, il faut également gagner, c'est un objectif politique. Staline tourne *de facto* le dos aux proletkultistes et aux hygiénistes.

Après avoir refusé de participer à l'édition de 1948, il autorise finalement une délégation sportive soviétique à se présenter aux JO de 1952 à Helsinki. Ce coup d'essai est presque un coup de maître : l'Union soviétique finit à la deuxième place au classement des médailles derrière les intouchables États-Unis. C'est le début de la guerre froide du sport.

La guerre froide devient sportive

Alors que la guerre froide fait rage entre les États-Unis et l'Union soviétique au lendemain de la Seconde Guerre mondiale, l'URSS pénètre progressivement les grandes institutions sportives, encore jugées « bourgeoises » quelques années auparavant. Le 25 avril 1951, le Comité olympique soviétique est créé. Dès lors, une transition s'opère. Le sport n'est plus utilisé seulement pour unifier le monde communiste et signifier l'altérité soviétique, mais il a également pour vocation d'affirmer la supériorité de l'URSS sur le modèle occidental. Néanmoins, le sport a plusieurs facettes. S'il s'agit effectivement de vaincre et d'exalter la puissance d'une part, le sport est également un vecteur diplomatique à plusieurs volets. Il doit servir à nouer des relations avec l'étranger lointain, voire essayer de le rallier à sa cause. L'histoire de la diplomatie sportive soviétique pendant la guerre froide permet une lecture renouvelée de cette-ci. Une sorte de miroir de Cassandre déformant qui offre, dans une certaine mesure, la possibilité de déceler les prémices des grands événements qui vont conduire à la chute de l'Union soviétique.

La diplomatie soviétique durant la guerre froide mise en premier lieu sur la victoire des athlètes communistes sur les capitalistes. À l'heure où les deux puissances nucléaires se toisent, le terrain sportif devient ainsi une forme d'exaltation de la puissance. « Le sport, c'est la guerre sans les balles », écrit Georges Orwell. Dans ce contexte, le classement des médailles devient crucial pour les dirigeants soviétiques. Finir premier est une manière de signifier au monde entier la supériorité du modèle soviétique sur le modèle américain. Si l'URSS finit deuxième aux JO d'Helsinki de 1952, la suite se révélera particulièrement heureuse. Entre 1952 et 1991, l'URSS participe à pas moins de 18 éditions des JO d'hiver et d'été. Ultra-performante, elle obtient 13 premières places et 5 deuxièmes grâce à un total de 395 médailles d'or, 319 d'argent et 295 de bronze. Cette réussite est telle qu'un journaliste soviétique écrit dans la *Pravda* en 1972 : « Les grandes victoires de l'Union soviétique et des pays frères constituent la preuve éclatante que le socialisme est le système le mieux adapté à l'accomplissement physique et spirituel de l'homme ». Une tournure de phrase destinée à mieux légitimer la participation communiste aux compétitions « bourgeoises », jadis décriée. La légende de l'Armée rouge sportive est née et, factuellement, la guerre froide du sport est remportée par l'Union soviétique. Comment un tel succès est-il possible ?

La course aux médailles ou la guerre froide sportive : classement des médailles aux éditions des JO d'hiver et d'été entre 1952 et 1988
(par ordre chronologique)

Classement des médailles (nombre de médailles d'or/d'argent/de bronze : total)	**1er**	**2e**	**3e**
JO d'été d'Helsinki en 1952	États-Unis (40/19/17 : 76)	Union soviétique (22/30/19 : 71)	Hongrie (16/10/16 : 42)
JO d'hiver de Cortina d'Ampezzo en 1956	**Union soviétique (7/3/6 : 16)**	Autriche (4/3/4 : 11)	Finlande (3/3/1 : 7)
JO d'été de Melbourne en 1956	**Union soviétique (37/29/32 : 98)**	États-Unis (32/25/17 : 74)	Australie (13/8/14 : 35)
JO d'hiver de Squaw Valley en 1960	**Union soviétique (7/5/9 : 21)**	Équipe unifiée d'Allemagne (4/3/1 : 8)	États-Unis (3/4/3 : 10)
JO d'été de Rome de 1960	**Union soviétique (43/29/31 : 103)**	États-Unis (34/21/16 : 71)	Italie (13/10/13 : 36)
JO d'hiver d'Innsbruck de 1964	**Union soviétique (11/8/6 : 25)**	Autriche (4/5/3 : 12)	Norvège (3/6/6 : 15)
JO d'été Tokyo de 1964	États-Unis (36/26/28 : 90)	Union soviétique (30/31/35 : 96)	Japon (16/5/8 : 29)
JO d'hiver de Grenoble de 1968	Norvège (6/6/2 : 14)	Union soviétique (5/5/3 : 13)	France (4/3/2 : 9)
JO d'été de Mexico de 1968	États-Unis (45/28/34 : 107)	Union soviétique (29/32/30 : 91)	Japon (11/7/7 : 25)
JO d'hiver de Sapporo de 1972	**Union soviétique (8/5/3 : 16)**	Allemagne de l'Est (4/3/7 : 14)	Suisse (4/3/7 : 10)
JO d'été de Munich de 1972	**Union soviétique (50/27/22 : 99)**	États-Unis (33/31/30 : 94)	Allemagne de l'Est (20/23/23 : 66)
JO d'hiver d'Innsbruck de 1976	**Union soviétique (13/6/8 : 27)**	Allemagne de l'Est (7/5/7 : 19)	États-Unis (3/3/4: 10)

JO d'été de Montréal de 1976	**Union soviétique (49/41/35 : 125)**	Allemagne de l'Est (40/25/25 : 90)	États-Unis (34/35/25 : 94)
JO d'hiver de Lake Placid de 1980	**Union soviétique (10/6/6 : 22)**	Allemagne de l'Est (9/7/7 : 23)	États-Unis (6/4/2 : 12)
JO d'été de Moscou de 1980 (Boycott de 50 nations dont les États-Unis)	**Union soviétique (80/69/46 : 195)**	Allemagne de l'Est (47/37/42 : 126)	Bulgarie (8/16/17 : 41)
JO d'hiver de Sarajevo de 1984	Allemagne de l'Est (9/9/6 : 24)	Union soviétique (6/10/9 : 25)	États-Unis (4/4/0 : 8)
JO d'été de Los Angeles de 1984 (Boycott de 15 nations dont l'Union soviétique)	États-Unis (83/61/30 : 174)	Roumanie (20/16/17 : 53)	Allemagne del'Ouest (17/19/23 : 59)
JO d'hiver de Calgary de 1988	**Union soviétique (11/9/9 : 29)**	Allemagne de l'Est (9/10/6 : 25)	Suisse (5/5/5 : 15)
JO d'été de Séoul de 1988	**Union soviétique (55/31/46 : 132)**	Allemagne de l'Est (37/35/30 : 102)	États-Unis (36/31/27 : 94)

■ L'exemple de la « *Red Machine* » ou l'âge d'or du hockey soviétique

22 avril 1951. L'équipe soviétique de hockey sur glace se présente pour la première fois dans un match international, contre la République démocratique allemande (RDA), à Berlin. Remporté 23 à 2, ce match face à un pays ami du bloc de l'Est est un test réussi pour des joueurs qui n'avaient jamais eu l'occasion de se mesurer à un adversaire étranger. Joseph Staline est attentif. Et pour cause, il a fait introduire le hockey en URSS quelques années auparavant en 1946 avec pour objectif avoué celui de concurrencer les Américains sur leur terrain : la glace (Edelman, 1993). Si le hockey est pratiqué officieusement en Russie depuis des dizaines d'années, il a mauvaise presse. En effet, en 1932, suite à un match entre Russes et Allemands selon les règles du hockey canadien, la revue *Fizkult'tura i sport* n'est pas

tendre : « Avec ces règles, le hockey apparaît purement individualiste. En raison de l'interdiction de la passe en avant, les joueurs sont forcés de garder le palet et le jeu est pauvre en combinaisons. Du point de vue technique, le jeu est également primitif. Quant à savoir s'il faut développer le hockey canadien dans notre pays, la réponse devrait être négative ». Le hockey canadien individualiste s'opposerait donc au hockey russe collectif. Néanmoins, ce 22 avril 1951, l'équipe soviétique l'emporte en RDA en se pliant aux règles outre-atlantistes et envoie ainsi un message fort au monde entier.

L'année suivante, l'URSS intègre officiellement la Fédération internationale de hockey sur glace et se prépare à affronter les plus grandes nations de hockey de la planète. Rapidement, l'équipe soviétique impose sa marque et remporte dès 1954 son premier championnat du monde et d'Europe. Par la suite, l'équipe soviétique va participer à 34 championnats du monde, ramener 34 médailles dont 19 en or et surtout créer un style de jeu inimitable et pratiquement imbattable. Comment l'URSS a-t-elle révolutionné en quelques années un sport qui existait depuis le milieu du XIXe siècle au Canada ? En mettant la science au service du sport.

De 1958 à 1972, l'équipe soviétique de hockey est entraînée par le truculent Anatoli Tarassov. Respecté par ses joueurs, il introduit rapidement des méthodes d'entraînement et une stratégie de jeu uniques au monde en refusant l'aide des entraîneurs étrangers. S'inspirant des chorégraphies des ballets du théâtre du Bolchoï, il construit un style de jeu révolutionnaire. Puisque les Canadiens refusent de se plier aux règles russes, Tarassov impose au monde une nouvelle vision du jeu. À l'heure où le hockey nord-américain rugueux et physique règne en maître, il enseigne l'esquive. Quand les Canadiens et les Américains comptent sur l'individualisme et la force, il répond par une véritable danse collective sur glace. Pour arriver à ses fins, il mise sur une tactique hors-pair, un entraînement atypique, une relation profonde avec ses joueurs et… la quasi-mathématisation des corps. Prédire l'improbable. Prévoir l'impondérable. Il tente de faire du hockey une science et réussit à créer la meilleure équipe de l'histoire, baptisée la « *Red Machine* » par la presse américaine. Cette équipe composée de cinq joueurs individuellement exceptionnels et exceptionnellement collectifs remporte trois médailles d'or olympique et dix titres de champions du monde en quatorze années sous la coupe de Tarassov. Allégorie ou non, l'équipe soviétique propose véritablement un jeu « horizontal » où les joueurs permutent sans cesse afin de déstabiliser l'adversaire, quand l'équipe canadienne propose un jeu davantage « vertical » au sein duquel les joueurs se déplacent principalement d'avant en arrière. Tarassov propose donc un jeu à volonté « socialiste » très prisé par le pouvoir soviétique.

Pour arriver à ce niveau, les joueurs passent leur vie ensemble. Le camp d'entraînement est situé à Arkhangelskoïe à 30 km de Moscou. Ils ne voient leur famille que le dimanche et ce, uniquement si l'athlète a été à la hauteur des attentes de son entraîneur. Les infrastructures sont modestes et les Soviétiques ne disposent pas de patinoires d'entraînement artificielles ? Qu'importe, les joueurs s'envolent pour la Sibérie le printemps venu afin de profiter des dernières glaces. Les températures remontent ? Les entraînements ont lieu la nuit lorsque le mercure descend sous 0 °C. Au cœur de l'été, on s'entraîne sur gazon, entre deux séances de musculation. Si sa méthode peut paraître brutale, Tarassov n'en reste pas moins un artiste. Selon lui, les joueurs doivent pouvoir se trouver les yeux fermés, sans se chercher, d'où la nécessité de vivre ensemble. Ils doivent se connaître par cœur afin de pratiquer un hockey unique au monde semblable à « une symphonie » ou à « un ballet ». Dans ses interviews, Tarassov ne manque pas d'images poétiques pour définir ses objectifs. Ses joueurs doivent « danser et le bruit des patins chanter sur la glace ». Le club des cinq est une famille dont la progression doit être avant tout collective. Et lui, Tarassov, se charge d'utiliser les mathématiques afin d'optimiser la stratégie mise en place et les capacités de ses joueurs. Il calcule les passes réussies, les passes ratées, les entrées et les sorties de zone, la vitesse de ses joueurs et des joueurs adversaires… Le tout au service d'un jeu offensif que les Canadiens surnomment rapidement le « tic-tac-toe » en référence aux bruits rapprochés du palet martyrisé par les crosses des joueurs soviétiques. Une véritable symphonie… (Boivin-Chouinard, 2014)[17]

Le sport et la science au service de la création de l'« *homo sovieticus* »

Ces succès à répétition ne doivent rien au hasard et sont loin d'être isolés en URSS. En effet, le système sportif soviétique dispose d'importants moyens financiers afin de gagner la course à l'innovation dans le domaine du sport et ainsi rationaliser la performance sportive. Il s'agit à travers le sport de prouver la supériorité du modèle soviétique et créer par la même occasion l'homme nouveau, l'« *homo sovieticus* ».

Dans la Russie moderne, il faut remonter en 1872 pour voir apparaître les premières traces de l'homme nouveau dans *Les Démons* de Fiodor Dostoïevski. Ce dernier insiste à travers le personnage nihiliste de Kirov sur le fait que « le but de l'histoire est la transformation physique de l'homme et de la terre. L'homme sera un Dieu et il changera physiquement alors ? »

Pour Léon Trotski, l'homme ne deviendra probablement pas Dieu, mais il ne fait aucun doute qu'il sera un *superman* et il l'explique dans *Littérature et Révolution* en 1924. Selon lui, « l'homme deviendra immensément plus fort, plus sage et plus subtil ; son corps sera plus harmonisé, ses mouvements plus rythmés, sa voix plus musicale ». Il sera issu d'un « type biologique plus élevé, […] d'un superman »[18]. Néanmoins, il ne souhaite pas l'apparition d'un homme

17 Pour en savoir davantage à ce sujet, l'excellent article de Marc Branchu, spécialiste du hockey sur glace : Branchu Marc, « Histoire du hockey sur glace : la création du hockey soviétique (1946) », *www.hockeyarchives.info,* www.hockeyarchives.info/histoire/1946URSS.htm. Consulté le 15 novembre 2020.

18 « Trotski 1924 », *www.marxists.org*, 2007, www.marxists.org/archive/Trotski/1924/lit_revo/ch08.htm.

superathlétique. Hygiéniste, il croit davantage aux effets positifs de la culture physique sur la santé.

Ce n'est pas le cas de Staline qui voit dans le sport une possibilité de développer son idéologie et d'accroître son pouvoir. À partir des années 1930, il est demandé aux scientifiques d'axer leurs recherches de manière à optimiser et mathématiser les corps, les administrer et les rendre plus performants, à l'instar d'une machine : il s'agit d'un savant mélange entre biomécanique et culture physique. « Amélioration de la race », « production d'un homme nouveau » ou encore « nouveau type d'humain, plus robuste et plus performant », sont des expressions qui reviennent régulièrement dans la bouche des hommes politiques, des scientifiques et des artistes soviétiques à l'époque.

Des poètes comme Alexeï Gastev illustrent l'apparition de l'homme-machine. Il est, dans les années 1920, le premier à utiliser des néologismes tels que « cerveaux-machines », « électro-nerfs », « ciné-yeux » ou encore « arterio-pompes » (Budy, Katzer et Kohring, 2011) dont l'intérêt principal résulte dans la fusion entre l'homme et la machine. Quelques années plus tard, en 1942, c'est le musicien russe Joseph Schillinger qui écrit *Les Fondements mathématiques des arts*, ouvrage dans lequel il tente de démystifier le processus de la création artistique en disséquant par exemple des centaines de chefs-d'œuvre musicaux, recherchant ainsi un algorithme permettant d'aider les artistes dans leur processus de création. L'inventeur Genrich Altshuller poursuit son travail en créant la TRIZ[19], la théorie de résolution des problèmes inventifs.

Ce processus de mathématisation du flux artistique est adopté par le monde du sport soviétique afin d'améliorer les performances des athlètes. Mais le problème à résoudre est complexe. Comment réussir à prédire l'improbable, c'est-à-dire l'ensemble des

19 *Teoriya Resheniya Izobretatel'skikh Zadach – TRIZ*. En français, la théorie de la résolution des problèmes inventifs.

mouvements, des réactions et des impondérables impliquant le corps humain lors de la réalisation d'un effort individuel ou collectif ?

L'URSS et ses scientifiques tentent de répondre à ces questions. Les sports comme le hockey sur glace, le football, la gymnastique ou encore le saut à la perche sont l'objet de recherches qui connaissent des fortunes diverses. Pourtant, ces techniques « révolutionnaires » et les méthodes d'entraînement qui en découlent inspirent toujours le sport de haut niveau actuel.

Concrètement, cette « scientifisation » du sport remonte à la fin du XIXe siècle. À l'origine, il y a la biomécanique et Étienne-Jules Marey (1830-1904), un médecin physiologiste français qui invente les techniques de base de l'analyse biomécanique afin de mieux comprendre ce qu'il appelle « la machine animale ». Il est à l'origine de la « chronophotographie », une technique qui consiste à prendre en photo en mode rafale les déplacements des hommes, des chevaux ou encore des insectes afin de mieux comprendre la mécanique de leurs déplacements invisibles à vitesse réelle. Ses travaux sont repris pour le compte de l'Union soviétique par l'intermédiaire du neurophysiologiste Nikolaï Bernstein (1896-1966) qui y introduit les mathématiques. Son objectif ? Calculer la gestuelle humaine et ainsi comprendre comment fonctionne le corps humain. Grâce à son approche transdisciplinaire, il révolutionne la discipline et fait naître de nombreuses vocations. Encouragés et financés par le pouvoir soviétique, les scientifiques spécialistes du corps et du sport se multiplient.

Comme le montre le professeur John Hoberman, « l'URSS [résout] le débat inné-acquis en faveur de la doctrine de la malléabilité humaine, en soulignant le pouvoir de la transformation de l'environnement sur le pouvoir des gènes à façonner la nature humaine » (Hoberman, 1993). À ce titre, l'importance des recherches d'Ivan Pavlov n'est pas à négliger. Le prix Nobel russe de physiologie ou médecine de 1904 est en effet l'inventeur du fameux « réflexe pavlovien », qui, basiquement, signifie que l'être humain réagit de telle ou telle façon face à une situation en fonction de son conditionnement psychologique au préalable. Évidemment, les scientifiques soviétiques du sport s'approprient cette idée afin d'améliorer la performance des athlètes.

Parmi les plus connus, on retient Vladimir Zatsiorsky et Lev Pavlovitch Matveïev. Le premier n'en finit plus encore aujourd'hui de publier articles scientifiques et ouvrages spécialisés dans lesquels il décortique la science de l'entraînement. On lui doit notamment la distinction entre force maximale, vitesse et force-endurance. Cette dernière notion est véritablement née *ex-nihilo* de ses travaux. Elle désigne la capacité d'un sportif à répéter inlassablement un même effort, par opposition à la force maximale (dont l'acronyme 1RM est inventé pour l'occasion et toujours utilisé), dont l'effort ne peut être produit qu'une seule fois. Si les Soviétiques sont les premiers à bénéficier de ses travaux, aujourd'hui encore les préparateurs physiques du monde entier les utilisent afin d'améliorer les performances des athlètes de haut niveau.

Lev Pavlovitch Matveïev est probablement le plus important théoricien soviétique de l'entraînement. En 1965, il publie *Les Fondamentaux de l'entraînement sportif.* Ouvrage référence s'il en est, tant la multiplication de ses traductions dans l'espace soviétique puis dans le monde est importante. En effet, à l'heure actuelle, l'ouvrage est traduit dans plus de 40 langues. Il est fondamental, car, comme le synthétise le chercheur américain Nick Bourne, Matveïev y analyse les performances de milliers d'athlètes de haut niveau et parvient à créer une théorie transdisciplinaire générale du sport et de l'entraînement en mêlant philosophie, psychologie, histoire, anthropométrie, morphologie, biochimie, médecine du sport ou encore sociologie.

Alors qu'aux États-Unis les programmes de préparation physique sont spécifiques à chaque sport, Matveïev offre à travers cet ouvrage un programme olympique global scientifique et systématique sur quatre ans, une véritable planification quadriennale, destinée à faire de l'URSS la première nation sportive du monde.

De manière générale, ces recherches sont permises grâce à l'existence de nombreux instituts de recherche en culture physique et en sport en Union soviétique dont les pôles principaux sont situés à Tbilissi, Minsk, Moscou, Léningrad ou encore Kiev. Au fil des années, ces instituts se spécialisent progressivement en fonction des disciplines sportives afin d'être davantage efficaces. On y développe des théories par dizaines avec plus ou moins de succès. L'immersion en eau froide pour récupérer plus rapidement ? Une pratique jugée inefficace aujourd'hui. L'utilisation de l'électrostimulation comme méthode de renforcement musculaire ? Une méthode utilisée par le Jamaïcain Usain Bolt – « l'homme le plus rapide du monde » – pour améliorer ses performances. Par ailleurs, les entraîneurs soviétiques collaborent régulièrement avec les universités de toute l'URSS et du monde communiste afin d'être toujours à la pointe en matière scientifique (mathématiques, cybernétique, biologie, etc.). Dans sa quête du sportif parfait, l'URSS réussit à développer des profils types en fonction des sports et optimise ainsi ses résultats à l'international. C'est pour cette raison qu'elle remporte la plupart des compétitions auxquelles elle participe.

En cherchant à administrer le sport, l'URSS pousse la mécanisation du corps à son paroxysme, tout en usant parfois de la psychologie afin de tirer le maximum des performances physiques et mentales de l'être humain. Individuelles ou collectives, les performances sont mesurées, analysées scientifiquement… et les records tombent. Néanmoins, les méthodes d'entraînement soviétiques sont souvent peu orthodoxes et désormais interdites en raison de leur dangerosité. En outre, le dopage de masse est (déjà ?) monnaie courante et laisse planer l'ombre d'un énorme doute sur la validité des prouesses soviétiques. En repoussant les limites de l'être humain, en tentant de démontrer à la face du monde la supériorité du modèle communiste et en créant un quiproquo énorme basé sur la contradiction entre l'horizontalité marxiste et le système pyramidal du sport moderne, l'URSS engendre un modèle sportif hybride qui atteint son paroxysme en 1980 lors des JO de Moscou.

■ Les JO de Moscou de 1980 : l'apothéose de la guerre froide du sport

Ce 3 août 1980, la cérémonie de clôture des JO d'été bat son plein dans le stade central Loujniki de Moscou. Les sportifs venus de toute l'URSS pratiquent sports et danses traditionnels sous les yeux d'un public conquis. Soudain, la musique change et les athlètes se mettent en retrait. Quelques notes lentes de piano annoncent un Michka en caoutchouc de 8 mètres de haut gonflé à l'hélium. L'ours mascotte des JO de 1980 affiche un sourire gigantesque et 24 ballons colorés le tirent vers le haut. Après un quart de tour de piste, il prend la direction du centre du stade. Les danseurs et les danseuses s'écartent sur son passage. La voix de Lev Leschenko s'élève alors des haut-parleurs du stade. « Cela devient plus silencieux dans les gradins », chante-t-il en russe au son des guitares acoustiques, « le temps des miracles est en train de fondre ». Un autre Michka géant, représenté en mosaïque par 4 500 soldats et autant d'affiches colorées portées à bout de bras, lâche une larme sous l'œil attentif du caméraman. « Au revoir très cher Michka. » Seconde larme. Plan large sur le centre de la pelouse. Travelling sur l'œil de l'ours caoutchouteux. « Repars dans ta forêt féérique. » Les danseurs tournent et tournent autour de la mascotte. Plan large à nouveau. « Au revoir, Moscou, au revoir ! » Gros plan sur un couple de jeunes Moscovites dont les regards mouillés par l'émotion font le bonheur du réalisateur. Le jeune homme prend sa compagne dans ses bras pour la réconforter. La lumière du stade s'éteint. « Les amis se séparent… » Une demoiselle dans la pénombre pleure sous les yeux des téléspectateurs du monde entier. « … mais il reste la tendresse dans nos cœurs ». À ces mots, Michka s'envole dans la nuit noire de Moscou. Les applaudissements nourris l'accompagnent et Lev Leschenko conclut « Au revoir, à bientôt ». C'est fini. Les JO d'été de 1980 se terminent. L'URSS aura attendu plusieurs décennies, mais voilà, elle aura eu ses jeux. Et quels jeux…

L'organisation des JO de 1980 : un contexte international tendu

S'il est un événement dont tout Soviétique se souvient, c'est bien les JO de 1980. Comme chaque Français se rappelle ce qu'il faisait un soir de juillet 1998, les Jeux olympiques de Moscou restent gravés dans la mémoire collective soviétique en tant que grand moment de cohésion nationale sur fond de guerre froide. En effet, si l'URSS remporte sportivement ses JO, le boycott de l'événement par plus de cinquante nations à l'initiative des États-Unis est vécue comme une humiliation.

Quelques années plus tôt, Sergueï Pavlov, le président du Comité des sports de l'URSS, obtient le soutien du gouvernement soviétique pour candidater à l'obtention des Jeux de 1976. Trois villes sont en compétition : Los Angeles, Moscou et Montréal. Le 12 mai 1969, le CIO se réunit à Amsterdam pour prendre une décision et voter. Au dire des journalistes de l'époque, Moscou et Los Angeles partent largement favorites. Pourtant, le premier tour place Moscou en tête avec 28 voix contre 25 pour Montréal et 17 pour Los Angeles. La ville américaine ne participe pas au second tour et résultat définitif est sans appel : Moscou obtient à nouveau 28 voix quand Montréal récupère mathématiquement les votes de Los Angeles et obtient 41 voix. Moscou crie au scandale et dénonce un choix politique.

Mais il en faut plus pour décourager Sergueï Pavlov qui réitère 4 ans plus tard la candidature de Moscou afin d'obtenir les JO d'été de 1980. Cette fois, le CIO se réunit à Vienne le 23 octobre 1974. Le duel ? Moscou *versus* Los Angeles. L'enjeu est important, un échec serait vécu par le pouvoir central soviétique comme une humiliation. Finalement, Moscou l'emporte dès le premier tour 39 à 20. L'affront est lavé. L'URSS tient les premiers Jeux de l'histoire dans un pays socialiste. Historique. Pourtant, obtenir les Jeux n'est pas tout, encore faut-il les réussir.

Dans la nuit du 24 au 25 décembre 1979, Léonid Brejnev prend la décision d'envahir l'Afghanistan, officiellement pour préserver le régime en place et éviter que l'Asie centrale ne s'embrase. Jimmy Carter, le président américain, lance un ultimatum à l'URSS le 20 janvier 1980 : si les troupes soviétiques ne se retirent pas dans un délai d'un mois, les États-Unis feront tout pour reporter, annuler ou déplacer les JO de Moscou. « Il est très important que le monde réalise combien l'invasion soviétique de l'Afghanistan est une menace sérieuse », déclare-t-il sur NBC. Lord Killanin, le président du CIO à l'époque, est cependant catégorique. Il est « légalement et techniquement impossible »[20] de répondre aux attentes américaines. Parallèlement, les autorités soviétiques annoncent que les JO d'été se maintiendront quoi qu'il advienne et qu'une délégation sportive sera envoyée pour participer aux JO d'hiver qui doivent se dérouler trois semaines plus tard (du 13 au 24 février) à Lake Placid… aux États-Unis. La tension géopolitique est à son comble. Les passes d'armes politiques et diplomatiques entre les deux États n'en finissent plus d'alimenter les médias du monde entier. Parallèlement, Jimmy Carter doit gérer la crise des otages américains en Iran. Entre le 4 novembre 1979 et le 20 janvier 1981, cinquante-six diplomates et civils américains sont retenus par la force dans l'ambassade des États-Unis de Téhéran par des centaines d'étudiants iraniens. C'est dans ce contexte de graves tensions internationales que débutent les JO de Lake Placid en février 1980. La politisation du sport est alors à son paroxysme. Le lendemain de la cérémonie d'ouverture à Lake Placid, le 14 janvier 1980, le vice-président américain, Walter Mondale, déclare que les JO d'été devraient se tenir à Munich ou Montréal afin de punir l'URSS. Paradoxalement, au sein du village olympique, l'ambiance est au beau fixe et les journalistes présents sur place rapportent une ambiance de fête. Pourtant, la politique ne va pas tarder à se mêler à l'événement.

20 Smith Terence, « The President Said Nyet », *New York Times*, 20 janvier 1980. http://archive.nytimes.com/www.nytimes.com/packages/html/sports/year_in_sports/01.20.html?scp=1&sq=president%2520carter&st=Search

Le 22 février, hasard du tirage au sort, les États-Unis affrontent l'URSS en hockey sur glace. Cela fait maintenant plus de deux décennies que l'équipe soviétique règne sur le hockey mondial et même les médias américains ne vendent pas la peau de l'ours. Comme l'écrit le *New York Times* la veille du match : « À moins que la glace ne fonde, ou que l'équipe américaine ou une autre équipe ne réalise un miracle comme le fit la formation en 1960, les Russes devraient gagner facilement la médaille d'or olympique pour la sixième fois en sept tournois »[21].

Pourtant, le match est équilibré. Si les Soviétiques ouvrent le score, les Américains recollent quelques minutes plus tard et instillent le doute dans l'esprit de la « *Red Machine* »[22]. La suite sera un *mano a mano* étouffant entre les deux équipes. La deuxième période commence dans l'incertitude la plus totale. Deux points partout, rien n'est encore joué. L'entraîneur soviétique Viktor Tikhonov décide dans l'incompréhension générale de remplacer son excellent gardien Vladislav Tretiak par l'inexpérimenté Vladimir Mychkine. Cela n'empêche pas l'URSS de prendre l'avantage quelques instants plus tard. 3 à 2. Les Américains n'abandonnent pas et égalisent dans la foulée. Le Field House et ses 8 500 spectateurs se réveillent. Et, une dizaine de minutes avant le coup de sifflet final, les États-Unis prennent l'avantage pour la première fois de la rencontre. 4 à 3. Les instants restants sont irrespirables pour les deux équipes. Les Soviétiques se lancent à l'assaut du but adverse, mais les Américains défendent comme jamais. Arrêt après arrêt, le stade exulte. L'arbitre siffle la fin du match. Ce que la presse américaine surnomme le « *Miracle on ice* » vient d'avoir lieu et il reste encore aujourd'hui le plus gros exploit de l'histoire du hockey sur glace américain. Signe de l'importance de l'événement, l'hebdomadaire américain *Sports Illustrated* honore son édition du 3 mars 1980 d'une

21 Alexandre C., « Lake Placid 1980, un miracle sur glace », *Contrepoints*, 18 février 2014. https://www.contrepoints.org/2014/02/18/157033-lake-placid-1980-un-miracle-sur-glace#fn-157033-19

22 Surnom donné à l'équipe de hockey sur glace soviétique à l'époque.

couverture historique : une photo des hockeyeurs américains exultant sur la glace, sans titre ni fioritures. Côté soviétique, le réveil est difficile. La *Pravda* titre « Comme un mauvais rêve ». Encore aujourd'hui, cette défaite reste une blessure vive dans la chair de nombreux joueurs et supporters de la *Red Machine*.

■ Le boycott des JO de 1980 : les prémices d'un monde multipolaire ?

Quelques mois plus tard, c'est finalement une cinquantaine d'États qui se prononcent en faveur du boycott des JO d'été de Moscou, à l'initiative des États-Unis. Traditionnellement, il est d'usage d'analyser ces jeux comme une preuve de plus de l'existence d'un monde bipolaire opposant le bloc de l'Est et le bloc de l'Ouest. Néanmoins, la réalité diplomatique de l'événement révèle l'apparition d'une nouvelle donne géopolitique déjà multipolaire. Et, contrairement aux idées reçues, plusieurs schismes géopolitiques apparaissent déjà au grand jour.

Parmi les partisans du boycott, on ne compte pas moins de 29 pays musulmans pour lesquels l'invasion de l'Afghanistan est perçue comme une agression envers l'Islam.

Le continent africain est quant à lui pratiquement coupé en deux. Quinze nations africaines boycottent totalement les Jeux et vingt-et-un y participent. Ici, la dichotomie n'est pas toujours liée à la religion. En effet, plusieurs pays africains musulmans participent à l'événement en raison d'alliances nouées avec l'URSS (Algérie et Libye, par exemple). Cette forte présence africaine aux JO de 1980 est en réalité le fruit d'une intense diplomatie menée par l'URSS depuis les années 1960 consistant à nouer des liens sportifs avec les pays du tiers monde, émergents ou encore fraîchement indépendants des suites de la décolonisation.

Par ailleurs, si, d'une part, certains alliés historiques des États-Unis (le Canada, le Japon, la Corée du Sud et l'Allemagne de l'Ouest) boycottent l'événement, d'autres refusent de s'aligner sur la diplomatie de Carter et font valoir leur altérité (la France, la

Grande-Bretagne ou encore l'Italie). Mais ils n'entendent pas pour autant participer aux JO sans piper mot. Ils suivent une troisième voie proposée quelques mois auparavant par le CIO et acceptée par L. Brejnev : concourir de façon neutre sous la bannière olympique (sans hymne ni drapeau). De plus, certains pays comme la France pratiquent la politique de la chaise vide en décidant de n'envoyer aucun représentant officiel lors de la cérémonie d'ouverture des JO. Ces solutions sont une manière d'affirmer un soutien aux États-Unis et la continuité du dialogue avec l'URSS tout en restant ferme. C'est ce que certains chercheurs appellent « la stratégie de neutralisation » (Tétart, 2019). Conséquemment, l'Europe se retrouve divisée en trois : 16 pays concourent « normalement », 13 pays concourent sous bannière neutre et 4 pays boycottent totalement l'événement.

Cette Europe coupée en trois, cette Afrique coupée en deux et ce monde musulman quasi-front uni contre l'invasion de l'Afghanistan révèlent les complexités et les tensions qui existent alors et laissent apparaître un monde bipolaire en mutation. Les nuances de gris commencent à poindre en même temps qu'un espace multipolaire semble se dessiner de façon anarchique. En définitive, seules 80 nations acceptent de participer à l'événement, soit le nombre le plus faible depuis 1956.

■ L'URSS remporte ses JO : à quel prix ?

En dépit de ces circonstances extraordinaires, l'événement démarre. Les Soviétiques mettent les bouchées doubles pour attirer l'audience nationale et internationale. Pas moins de 9 milliards de dollars sont dépensés afin de rendre l'événement inoubliable. Si les villes hôtesses des épreuves olympiques sont rénovées pour l'occasion (Moscou, Tallinn, Leningrad, Kiev et Minsk), c'est bien toute l'URSS qui est mise en branle à travers la construction d'infrastructures sportives destinées à fêter les premiers JO socialistes de l'histoire. Aujourd'hui encore, il n'est pas rare de croiser en ex-URSS un élément urbain lié aux JO de 1980. Ici, une fresque représentant les anneaux olympiques, là un stade construit en l'honneur de l'événement. Les symboles sont forts. Le logo de l'affiche officielle montre la vasque olympique sous forme de piste d'athlétisme allumée d'une flamme en forme d'étoile rouge représentant le Kremlin.

L'affiche officielle des Jeux olympiques d'été de Moscou de 1980

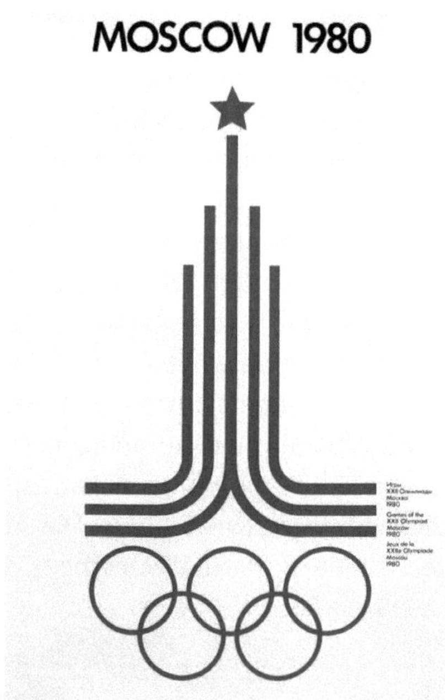

Par ailleurs, la mascotte officielle, qui, on l'a vu, représente un ours brun nommé Michka dans un style dessin animé, connaît un succès sans précédent dans l'histoire du sport. Avant, pendant et après l'événement, les autorités soviétiques commercialisent des millions de produits dérivés à son effigie. Plus de trois décennies après la chute de l'URSS, il est fréquent de trouver une peluche représentant Michka dans un *pererod* (« souterrain » en russe) blafard de Moscou.

Pourtant, en dépit de cette préparation hors normes, l'engouement n'est pas le même qu'à l'accoutumée. En France, le journal *L'Équipe* ne fait pas la une sur la cérémonie d'ouverture, il lui préfère le tour de

France. Aux États-Unis, la chaîne NBC qui avait acheté les droits de retransmission des JO de Moscou renonce à leur diffusion.

Cette conjoncture atypique donne lieu à des situations improbables. En 1980, le hockey sur gazon masculin et féminin fait son entrée au programme des JO. Problème, cinq des six pays qualifiés participent au boycott. Il ne reste que l'équipe de l'URSS. Pour éviter de devoir annuler l'épreuve, cinq nations sont repêchées à quelques semaines de l'événement. Parmi elles, le Zimbabwe. Prise au dépourvue, la nation africaine se constitue une équipe au dernier moment et prend l'avion dans l'incertitude sportive la plus totale. Pourtant, l'équipe africaine donne tout et réussit à monter sur la plus haute marche du podium aux dépens de la Tchécoslovaquie et de l'URSS, devenant ainsi à jamais la première nation à remporter la médaille d'or de hockey sur gazon de l'histoire des JO.

Les Américains espéraient des JO médiocres ? Il n'en est rien. 36 records du monde et 39 records européens tombent durant la quinzaine. Cinq millions de spectateurs assistent aux Jeux, soit la plus forte audience de l'histoire. Par ailleurs, aucun test anti-dopage ne se révèle positif… Sans surprise, l'URSS remporte la compétition au classement des médailles avec un record de 195 médailles gagnées pour 80 en or, 69 en argent et 46 en bronze. Mais, faisant fi du boycott, la population soviétique fête cette victoire dans toute l'URSS et Michka peut s'envoler dans le ciel moscovite.

Néanmoins, pour Brejnev, la fête est en partie gâchée : les États-Unis se félicitent d'avoir miné un événement qui, selon le Premier secrétaire du Parti communiste soviétique, aurait dû être « un moment d'apothéose dans l'histoire du sport » censé montrer le « nouveau visage du socialisme ». Le communisme devait rentrer dans le concert des nations et normaliser son existence aux côtés des pays capitalistes. Au sortir des JO de 1980, force est de constater que c'est un échec. Si la guerre semble impossible, la paix, elle, est toujours improbable.

La fin de la cérémonie de clôture le confirme. Alors qu'il est d'usage de hisser le drapeau du pays hôte de l'édition suivante et qu'il aurait fallu faire honneur au drapeau américain, le Kremlin décide de hisser le drapeau de la ville de Los Angeles. Rendez-vous en 1984…

Les JO de 1984 de Los Angeles : œil pour œil ?

Durant les quatre années qui suivent, la situation empire. L'URSS s'enfonce lentement dans le bourbier afghan et les États-Unis continuent un blocus qui comprend notamment l'interdiction de vendre de nouvelles technologies à l'URSS. L'arrivée au pouvoir de Ronald Reagan en 1981 aggrave les relations entre les deux pays. En effet, l'ancien acteur hollywoodien se livre à une véritable croisade économique et verbale contre l'Union soviétique. Parallèlement, alors que les États-Unis semblent en position de force, l'URSS s'affaiblit. L. Brejnev décède en novembre 1982. Il est remplacé par Iouri Andropov qui meurt à son tour en 1984. Konstantin Tchernenko, son remplaçant, ne reste au pouvoir qu'un an, il meurt prématurément en 1985. Mikhaïl Gorbatchev lui succède la même année. Dans ce contexte de turbulences, les coups de boutoir de Ronald Reagan apparaissent d'autant plus efficaces. Pourtant, en décembre 1982, quelques mois après le décès de L. Brejnev, les dirigeants du CIO s'inquiètent. Et si les Soviétiques répondaient coup pour coup et boycottaient les JO de Los Angeles ? Juan Antonio Samaranch, président du CIO, décide d'en avoir le cœur net. En visite à Moscou, il pose naturellement la question à Gaydar Aliev, premier vice-président du Conseil des ministres de l'URSS et, plus tard, président de la République d'Azerbaïdjan en 1993. La réponse est sans appel : « Nous nous préparons pour les Jeux de Los Angeles […]. Nous ne nous abaisserons jamais au niveau de Carter ».

Pourtant, les passes d'armes continuent entre les deux États. L'URSS prévoit de faire des JO américains une véritable tribune politique. Par opposition, les États-Unis n'acceptent pas les vols charters directs prévus par l'Union soviétique pour transférer ses athlètes jusqu'à Los Angeles. Par ailleurs, ils exigent les données détaillées de tous les participants soviétiques, se réservant ainsi le droit de refuser leur entrée sur le territoire américain. Cette tension omniprésente s'accroît durant l'année 1983. Le 8 mars, Ronald Reagan déclare que l'URSS est « l'Empire du mal ». Puis, le 1er septembre, le vol long-courrier 007 Korean Air Lines nord-coréen pénètre illégalement l'espace aérien soviétique et est immédiatement abattu par la défense aérienne de l'URSS. Aucun des 269 passagers ne survit. La tension monte encore d'un cran. Les Américains et les Soviétiques se renvoient la balle et l'escalade verbale n'en finit plus. Inquiets, les dirigeants soviétiques demandent des garanties écrites quant à la sécurité des athlètes à Los Angeles. Reagan refuse. Le 8 mai 1984, deux mois avant le début des JO, Konstantin Tchernenko annonce son intention de boycotter les Jeux. Officiellement, la résolution du Politburo indique que « l'administration américaine fait usage des Jeux pour ses propres desseins politiques » et qu'« il est inapproprié d'envisager la participation d'athlètes soviétiques aux Jeux olympiques de Los Angeles en raison d'une violation américaine flagrante de la Charte olympique, du manque de mesures de sécurité adéquates pour la délégation de l'URSS et de la campagne antisoviétique lancée aux États-Unis ».

Globalement, la presse occidentale y voit un camouflet de la part de K. Tchernenko. *Le Nouvel Observateur* juge que « Moscou a peur » et que le refus d'aller à Los Angeles marque « l'indignation outragée de la part d'une superpuissance qui se sent affaiblie, contestée dans son statut, et qui éprouve un manque de confiance évident non seulement dans ses athlètes mais aussi en elle-même ». Aux États-Unis, *The Detroit News* affirme que « le boycott n'est pas la fin du monde ». Le quotidien y voit même un signe positif qui permettra, à terme, de convaincre « les dirigeants de ne pas utiliser les Jeux comme une forme de politique »[23].

Les semaines qui suivent sont cruciales pour savoir qui va emboîter le pas à l'URSS. La liste se fait au compte-gouttes, jour après jour :

– 10 mai : Allemagne de l'Est et Bulgarie ;

23 Éditorial, *The Detroit News*, 10 mai 1984.

- 11 mai : Mongolie et Vietnam ;
- 13 mai : Laos et Tchécoslovaquie ;
- 15 mai : Afghanistan ;
- 16 mai : Hongrie ;
- 17 mai : Pologne ;
- 24 mai : Cuba et Yémen du Sud ;
- 3 juin : Corée du Nord ;
- 27 juin : Angola et Éthiopie.

Au total, quatorze nations se rangent derrière l'URSS. Par ailleurs, l'Albanie, l'Iran et la Libye boycottent également l'événement mais pour des raisons différentes. Dix pays non-alignés décident de ne pas suivre l'URSS et de participer aux Jeux américains : le Bénin, la Chine, le Congo, Madagascar, le Mozambique, la Roumanie, les Seychelles, la Somalie et la Yougoslavie. Le fossé se creuse entre Moscou et les pays non-alignés qui lui étaient proches.

Au moment où les JO de Los Angeles commencent, la guerre froide sportive atteint son paroxysme. Si l'URSS brille par son absence, les athlètes américains ne se font pas prier pour battre le record de médailles d'or obtenues lors d'une même édition (83) et finir en tête. Pour les soviétiques, la potion est amère. De nombreux observateurs perçoivent le boycott comme une erreur stratégique de la part du Kremlin. Basé sur les résultats sportifs de l'année 1983, les Soviétiques auraient eu une chance non-négligeable de finir premiers au classement des médailles et ainsi battre les Américains sur leur territoire.

Les Jeux de l'Amitié en 1984 : un lot de consolation pour l'URSS ?

En parallèle, l'Union soviétique va tenter de sortir grandie de son boycott. Ainsi, elle décide d'organiser les Jeux de l'Amitié ou Amitié-84 du 2 juillet au 14 septembre 1984. Cette compétition sportive alternative aux JO se tient simultanément dans neuf États communistes alignés sur les prises de décisions soviétiques : l'Allemagne de l'Est, la Bulgarie, la Corée du Nord, Cuba, la Hongrie, la Mongolie, la Pologne, la Tchécoslovaquie et l'Union soviétique. Néanmoins, pour éviter des sanctions de la part du CIO, aucune épreuve ne se déroule en même temps que les JO de Los Angeles et les organisateurs se gardent bien d'exprimer une quelconque idée de revanche. Les mots d'ordre sont la coopération, l'amitié et la collaboration. L'Union soviétique en profite donc pour consolider ses relations diplomatiques avec ses alliés. Par ailleurs, certains symboles forts sont utilisés pour montrer l'importance de ces Jeux. La vasque olympique de 1980 est réutilisée. Elle est même rallumée par la flamme éternelle du Kremlin en mémoire des victimes de la Seconde Guerre mondiale.

Officiellement, l'objectif d'Amitié-84 est de donner la possibilité aux athlètes dont les pays boycottent les JO de LA de pouvoir afficher le fruit de leurs années d'entraînement. Néanmoins, les États du monde entier peuvent participer s'ils le souhaitent. Au total, 49 pays, dont la France, y participent. Sans surprise, c'est l'Union soviétique qui remporte la compétition en décrochant 126 médailles d'or. Mais, plus important, durant cette compétition, 50 records du monde sont battus contre 11 aux JO de Los Angeles. Pour les contempteurs des Jeux américains, aucun doute, les vainqueurs de cet imbroglio sportif et géopolitique qui dure depuis 4 ans se trouvent à l'Est.

Au crépuscule de l'Empire : la destruction du sport soviétique

Un système en mutation

Au lendemain des JO de Los Angeles, l'URSS est affaiblie. La guerre en Afghanistan n'en finit plus, les relations entre les pays communistes s'étiolent et l'économie soviétique est en difficulté. Le programme « Guerre des étoiles » lancé par Ronald Reagan en 1983 met l'URSS dans une situation délicate car les finances soviétiques sont trop faibles pour suivre le mouvement. Parallèlement, Mikhaïl Gorbatchev arrive au pouvoir et lance en 1985 la *glasnost* (transparence), la *perestroïka* (restructuration) et – moins connue – *l'uskoreniye* (accélération). Officiellement, il souhaite retourner aux racines du léninisme. Autrement dit, faire du neuf avec du vieux et concilier le changement et la tradition. L'objectif ? Créer « une économie socialiste de marché » et libérer la parole. Paradoxalement, ces réformes sont à l'origine des nombreuses critiques qui conduiront à la chute de Gorbatchev. Dans le même temps, les mouvements nationalistes des républiques socialistes grandissent. L'accident nucléaire de Tchernobyl en 1986 contribue à faire monter l'incertitude au sein des peuples soviétiques. Le vernis de la propagande se craquèle, les langues se délient. La petite lucarne permet d'avoir un aperçu des modes de vie à l'étranger grâce à de nouvelles émissions autorisées par le régime. L'URSS n'est plus ce paradis des travailleurs et la population commence à avoir des envies d'ailleurs. Les vinyles des Beatles, les jeans Levis 501 ou encore les VHS du film *Emmanuelle* se passent sous le manteau. Cet accès inédit à l'information engendre un vent d'inspiration en Union soviétique. La jeunesse se réunit pour écouter Kino et Viktor Tsoï chanter le « changement » (*Peremen*). Beaucoup parlent de partir en Europe, au Canada ou aux États-Unis. De cette soudaine libéralisation du mode de vie soviétique, le mouvement sportif est probablement l'une des illustrations la plus flagrante.

Alors que l'URSS bascule progressivement vers l'économie de marché, son modèle sportif ne fait pas exception et mute grâce à un triple mouvement explicité par les travaux de Jean-François Bourg et Jean-Jacques Gouguet :

- la *perestroïka* et la *glasnost* qui produisent des effets sur la régulation du secteur sportif bien plus rapidement qu'ailleurs ;
- l'insuffisance en biens de consommation du marché soviétique dans une économie de pénurie à l'administration centralisée ;
- l'internationalisation de l'économie du sport dans les années 1980 *via* trois phénomènes : la mondialisation des images, la commercialisation des spectacles, la professionnalisation des athlètes. (Bourg et Gouguet, 2012)

Le sport apparaît donc comme une illustration de la mutation du système soviétique d'une économie planifiée à une économie de marché.

La *glasnost*, la vérité sur le sport soviétique

Dans le cadre de la *glasnot* lancée en 1986, la fin des années 1980 est le théâtre de révélations massives sur le sport soviétique. En quelques mois, c'est toute la face cachée du sport en URSS qui est dévoilée. On l'a vu, les officiels du sport soviétique axent une grande partie de leurs discours sur le fait que le bon développement du sport de masse en URSS engendre les excellents résultats du sport dans le monde. En d'autres termes, l'athlète de haut niveau émerge naturellement de la masse des sportifs amateurs grâce à l'excellence de son modèle sportif. Par exemple, les statistiques officielles des dernières années de l'Union soviétique indiquent que pas moins de 90 millions de Soviétiques sont impliqués régulièrement dans un sport, soit 36 % de la population totale. Or, à partir de 1986, les médias comme la *Komsomolskaya Pravda* (8 juin 1986) mettent à mal la véracité de ces chiffres. En effet, ils ne résistent pas à l'épreuve de la réalité et rentrent en contradiction avec le fait que seuls 10 % de la population ont accès à une piscine et 30 % à un gymnase. En outre, seulement 11 % des écoliers savent nager alors que la natation est censée être une composante obligatoire du GTO (Riordan Jim, 1990) auquel tous les enfants doivent participer. En réalité, la base sportive matérielle et technique est largement inférieure aux statistiques officielles transmises par le gouvernement. Et il est plus probable que seuls 8 % des hommes et 2 % des femmes pratiquent alors une activité sportive régulière (Poupaux, 2006). Cette contradiction démontre une volonté politique d'utiliser les statistiques comme cache-misère tout en améliorant l'image de l'URSS à l'échelle nationale et internationale. La politique du « sport pour tous »[24] est durablement restée gravée dans les représentations populaires alors que – si elle était une

24 *Sport dlâ vseh* en russe.

composante essentielle du discours soviétique – elle n'a jamais été une priorité financière après le grand tournant stalinien de 1937. Aujourd'hui, les chercheurs s'accordent pour dire qu'environ deux tiers du budget sportif total étaient attribués au sport de haut niveau. Le reste était destiné à la masse des sportifs « amateurs » de toute l'URSS. Par conséquent, si l'Union soviétique est devenue la première nation sportive de haut niveau de la planète, ce n'est pas grâce à sa volonté première, celle que Lénine, L. Trotski et consorts voulaient mettre en place, à savoir « hygiéniser » la population afin de créer l'homme de demain et consolider le travailleur pour améliorer sa santé et sa force de travail, mais plutôt en raison d'un programme sportif de haut niveau ultra-performant sous perfusion financière à destination d'une minorité.

Par ailleurs, la libération de la parole engendre une remise en question de l'ensemble du système sportif et la question du dopage commence à être sérieusement étudiée. Dans les médias, les langues se délient. Iouri Vlassov, le président de la Fédération soviétique d'haltérophilie, dénonce le binôme « entraîneur pharmacologue » et « entraîneur de sport » qui prévaut à l'époque. Si le second consacre ses séances à améliorer physiquement les performances des sportifs grâce à des entraînements spécifiques, le premier concocte des programmes de remise en forme par le biais de la prise plus ou moins légale de médicaments. Comme le rapporte Jim Riordan Jim, ces révélations sont étouffées par les autorités soviétiques qui empêchent alors Iouri Vlassov de voyager à l'étranger. Cette institutionnalisation du dopage et les méthodes employées par les dirigeants pour le cacher rappellent évidemment l'affaire de dopage en Russie depuis 2015. Suite à cette prise de parole de Vlassov, les révélations vont se succéder. Les résultats en natation puis en athlétisme sont remis en cause. Et c'est l'ensemble du sport soviétique d'après-guerre qui se retrouve entaché par l'ombre de la suspicion.

Le débat public se déplace sur un terrain qui n'avait plus été foulé depuis les années 1930 : ne faudrait-il pas utiliser le sport pour libérer les masses plutôt que de viser à tout prix l'or olympique et les records mondiaux ? Les questions de l'absence de plaisir et de la destruction de la naïveté des enfants dès leur plus jeune âge sont également pointées du doigt. Selon Iouri Vlassov, le système sportif soviétique prive les jeunes de leur enfance en raison d'un conditionnement drastique où la performance et la patrie prévalent sur l'individu[25]. Peu à peu, le système sportif soviétique se découvre en même temps que l'idéal soviétique se fissure.

La *perestroïka*, tentative de restructuration du modèle sportif

Dans ce contexte, Gorbatchev décide également de remodeler le modèle sportif soviétique. Concrètement, la *perestroïka* du sport est fixée selon les réformes suivantes :

- développer l'éducation physique pour les enfants et le sport pour tous ;
- continuer à promouvoir le sport de haut niveau tout en contrôlant la santé des athlètes ;
- construire de nouvelles infrastructures sportives ;
- produire davantage d'équipements sportifs ;
- et encourager les fédérations sportives à être plus indépendantes en termes financiers et organisationnels. (Poupaux, 2006)

En 1987, les clubs sportifs se libéralisent mais doivent évoluer avec des subventions restreintes. Parallèlement, l'État encourage le développement des clubs sportifs et des centres de fitness privés. L'idée est d'inciter les citoyens soviétiques à pratiquer un sport en améliorant et en diversifiant l'offre sportive dans les clubs. Ces derniers obtiennent donc l'autorisation de vendre des services. Dorénavant, ils peuvent ouvrir magasins, cafés ou encore restaurants. Ils sont également libres de nouer les partenariats de leur choix avec les chaînes de télévision afin de retransmettre matchs et

---

25 Barringer Felicity, « *Dissident Attacks Soviet Sports System* », *New York Times*, 2 octobre 1988, https://www.nytimes.com/1988/10/02/sports/the-seoul-olympics-dissident-attacks-soviet-sports-system.html.

championnats. Aucune loi ne modère alors la politique financière entourant ces transactions. De plus, les directeurs de ces nouvelles institutions sportives doivent désormais être élus à la manière des représentants syndicaux. Ils disposent ensuite d'une liberté absolue quant au choix de leur main-d'œuvre. Cette succession de réformes est destinée à décentraliser le sport afin de lui offrir une autonomie et ainsi permettre à l'État de ne plus avoir à le financer.

En 1988, le sport amateur de haut niveau soviétique disparaît au profit du sport professionnel et les athlètes professionnels sont officiellement autorisés à partir à l'étranger. Après presque 70 ans de débat au sein de l'URSS, Gorbatchev tranche enfin : le sport soviétique s'aligne sur le modèle « bourgeois ». Le sportif soviétique n'est plus un ouvrier comme les autres, mais bien un athlète professionnel. Ce choix n'a cependant rien d'idéologique. La crise économique et l'appauvrissement de la population sont tels que l'importance du sport est reléguée en arrière-plan. Cela n'empêche pas les officiels et les sportifs de se réjouir comme l'exprime le nageur Vladimir Salnikov : « nous nous sommes débarrassés des déclarations hypocrites sur le soi-disant amateurisme et les exploits sportifs. Le professionnalisme a été reconnu et les athlètes ne doivent plus se compromettre » (Riordan Jim, 1990). Cette décision met donc fin à quelques trente-cinq années (1950 à 1985) de double pensée. Une période durant laquelle la population soviétique savait que les sportifs de haut niveau produits par le Comité central n'étaient pas des travailleurs comme les autres et qu'ils disposaient d'un salaire et d'un mode de vie particulier. Une période durant laquelle la population soviétique ne se privait également pas de critiquer le mode de vie occidental et les sportifs capitalistes professionnels jugés «bourgeois», se faisant ainsi l'écho du pouvoir communiste. Le sport offre ici une illustration concrète des effets de la novlangue soviétique sur sa population.

Par ailleurs, c'en est fini des nouveaux équipements sportifs, du sport pour tous et de la gratuité de la pratique sportive dans les clubs. Gorbatchev autonomise et délègue le système sportif soviétique pour mieux le préparer à l'entrée de l'URSS dans l'économie de marché. Néanmoins, contrairement aux autres sphères de la société soviétique qui bénéficient d'une entrée progressive, pour les clubs sportifs la transition est brutale. Du jour au lendemain, ils doivent trouver des fonds afin de financer infrastructures, personnels et sportifs de haut niveau. Pour certains sports, l'entrée dans l'économie de marché est si rapide que des expressions naissent dans les médias. *L'Humanité* parle par exemple de *tennistroïka*[26] en mai 1990 pour qualifier la mutation du tennis soviétique.

C'est ainsi que les premiers clubs sportifs professionnels naissent en URSS. D'abord ceux pour lesquels des fonds sont nécessaires à la participation aux grandes compétitions internationales, puis les autres. Gorbatchev demande alors aux clubs et entreprises de se responsabiliser d'un point de vue financier. Afin de s'autofinancer dans l'urgence, les clubs vendent un grand nombre de joueurs soviétiques de hockey, de football ou encore de basketball à des équipes occidentales qui sautent sur l'occasion. Le rideau de fer s'ouvre peu à peu et les populations soviétiques accèdent aux informations venues du monde extérieur. De nombreux sportifs soviétiques commencent à être intéressés par le challenge sportif à l'étranger et par les salaires autrement plus conséquents que ceux proposés au sein d'une URSS au bord du gouffre financier.

Pourtant, si l'autonomie est censée être totale, et si les clubs entrent dès lors en concurrence les uns avec les autres, l'ombre de l'État, elle, plane toujours. À ce titre, le cas du joueur de hockey « Slava » Fetissov est particulièrement pertinent, car il révèle les contradictions d'un système soviétique alors entre deux mondes.

26 Cherel Guillaume, « La *Tennistroïka* », *L'Humanité*, 30 mai 1990, https://www.humanite.fr/node/6132.

Le cas « Slava » Fetissov, prisonnier et pionnier de la *perestroïka*

Le 17 janvier 1989, le journal russe *Moskovski Komsomolets* publie une interview qui fait l'effet d'une bombe. En une, le célèbre hockeyeur soviétique Viatcheslav « Slava » Fetissov déclare sans ambages : « Je ne veux pas jouer dans l'équipe de Tikhonov ». La titraille est explosive, le quotidien se vend comme des petits pains et, à midi, les kiosques et les marchands de journaux sont dévalisés. Toute la capitale est au courant : « Slava » Fetissov, le légendaire hockeyeur du CSKA Moscou, souhaite partir jouer aux États-Unis et par là même déclare la guerre à son entraîneur, le redoutable Viktor Tikhonov. Il affirme haut et fort son droit à choisir sa voie et à prendre son destin en main. À l'époque, c'est inédit. Signe des temps, certains comparent cette prise de position à de l'insubordination, tant le sport de haut niveau fonctionne par et pour le militaire à des fins patriotiques. Le CSKA Moscou est le club de hockey de l'armée le plus populaire de toute l'URSS. Ainsi, remettre en cause l'autorité de l'entraîneur revient à commettre un crime de lèse-majesté. En s'attaquant publiquement à Tikhonov, le « commandant des armées », Fetissov, en simple « caporal », défie jusqu'au gouvernement soviétique. Rapidement, l'affaire prend des proportions internationales et dépasse le cadre sportif. L'agence TASS publie l'interview, le principal et plus ancien journal télévisé soviétique *Vremia* (« Le Temps ») la commente, la population commence à s'identifier à « Slava ». Inévitablement, l'affaire arrive aux oreilles de Mikhaïl Gorbatchev. Problème ? Fetissov est populaire comme personne en Union soviétique à l'époque. Les autorités ont même donné son nom à un astéroïde en 1981 : le « (8806) Fetisov ».

L'histoire débute un an plus tôt, en février 1988. L'équipe de hockey soviétique s'impose aux JO d'hiver de Calgary au Canada. Les joueurs de la « *Red Machine* » exultent. Viktor Tikhonov est fier de ses athlètes. Officiellement, l'équipe rentre au pays une nouvelle breloque dorée autour du cou avec la satisfaction du devoir accompli.

Pourtant, en filigrane, un conflit se joue entre l'entraîneur et ses joueurs. En effet, Tikhonov avait promis à Fetissov un passe-droit pour s'engager dans un club étranger – les New Jersey Devils en l'occurrence – fait extrêmement rare à l'époque. Problème, Tikhonov ne tient pas parole. Si Fetissov démissionne de l'armée pour obtenir l'autorisation de s'engager, Tikhonov fait traîner l'affaire auprès du ministère de la Défense. C'est la goutte d'eau et, en interne, la colère gronde.

Cela fait maintenant plusieurs années que les joueurs soviétiques sont les premiers témoins de l'autre monde. À force de déplacements à l'étranger, de tournées aux États-Unis, en Europe ou ailleurs, ils découvrent un univers jusqu'alors inconnu. Le témoignage de Fetissov est édifiant :

> « Je suis arrivé pour la première fois là-bas [aux États-Unis] en 1975 [...]. C'était un choc ! À tous les niveaux, tous les jours... Nous, les garçons de 17 ans, vivions dans un bel hôtel, où, par exemple, nous avons vu un jacuzzi. Nous n'avons pas compris ce que c'était ! [...] Et toutes ces marchandises dans les magasins alors que nous étions en pleine pénurie... quelle stupeur ! Mais attention, personne n'est resté, personne ne s'est enfui, même si différentes personnalités nous tournaient autour et nous ont offert de l'argent pour nous persuader de rester. Ce n'était même pas de la peur, c'est que nous avions été élevés différemment. Ça reste pour la vie. »[27]

Plus de dix fois, il dispose de l'occasion de rester à l'étranger, mais plus de dix fois, il rentre au pays. Par patriotisme d'abord, il veut faire gagner l'URSS. Puis, parce qu'il veut faire les choses bien. Il veut être honnête. Quelques temps avant l'interview, « Slava » Fetissov assiste à une cérémonie de remise de prix au Kremlin. À cette occasion, Marat Gramov, le ministre des Sports, s'illustre par sa méconnaissance de la situation en présentant Fetissov à Gorbatchev avec la plus grande

27 Interview de Viatcheslav Fetissov donnée au journaliste russe Igor Volgin pour Svpressa.ru disponible ici : Volgin Igor, « V. Fetisov : "Une fois, j'ai demandé à Gorbatchev pourquoi il avait détruit l'Union soviétique" », *Presse libre,* 16 février 2016, svpressa.ru/hockey2016/article/142395.

maladresse : « Mikhaïl Sergueïevitch, je vous présente Viatcheslav Firsov ». Quelques années plus tard, « Slava » n'en garde aucune rancœur : « Les dirigeants étaient purement politiques et nous ne voulions pas savoir qui était ce ministre : la tâche était de gagner, ce que nous avons fait ». Mais cet épisode n'est rien à côté de l'humiliation que va subir Fetissov quelques minutes plus tard. Le vice-ministre de la Défense s'approche alors de « Slava » et déclare : « Nous avons convenu de vous laisser partir ». Fetissov n'a pas le temps de laisser éclater sa joie que Viktor Tikhonov prend la parole en direction du vice-ministre : « Non, je pense qu'il est trop tôt ».

La trahison de Tikhonov ne passe pas et Fetissov est charismatique. Il publie l'interview. Mais les conséquences sont terribles et il ne résiste pas à la pression de ses supérieurs qui le mettent au ban du CSKA pendant 1 an. Il est puni et forcé de travailler de nuit dans la caserne du club de l'armée. L'illustre Fetissov, double champion olympique de hockey sur glace, redevient un homme parmi les hommes et remet son uniforme militaire.

Cet hiver-là, le joueur tâte la crosse en cachette. Il s'entraîne avec l'équipe de la plus ancienne usine de crayons du pays, mais il n'est pas autorisé à se rendre à la patinoire de Tseskovo, non loin de là. Les autorités font pression pour lui rendre la vie impossible. Le message est clair : s'il s'entraîne là-bas, les ouvriers présents dans la patinoire en même temps que lui seront renvoyés. La période est sombre et délicate. Parfois, il revient voir ses parents. « Fils, tu devrais peut-être t'excuser. Ils vont te pardonner », lui dit sa mère. « Je n'ai pas à m'excuser », répond-t-il. « Le moment est venu de me battre pour moi-même ». À Retchnoï Vokzal, là où il vit avec son épouse, le téléphone ne sonne plus. La peur des représailles et le poids de 70 années de communisme empêchent les soutiens potentiels de se manifester. Ils sont isolés, seuls au monde contre la machine soviétique.

Parallèlement, les lignes bougent. Sergeï Priakhine des Krylia Sovetov de Samara est le premier joueur soviétique à partir à l'étranger. En mars 1989, il signe un contrat avec l'équipe canadienne des Flames de Calgary. Paradoxalement, c'est donc un joueur moins visible et moins tête brûlée que Fetissov qui est le premier à briser le plafond de verre. Pour Tikhonov, le cas Fetissov est devenu une affaire personnelle.

Pourtant, en avril 1989, à la veille du championnat du monde de hockey sur glace de Stockholm, les coéquipiers de « Slava » se rebellent et lancent pour la plupart un ultimatum. Ils ne joueront pas sans leur ami. Pris au dépourvu, le pouvoir accepte et le réintègre. Le capitaine de l'équipe nationale récupère son poste de défenseur, retrouve la forme en un temps record et hisse son équipe à la première place. Il reçoit le titre de meilleur défenseur de la Coupe du monde et son aura grandit encore un peu plus. À leur retour à Moscou, un joueur manque à l'appel. Alexandr Moguilny a fait défection quelques jours plus tôt. Il a pris un avion en secret et a rejoint l'équipe des Sabres de Buffalo aux États-Unis.

Fetissov, lui, refuse à nouveau de partir en catimini. Pourtant, le ministère de la Défense n'accepte toujours pas de libérer les joueurs de hockey soviétiques de leurs prérogatives vis-à-vis de l'armée. Le ministère des Sports soviétique, Goskomsport, affiche publiquement sa volonté de permettre aux joueurs de hockey soviétiques de signer à l'étranger. Aux yeux de tous, le pouvoir se divise. Le 18 mai, la Fédération de hockey sur glace se réunit pour statuer sur le cas de Fetissov. Tikhonov affirme alors avoir en sa possession des documents compromettant à l'égard de Fetissov et de son coéquipier Igor Larionov.

Fous de rage, les deux hockeyeurs publient une lettre ouverte dans le journal *Sovetskii Sport*. « Nous considérons qu'une telle attitude envers les gens est incompatible avec un gouvernement démocratique. C'est un anachronisme du temps de Staline » (Edelman, 1993), déclarent-ils en accusant ouvertement leur entraîneur de chantage. L'article a un retentissement énorme.

À force de coups de boutoir, l'été 1989 est finalement décisif. Un avion décolle de l'aéroport de Cheremetievo. À son bord ? « Slava » et sa femme. Le capitaine du hockey soviétique s'envole pour les États-Unis avec l'autorisation de Gorbatchev. Là-bas, il remportera la coupe Stanley avec les Red Wings de Detroit deux fois ! Légendaire.

Sovintersport, la naissance du capitalisme d'État

L'histoire de Fetissov inspire de nombreux sportifs soviétiques qui vont eux aussi tenter l'aventure à l'étranger. Mais l'autonomie des athlètes n'est pas absolue. L'État dispose toujours de leviers politiques et financiers afin de contrôler leurs déplacements. Techniquement, c'est le Sovintersport qui s'occupe alors de gérer les transferts de joueurs entre l'URSS et l'étranger. Le Sovintersport est une organisation créée en 1984 comme un département de Goskomsport, le comité sportif de l'Union soviétique, afin de négocier les accords sportifs internationaux. L'argent reçu est ensuite réparti entre le comité d'État du sport, l'État et le club lui-même. Signe des temps, les athlètes soviétiques acquièrent le surnom d'« esclaves les moins chers du monde ». En effet, ils n'ont – paradoxalement – pas d'autre choix que de suivre les décisions de l'État à leur égard. La plupart du temps, ils ne disposent pas de la possibilité de signer leur propre contrat. En outre, ils doivent reverser 30 % de leurs gains à Goskomsport et 20 % au gouvernement. Dans la pratique, si l'État cherche à conserver la mainmise financière sur ses athlètes, la plupart contournent le système. Ces méthodes sont nouvelles pour les acteurs soviétiques en présence. De nombreux contrats sont mal négociés par Sovintersport ou par les athlètes eux-mêmes qui partent jouer dans des championnats en-deçà de leurs performances habituelles. Par exemple, Oleg Blokhin du Dinamo Kiev s'exile en seconde division autrichienne.

À la fin des années 1980, la publicité est également introduite dans le sport soviétique afin de faciliter la financiarisation du modèle sportif en transition. Néanmoins, les clubs privés ne disposent pas d'une liberté totale en la matière puisqu'ils doivent traiter avec Sovsportreklama, une filiale de Sovintersport, afin de conclure un contrat entre les deux parties. Ici aussi, l'État ne disparaît pas totalement alors qu'il est tout à fait désengagé financièrement. À partir d'août 1987, les clubs soviétiques qui participent à des compétitions internationales sont autorisés à floquer leurs maillots de publicités étrangères. C'est ainsi que le Dinamo Kiev, le Dinamo Minsk, le Dinamo Moscou, le Dinamo Tbilissi, le Zénith Léningrad et le Spartak Moscou sont les premiers clubs de l'histoire de l'URSS à obtenir un sponsor étranger (en l'occurrence Commodore, Inkheba et Dorna) (Veth, 2016). Sovsportreklama est également responsable des questions de marketing lors des matchs amicaux. Comme le montre le chercheur Manuel Veth, la sponsorisation de la rencontre entre l'Union Soviétique et la France à Moscou du 9 septembre 1987 par la compagnie finnoise AV-Consultants est le fruit d'une transaction réalisée par Sovsportreklama contre 150 000 Deutsch Marks (Veth, 2016). Progressivement, les clubs cherchent à mettre au point un système financier qui fonctionne afin de survivre au désengagement de l'État soviétique. Au sortir des années 1980, le paysage sportif soviétique est métamorphosé. Déjà, certains clubs comme le Dnipro Dnipropetrovsk (football) réussissent à mettre en place des montages financiers équilibrés grâce à des sponsors étrangers afin d'être tout à fait indépendants. Néanmoins, une grande majorité des clubs est dans une situation dramatique et tous les moyens sont bons pour éviter la faillite.

Le chaos est tel que cela donne lieu à des situations proprement ubuesques. En 1989, une équipe de basketball féminine soviétique échange l'une de ses joueuses à une équipe italienne contre un bus et plusieurs paires de chaussures. « L'équipe avait besoin d'un bus », déclare laconiquement Aleksandr Kozlovski, vice-ministre de Goskomsport. Dans le même temps, certains clubs sportifs nouvellement privés organisent des loteries à l'instar de Sportlotto et Lotto Million afin de financer leurs activités. La situation est alors catastrophique pour le sport soviétique alors même que l'URSS existe encore.

Ce double mouvement, *a priori* contradictoire, qui voit l'État se désengager tout en conservant son autorité sur le sport constitue les germes du capitalisme administré. Il sera véritablement institutionnalisé avec l'arrivée de Vladimir Poutine au pouvoir dix années plus tard.

« Le pain est plus important que les jeux »

À la fin des années 1980, « la révolte des nations » commence à prendre forme et celle-ci se retranscrit dans le sport. Les pays où les mouvements nationalistes sont les plus forts retirent leurs équipes sportives du championnat soviétique. En Lituanie, deux équipes de basket de première division qui comptent parmi les meilleurs joueurs de toute l'URSS cessent de concourir dans la ligue soviétique. En 1990, le Zalgiris Vilnius, le Dinamo Tbilissi et le « Guria » Lanchkhuti quittent le championnat soviétique de football. L'État ne cesse de chercher à réformer les ligues sportives pour concilier ces mouvements indépendantistes avec la structure de l'Union soviétique. Les déclarations et autres *mea culpa* n'en finissent plus d'envahir les conférences de presse et les unes des gazettes. « Nous nous sentons coupables, car nous n'avons pas mis au point un système pour le sport de masse », explique par exemple Nikolaï Roussak, président de Goskomsport. Une conclusion partagée par Marat Gramov, le président du Comité national olympique et membre du CIO pour qui « la santé de la nation est une affaire d'État. Mais l'État n'a pas pris cette responsabilité »[28]. Cependant, cette politique de « l'honnêteté à tout prix » destinée à maintenir une URSS branlante tout en la restructurant de l'intérieur rentre en contradiction avec la volonté inébranlable d'indépendance de la part de certains pays membres. Le seul et unique référendum de toute l'histoire de l'Union soviétique de mars 1991 ne suffit pas. Si 77,8 % des citoyens soviétiques souhaitent « préserver l'URSS », le résultat est faussé. L'Arménie, la Géorgie, l'Estonie, la Lettonie, la Lituanie et la Moldavie boycottent le vote. Dans ce contexte, l'impensable et l'inéluctable se produit.

---

28 Harvey Randy, « *Stops at the Medal Stand: Olympics: Soviet sport officials say political reforms won't undercut their nation's desire for the gold* », *Los Angeles Times*, 17 avril 1990, https://www.latimes.com/archives/la-xpm-1990-04-17-sp-1292-story.html.

« Au vu de la situation, je cesse d'exercer mes fonctions au poste de président de l'URSS ». Laconique, ce 25 décembre 1991, Mikhaïl Gorbatchev démissionne en direct à la télévision et le drapeau de la Fédération de Russie remplace le drapeau soviétique sur le toit du Kremlin. C'est la fin d'un rêve qui aura duré 70 années. Goskomsport disparaît dans la foulée. Un an plus tard, le 28 janvier 1992, Georges Bush père, le président des États-Unis, déclare : « Nous avons gagné la guerre froide ». La disparition de l'URSS et l'affaiblissement de la Russie signent la fin du monde bipolaire. Le sport russe, lui, est dans un état catastrophique et à la croisée des chemins idéologiques. Comme l'écrit Jim Riordan en 1994, l'épouvantable est à craindre : « Il est possible que le sport dans les États post-communistes devienne un hybride du pire des deux mondes, gardant la bureaucratie de l'ancien et ajoutant uniquement l'exploitation et la corruption sous certaines formes du monde occidental. Le produit final pourrait ne pas susciter l'admiration. » (Riordan Jim, 1993) Néanmoins, nul doute que le sport russe renaîtra de ses cendres mais pour le moment, « le pain est plus important que les jeux » (Riordan Jim, 1993).

Le système sportif soviétique, par la prégnance de son mythe de puissance égalitaire et son adaptation à la loi du plus fort, illustre la mystification d'une idéologie constamment à cheval entre le discours et la réalité. Pourtant, paradoxalement, il offre aujourd'hui encore au capitalisme un apport considérable d'un point de vue sportif et diplomatique. C'est sur cette contradiction que l'URSS s'est élevée au rang de nation la plus médaillée de l'histoire. Si elle a perdu la guerre froide, elle a gagné la guerre sportive.

Les années Eltsine : la décennie noire du sport russe

Les années 1990 : une nouvelle donne géopolitique et un chaos fondateur ?

La chute de l'URSS entraîne une question majeure : est-ce la fin de la guerre froide du sport ? À l'aune de l'histoire récente (affaire de dopage en Russie, JO de Sotchi en 2014 ou Coupe du monde de football en 2018), la question mérite d'autant plus d'être posée que de nombreux chercheurs parlent de « nouvelle guerre froide » (Raviot, 2016) multipolaire pour qualifier la situation internationale depuis le début des années 2010. Dans l'historiographie, l'impact de l'avènement des nations et de la chute du communisme sur le mouvement sportif est souvent négligé. Pourtant, il est un cas de figure particulièrement pertinent pour comprendre une période souvent grise, méconnue et résumée en Russie à un « chaos ». Comment le mouvement sportif mondial réagit-il à la fin de l'URSS ?

Dans les années 1990, le spectre idéologique bipolaire n'existe plus en même temps que le capitalisme triomphe et que le communisme échoue. L'avénement d'un libéralisme multipolaire consécutif au développement de la mondialisation offre une redéfinition des enjeux géopolitiques du sport international. Dans l'espace post-soviétique, les rivalités gauche-droite sont peu à peu remplacées par l'affirmation nationale. Le sport devient alors un moyen d'affirmer son identité à travers la haute performance : c'est le nationalisme sportif (Hoberman, 1993). Par conséquent, si les tensions politiques baissent en intensité, les rivalités sportives, elles, s'accroissent et de nouveaux acteurs font leur apparition. La Chine fait notamment une entrée fracassante dans le sport de haut niveau au point de venir concurrencer la Russie et les États-Unis sur leur propre terrain : elle termine troisième au classement des médailles des JO de Sydney en 2000 derrière les deux géants du sport.

Paradoxalement, si le modèle sportif russe périclite, les résultats sportifs restent au rendez-vous et les tensions politiques sur le terrain ne cessent pas. Le *mano a mano* avec les États-Unis est toujours vivace. La Russie finit première au classement des médailles des JO d'été de Barcelone en 1992, devant les États-Unis. Puis elle termine deuxième en 1996 à Atlanta et en 2000 à Sydney, derrière son grand rival. Comment expliquer la survivance d'une opposition qui politiquement et idéologiquement semble alors morte et enterrée ? D'un point de vue sociologique, on distingue plusieurs phénomènes qui permettent de le comprendre. Le nationalisme sportif (promu, et par le pouvoir et par le peuple), le système sportif international (si le nationalisme sportif est le moteur des rivalités sportives alors le système sportif international est sa structure) et, enfin, la commercialisation du sport (qui se développe principalement dans les années 1980 et qui fonctionne indépendamment des structures étatiques). Ces trois facteurs permettent en partie de comprendre que les oppositions sportives entre les nations s'exacerbent dans les années 1990.

Pourtant, les nationalismes sportifs ne sont pas monochromes et la Russie constitue un cas d'étude unique. En reconstruction, le modèle russe du sport est un agrégat formé de représentations parfois contradictoires. D'une part, la Russie doit composer avec son passé soviétique qui promouvait l'avènement d'un sport rationnel et scientifique dont l'URSS serait la figure de proue à la tête du mouvement sportif mondial. Conscient de cela, Boris Eltsine fait de la Russie le dépositaire naturel de l'héritage sportif soviétique. Il place ainsi le pays dans une posture de puissance de premier plan. Pourtant, d'autre part, la Russie rentre de plain-pied dans le capitalisme. Elle doit faire face à un modèle qui lui était jusqu'alors étranger. Plus encore, elle doit s'y fondre. C'est ce syncrétisme qui constitue la singularité des représentations russes du sport dans les années 1990.

Durant cette décennie, on distingue plusieurs périodes à l'égard du sport de haut niveau. La première s'étale de 1991 à 1993, alors que les institutions russes ne sont pas encore tout à fait figées. C'est le moment où le « *Far East* » est à son paroxysme lorsque l'ouverture des frontières et l'entrée dans l'économie de marché offrent la vision d'une Russie tout à fait incontrôlée. C'est également la période de l'accumulation du capital initial, c'est-à-dire du développement du commerce privé au détriment de la production industrielle. Le sport est alors laissé à l'abandon. Les clubs survivent grâce à des modèles économiques court-termistes de fortune et de nombreux athlètes et entraîneurs partent à l'étranger. La deuxième période s'étend de 1994 à 1995, quand le capital et le sport sont réglementés officiellement. Le mouvement sportif balbutie toujours mais cesse de s'effondrer et se stabilise. Le troisième moment correspond à la période qui s'étend de 1996 à 1998. Durant ce laps de temps, les projets individuels dominent l'espace privé. Les ligues et les clubs sportifs expérimentent différents modèles de fonctionnement. Les investisseurs étrangers arrivent en nombre et les oligarques russes prennent peu à peu conscience de l'intérêt du sport. À cette période, la Russie commence à redevenir un pôle sportif attractif au sein de l'espace post-soviétique, loin cependant des plus belles heures du sport soviétique. D'août à septembre 1998, c'est la crise économique. Le monde du sport russe perd énormément d'argent. Les investisseurs étrangers repartent en masse. Une grande partie des oligarques qui avait fait fortune au début des années 1990 met la clef sous la porte. Ces nouveaux riches ne sont déjà qu'un lointain souvenir. Ils cèdent leur place à une seconde génération d'oligarques. Enfin, de 1999 à 2001, on assiste à un rejet du monopolisme et au retour des grands projets publics.

■ Eltsine et le sport : amour, politique et oligarques

Si le sport post-soviétique est exsangue, Boris Eltsine en est malgré tout le premier ambassadeur dans les années 1990. Le président russe se révèle rapidement être un grand amateur de sport et il ne rate jamais une occasion d'apparaître en tenue sous l'œil des photographes et des caméramans. Grand joueur de volleyball dans sa prime adolescence, il a remporté le championnat de Russie au sein de l'équipe de Sverdlovsk avec… deux doigts en moins à la main gauche. Il devient « maître émérite de sport » de l'URSS et entraîne l'équipe féminine de volleyball de la région de Molotov. À la fin des années 1980, il découvre les vertus du tennis et commence à le pratiquer intensément. Ce sport, méprisé sous l'Union soviétique car jugé « bourgeois » et « féminin », gagne en popularité durant la présidence de Boris Eltsine qui – à l'instar de Vladimir Poutine avec le judo – en fait son sport favori. À partir de 1992, il crée le tournoi de tennis le Grand Chapeau avec Chamil Tarpichtchev – son puissant ami et entraîneur personnel de tennis –, Oleg Spassky, Natalia Cherepanov et le magazine *Tennis Plus*. Cet événement atypique est une compétition de tennis VIP destinée à rassembler des personnalités politiques, artistiques, économiques et sportives de Russie le temps d'un tournoi.

Boris Eltsine en train de jouer au tennis à Sotchi le 18 mars 1992

Le principe est simple : le vainqueur remporte un prix symbolique. Parfois, il s'agit d'un immense chapeau « cartoonesque » dont il doit se coiffer devant les journalistes et les spectateurs, parfois c'est un match contre le président russe. Rapidement, cet événement annuel devient un lieu de rendez-vous du gotha de toute la Russie. Eltsine y est présent chaque année et l'élite du pouvoir post-soviétique s'y presse afin d'obtenir les faveurs du président. On y retrouve les puissants de l'époque : Vladimir Choumeiko (homme politique), Gennady Bourboulis (homme politique), Alexandr Korjakov (membre du KGB et garde du corps du président russe), Valentin Ioumachev (oligarque et homme politique) ou encore Nikita Mikhalov (cinéaste). De temps en temps, les présidents de la Communauté des États indépendants (CEI) font leur apparition : Noursoultan Nazarbaïev (président du Kazakhstan), Alexandre Loukachenko (président du Bélarus) ou Léonid Koutchma (président de l'Ukraine). Souvent, Boris Eltsine se présente en tenue et effectue quelques passings. Baskets Adidas aux pieds, t-shirt Fila et manteau Reebok sur le dos, il est alors le parfait produit de l'ouverture russe des années 1990. Son image contribue grandement à populariser un sport jusqu'alors mal-aimé. Sa passion est telle qu'il souhaite que la Russie accueille son propre Grand Chelem. Il prend la décision de créer la Coupe du Kremlin. En 1996, la première édition se tient à Moscou ; de nombreuses suivront. Ce sport devenu présidentiel inspire une génération entière de sportifs russes qui commence à le pratiquer de manière intensive. Rapidement, les premières victoires en Grand Chelem arrivent et Eltsine ne manque pas de téléphoner aux vainqueurs pour les féliciter personnellement. Parfois, certains sont même invités à venir séjourner dans sa propre datcha à Moscou. Son rêve absolu ? Que la Russie gagne la Coupe Davis. Aussi, quand Mikhaïl Ioujny l'emporte face à Paul-Henri Mathieu lors du cinquième match décisif opposant la France à la Russie en Coupe Davis, il est aux anges. Pour la première fois de son histoire, la Russie remporte le saladier d'argent et Eltsine se rue sur le court en larmes pour prendre le joueur dans ses bras[29].

Cette passion pour le sport se perpétue au plus haut niveau des institutions russes. En 2003, la Coupe Boris Eltsine de volleyball est créée. Elle se déroule désormais tous les ans dans sa ville natale, à Ekaterinbourg. Il meurt en 2007 en laissant une impression mitigée au peuple russe qui l'associe souvent au chaos des années 1990 et à son rapprochement avec les États-Unis. En revanche, il jouit toujours d'une certaine aura populaire à Ekaterinbourg. En 2015, le Centre Boris Eltsine ouvre ses portes dans la Capitale de l'Oural. Ultra moderne, le bâtiment dispose d'un musée, de nombreux magasins et d'une librairie internationale. Il accueille régulièrement des expositions culturelles, des conférences universitaires et des événements politiques. Au troisième étage, à l'entrée du musée, une photo en noir et blanc attire le regard. On y voit Boris Eltsine en train de jouer au tennis, le visage concentré. Une vitrine interpelle. Quelques trophées, un ballon de volley et une raquette de tennis y sont disposés en évidence. Pas de doute, la passion de Boris Eltsine pour le sport est toujours entretenue.

■ La naissance des oligarques

Pourtant, la restructuration du mouvement sportif russe ne se fait pas sans mal. Le système politique mis en place par Boris Eltsine n'y est évidemment pas étranger. En 1992, le programme de privatisation bat son plein en Russie. Chaque habitant reçoit individuellement des coupons (*vouchers*, en russe) d'une valeur de 10 000 roubles afin de racheter les parts des entreprises désormais privatisées. L'effet est immédiat. La plupart des Soviétiques revendent leurs parts à quelques individus peu scrupuleux. En 1998, environ 70 % du PIB russe provient du privé (Durand, 2005).

29 Scène à découvrir ici par l'intermédiaire du 20 heures de France 2 du 1er décembre 2002 : Ina Sport. « Coupe Davis », YouTube, téléchargé par Ina Sport, 12 juin 2012, www.youtube.com/watch?v=JkQYhP-tpJ4.

Problème ? La grande majorité des capitaux est captée par une poignée de personnes dont l'extrême richesse subite leur confère une puissance immense et un « accès au corps » de l'État. De plus, les enchères « prêts contre actions » (*zalogovye*, en russe) qui se déroulent de 1993 à 1995 voient les géantes entreprises soviétiques pétrolières, gazières, minières et sidérurgiques être accaparées par un groupe restreint d'initiés déjà proches du pouvoir (Kinyakin, 2013). Ces deux mouvements conjugués sont à l'origine de l'émergence des oligarques qui vont véritablement « capturer l'État » (Kinyakin, 2013) et peser sur les grandes décisions du pays. C'est l'émergence du « capitalisme oligarchique ». L'État devient alors un chef d'entreprise chargé de gérer ses clients. C'est ainsi que naît « la famille », expression utilisée à la fin des années 1990 pour désigner le groupe de puissants oligarques et hommes politiques qui gravitent autour de Boris Eltsine et qui influent directement sur ses décisions. Ils sont techniquement responsables de la capture de l'État. Tout comme « les sept banquiers » qui possèdent alors plus de 50 % de l'économie russe et s'ingèrent régulièrement dans la politique du pays[30]. Ils participent notamment activement à la réélection de Boris Eltsine en 1996. C'est dans ce contexte politique chaotique que le sport russe se reconstruit dans les années 1990.

30 « Les sept banquiers » (ou *Semibankirŝina*) est une expression populaire dans les médias russes à partir de 1996 qui désigne les principaux oligarques à la tête des grosses entreprises financières du pays. Le terme est introduit le 14 novembre 1996 par le journaliste Andrei Fadin (mort dans un accident de voiture une année plus tard). Ils sont en réalité au nombre de neuf et ils se partagent à l'époque plus de 50 % de l'économie de la Russie : Boris Berezovsky (LogoVAZ), Mikhail Khodorkovski (Menatep), Mikhail Fridman (Groupe Alfa), Peter Aven (Groupe Alfa), Vladimir Gusinsky (Groupe « Most), Vitali Malkin (Crédit russe), Alexander Smolensky (SBS-Agro), Vladimir Potanine (Oneximbank) et Vladimir Vinogradov (Inkombank).

■ La reconstruction du système sportif russe : légiférer et corrompre

Entre 1991 et 1996, l'organe officiel destiné à gérer le sport russe change huit fois de nom, et quatre fois de ministre, signe des difficultés à trouver une cohérence et une consistance à la politique sportive du pays.

Le 17 janvier 1992, une ordonnance du président de la Fédération de Russie est publiée suite à la rencontre entre Boris Eltsine et Juan Antonio Samaranch, le président du CIO. Il est stipulé ce qui suit : « En ce qui concerne la cessation des activités des structures de l'État de l'ex-URSS et la nécessité de mettre en place un système efficace de gestion de la culture physique et des sports de la Fédération de Russie, il est ordonné à Chamil Tarpichtchev, conseiller du président de la Fédération de Russie pour la culture physique et les sports, conjointement avec un membre du CIO de Russie Vladimir Smirnov, dans un délai d'un mois, en accord avec la communauté sportive, de faire des propositions sur la structure des organes de gestion du sport, en tenant compte de la nécessité de développer largement les formes des clubs et les principes sociaux au sein du mouvement sportif »[31].

Pour répondre à cette problématique, Chamil Tarpichtchev décide de créer le Fonds national des sports (FNS) le 1er juin 1992 afin de redresser un mouvement sportif russe en grande difficulté. Cette « étrange organisation du Kremlin servant de «pompe à finances» »[32], comme le qualifie le journal *Le Monde* le 13 octobre 1996, est destinée, selon un *oukaz* (« décret ») de Boris Eltsine, à « collecter des fonds auprès d'entreprises, d'organisations publiques,

31 Extrait de l'ordonnance du président de la Fédération de Russie du 17 février 1992 n° 53, suite à la rencontre du président de la Fédération de Russie avec le président du Comité international olympique (CIO). Traduction effectuée par Lukas Aubin. http://kremlin.ru/acts/bank/892

32 Naudet Jean-Baptiste. « L'ancien garde du corps de Boris Eltsine menace de dévoiler des "dossiers compromettant" », *Le Monde*, 13 octobre 1996, www.lemonde.fr/archives/article/1996/10/13/l-ancien-garde-du-corps-de-boris-eltsine-menace-de-devoiler-des-dossiers-compromettants_3750488_1819218.html.

d'autres organisations et des citoyens afin de développer les infrastructures du sport de masse et de l'industrie du sport »[33] Néanmoins, aux yeux de certains, sa plus grande qualité va rapidement être de disposer d'une « taxation préférentielle »[34] sur le tabac et l'alcool dont les usages deviennent douteux. En effet, dans le domaine de la corruption du sport au milieu des années 1990, « la Russie bat les records », explique Wladimir Andreff et « Boris Eltsine, en exemptant le Fonds national des sports de la Russie de toutes taxes et droits de douane sur le commerce extérieur de tabac et d'alcool, a transformé le sport de haut niveau en un système contrebandier et en un lieu de trafics mafieux » (Andreff, 1999). Rapidement, le FNS devient le plus gros importateur de tabac et d'alcool de la Fédération de Russie, paradoxal pour une organisation censée aider à promouvoir le sport et un mode de vie sain. Depuis lors, la criminalité plane sur le sport russe. Arbitres corrompus, crimes organisés, directrice commerciale du Spartak Moscou et président de la Fédération russe de hockey sur glace assassinés en 1997, blanchiment d'argent, les affaires qui entourent le FNS se multiplient. Ce dernier est utilisé comme un outil de règlements de compte par la mafia. L'entrée dans l'économie de marché ne se fait pas sans heurts pour le sport russe.

En 1996, une affaire fait grand bruit. Dans un contexte de campagne présidentielle, la nébuleuse de clans qui entoure le Kremlin s'accusent mutuellement de détournement de fonds. Selon la Cour des comptes russe, il manque 8 milliards de dollars dans les caisses de l'État en 1995 et le Fonds national des sports est la cible de la justice. Dans la foulée, Chamil Tarpichtchev, alors ministre des Sports, perd toutes ses fonctions officielles en raison de ses connexions supposées avec l'organisation criminelle *Izmailovskaïa*. Boris Fiodorov lui succède à la tête du FNS et l'accuse publiquement

33 Extrait de l'ordonnance du président de la Fédération de Russie du 1er juin 1992 sur la structure de gestion publique de l'éducation physique et du sport dans la Fédération de Russie. http://kremlin.ru/acts/bank/1399
34 *Ibid.*

de détournement de fonds. Quelques mois plus tard, en juin 1996, Fiodorov est victime d'une tentative de meurtre à l'arme blanche à Moscou pendant que Chamil Tarpichtchev rebondit en devenant conseiller à la mairie de Moscou, président de la Fédération de tennis et membre du CIO. Dans un contexte très tendu, il termine la décennie noire accompagné en permanence d'une dizaine de gardes du corps. Il continuera à jouer au tennis avec Boris Eltsine une fois par semaine jusqu'à ce que ce dernier n'en soit plus capable. Tentaculaire, cette organisation criminelle du sport s'exporte également à l'étranger *via* notamment l'équipe italienne de cyclistes Roslotto dont l'actionnaire majoritaire est… le Fonds national des sports !

En parallèle, Boris Eltsine doit construire la Fédération de Russie. Il fait rédiger la nouvelle constitution et n'oublie pas d'y faire mention du sport, à deux reprises.

> « Dans la Fédération de Russie sont financés des programmes fédéraux de protection et d'amélioration de la santé publique, sont prises des mesures pour développer les systèmes de santé d'État, municipal et privé, est encouragée l'activité contribuant à améliorer la santé de l'homme, à développer la culture physique et du sport, à assurer la prospérité écologique et sanitaro-épidémiologique. »
>
> Constitution de la Fédération de Russie, Chapitre 2 « Les droits et libertés de l'Homme et du citoyen », article 41, alinéa 2, 12 décembre 1993.

> « Relèvent de la compétence conjointe de la Fédération de Russie et des sujets de la Fédération de Russie : les questions générales de l'éducation, de l'enseignement, de la science, de la culture, de la culture physique et du sport. »
>
> Constitution de la Fédération de Russie, Chapitre 3 « La Fédération de Russie », article 72, alinéa 1, 12 décembre 1993.

Comme sous l'URSS, le sport et la bonne santé du peuple russe sont des prérogatives de l'État. Afin d'y répondre, le président décide de créer un organe exécutif fédéral que nous surnommerons par commodité le ministère des Sports, tant son appellation varie durant les deux mandats de B. Eltsine. Néanmoins, si les changements de noms et de statuts du ministère des Sports interviennent pas moins de dix fois entre 1991 et 2000, ses prérogatives, elles varient peu. Elles peuvent être résumées en plusieurs points principaux décrits dans la résolution officielle du gouvernement de la Fédération de Russie datée du 5 février 1992[35]. Il est fait mention que le ministère des Sports doit « poursuivre une politique étatique unifiée dans le domaine de l'éducation physique ». Il a vocation à « développer le sport de masse et les sports de prestige afin de représenter les intérêts de la Russie en matière de culture physique et de sport ». Pour ce faire, il doit « former et renouveler le personnel d'entraîneurs », « développer la science », « fournir les services et développer la base matérielle de l'éducation physique et du sport » en Russie.

Néanmoins, cette tentative de financement et de promotion du sport par l'État est un échec. Fragilisé de toutes parts, le milieu sportif n'est pas épargné par le chaos des années 1990.Le passage d'un contrôle quasi-total de la part de l'Union soviétique à une liberté presque absolue sous Boris Eltsine, dû à un manque d'institutions solides, fait du sport une zone grise où règnent intrigues politiques, règlements de compte et corruption.

La fuite des cerveaux et des muscles : causes et conséquences

Face à la fragilité institutionnelle du début des années 1990, la baisse des salaires et la faiblesse du niveau sportif russe, les athlètes et leurs entraîneurs s'exportent aux quatre coins du globe. Cette fuite massive « des cerveaux et des muscles » voit le niveau sportif de la Russie baisser drastiquement. En 1995, plus de 300 footballeurs, 700 hockeyeurs et 100 basketteurs russes jouent en Amérique du Nord, en Asie et en Europe occidentale (Edelman, 1999). Au total, entre 1991 et 2007, 3 500 entraîneurs et 7 000 athlètes de haut niveau quittent l'ex-URSS pour rejoindre les États-Unis, l'Europe occidentale et

35 Ces points sont décrits dans la résolution officielle du gouvernement de la Fédération de Russie datée du 5 février 1992 (n° 61). Lien URL : https://urlz.fr/efPV

l'Australie (Bourg et Gouguet, 2012). Lâchés par l'État et bien souvent en défaut de paiement, les clubs russes ne sont plus en mesure de conserver leurs talents qui rejoignent alors par milliers des horizons économiquement fiables et sportivement relevés. Ainsi, jusqu'en 1994, les chasseurs de têtes étrangers parcourent la Russie à la recherche de la perle rare. Profitant d'un pays en crise, ils négocient des contrats à la va-vite avec des joueurs russes peu regardants sur les salaires pourvu qu'ils partent à l'étranger.

Dans ce marasme sportivo-économique, certains symboles sont plus forts que d'autres. En 1992, le CSKA hockey sur glace de Moscou connaît la saison la plus noire de son histoire en finissant avant-dernier du championnat de Russie. L'équipe est au bord du gouffre économique et sportif. Ses plus grands joueurs sont partis vers les verts pâturages sportifs nord-américains. Et les sponsors tardent à venir. Pourtant, l'année suivante, alors que tout semble perdu, le club du ministère de la Défense signe un accord de coopération avec l'équipe américaine des Penguins de Pittsburgh dont les actionnaires font leur entrée sur le territoire russe. Le deal est simple. Les Penguins perçoivent 50 % des droits de marketing du club et obtiennent des passe-droits quant à la signature des meilleurs joueurs du CSKA aux États-Unis. En échange, ils s'engagent à financer les coûts de promotions et de soutien à l'équipe. Le club s'émancipe donc de l'armée et profite des techniques américaines de sponsoring. C'est le début d'un déferlement américain en Russie et les joueurs du CSKA acquièrent le surnom de « Pingouins russes ». En réalité, certains clubs sportifs russes et plus largement post-soviétiques deviennent des *farm teams* (« club ferme » ou « club école » en français) au service des équipes occidentales capitalistes qui vont venir s'y implanter par l'intermédiaire de leurs actionnaires afin de faire grandir leurs joueurs inexpérimentés avant de les lancer dans le grand bain des ligues occidentales au niveau plus élevé. Dans ce contexte, le CSKA devient un creuset d'expérimentations américaines en Russie. Rapidement, l'équipe attire davantage de spectateurs, les maillots commencent à se vendre à l'étranger et les résultats s'améliorent. La situation est si bonne que Disney envisage sérieusement un partenariat avec le club. Cependant, le niveau global de la ligue russe de hockey sur glace n'augmente pas et les meilleurs joueurs continuent à migrer aux États-Unis et au Canada pour jouer au plus haut niveau. En 1996, les Américains se retirent finalement et Disney ne donne pas suite à ses désirs d'implantation en Russie. En avril, l'armée annonce reprendre possession du CSKA Moscou ! Coup de théâtre à la russe, l'entraîneur Viktor Tikhonov est démis de ses fonctions mais, vexé, il décide de créer lui-même un nouveau club en parallèle : le… HK CSKA Moscou. Cet imbroglio donne lieu à une situation proprement absurde quand, durant la saison 1997-1998, deux équipes du même nom et de la même ville concourent dans le même championnat. Deux conceptions s'opposent alors. Tikhonov devient le principal actionnaire de son nouveau club et un chantre de la privatisation (ironique, quand on sait qu'il était lui-même quelques années auparavant un apôtre du stalinisme). Par opposition, l'armée refuse les offres de reprise étrangères et décide de conserver la mainmise financière pleine et entière sur le CSKA.

Cet exemple illustre l'oscillation dans laquelle se situe le sport russe à l'aube de l'an 2000. L'entrée brutale dans l'économie de marché s'est révélée jusqu'alors très inégale. Tantôt très positive, la plupart du temps très négative. Cela reste néanmoins une période durant laquelle le champ des possibles s'ouvre grand.

Entre 1994 et 2000, l'équipe nationale de hockey sur glace de Russie oscille entre la 3e et la 11e place, toujours derrière les États-Unis. L'humiliation suprême intervient en 2000, lorsque la Coupe du monde de hockey se déroule à Saint-Pétersbourg et que l'équipe russe termine à la 11e place. Dans les médias locaux, les voix s'élèvent contre les joueurs.

Alors que les résultats sportifs du pays sont en baisse, l'intelligentsia russe s'interroge dans les médias sur le patriotisme de ses athlètes. Auraient-ils perdu leur « âme russe » ? Vivre à l'étranger et gagner beaucoup d'argent suffirait-il à faire disparaître l'envie de se battre pour la patrie ?

Dans le même temps, la pratique sportive est en baisse par rapport à la période soviétique. La faute à une politique qui, depuis 1950, sacrifie le sport de masse au profit du sport de haut niveau. De plus, la chute de l'URSS engendre la suppression du programme GTO en 1991. En 1992, 60 % des écoliers ne pratiquent aucun sport quand 75 % des écoles russes ne disposent pas de gymnase et 80 % n'ont pas de terrain de sport.

Pourtant, en dépit de la crise économique, de la forte corruption et de la fuite des cerveaux et des muscles, les résultats sportifs de la Russie aux Jeux olympiques d'été et d'hiver ne sont pas mauvais à proprement parler. Ils sont en baisse, certes, mais restent tout à fait respectables. Entre 1992 et 2000, l'équipe nationale russe participe à 3 éditions des JO d'hiver et 3 éditions des JO d'été. Elle finit deux fois première (JO d'été de Barcelone de 1992 et JO d'hiver de Lillehammer de 1994), trois fois deuxième (JO d'hiver d'Albertville de 1992, JO d'été d'Atlanta de 1996 et JO d'été de Sidney de 2000) et une fois troisième (JO d'hiver de Nagano de 1998). Il est cependant intéressant de noter qu'aux JO d'hiver d'Albertville et aux JO d'été de Barcelone, les athlètes russes participent à la compétition au sein d'une équipe combinant certains pays de la Communauté des États indépendants (CEI) sous le nom d'« Équipe unifiée ». Par ailleurs, les Pays Baltes sont absents des deux listes combinées, à l'exception du basketball (le basketball balte était extrêmement performant sous l'Union soviétique). Ersatz d'une URSS disparue, ces deux « Équipes unifiées » concourent sous la bannière aux cinq anneaux inspirée par Pierre de Coubertin et leurs victoires résonnent au son de l'hymne olympique.

La Russie et les JO depuis la chute de l'URSS : la fin de la guerre froide sportive ?

	Classement des médailles (médailles d'or/d'argent/de bronze : total)		
Édition des Jeux olympiques	**1re place**	**2e place**	**X place**
JO d'hiver d'Albertville de 1992	Allemagne (10/10/6 : 26)	**Équipe unifiée[36] (9/6/8 : 23)**	3e : Norvège (9/6/8 : 23)
JO d'été de Barcelone de 1992	**Équipe unifiée (45/38/29 : 112)**[37]	États-Unis (37/34/37 : 108)	3e : Allemagne (33/21/28 : 82)
JO d'hiver de Lillehammer de 1994	**Russie (11/8/4 : 23)**	Norvège (10/11/5)	3e : Allemagne (9/7/8 : 24)
JO d'été d'Atlanta de 1996	États-Unis (44/32/25 : 101)	**Russie (26/21/16 : 63)**	3e : Allemagne (20/18/27 : 65)
JO d'hiver de Nagano de 1998	Allemagne (12/9/8 : 29)	Norvège (10/10/5 : 25)	**3e : Russie (9/6/3 : 18)**
JO d'été de Sydney de 2000	États-Unis (37/24/32 : 93)	**Russie (32/28/28 : 88)**	3e : Chine (28/16/15 : 59)
JO d'hiver de Salt Lake City de 2002	Norvège (13/5/7 : 25)	Allemagne (12/16/8 : 36)	**5e : Russie (5/4/4 : 13)**
JO d'été d'Athènes de 2004	États-Unis (35/40/26 : 101)	Chine (32/17/14 : 63)	**3e : Russie (28/26/38 : 92)**
JO d'hiver de Turin de 2006	Allemagne (11/12/6 : 29)	États-Unis (9/9/7 : 25)	**4e : Russie (8/6/8 : 22)**
JO d'été de Pékin de 2008	Chine (48/22/30 : 100)	États-Unis (36/39/37 : 112)	**3e : Russie (24/13/23 : 60)**

36 L'équipe unifiée est créée au lendemain de la chute de l'Union soviétique et composée d'une partie des pays de l'ex-URSS membres de la Communauté des États indépendants (CEI) : Russie, Belarus, Kazakhstan, Ouzbékistan et Ukraine.

37 L'équipe unifiée aux JO d'été de 1992 est composée de douze des quinze anciennes Républiques socialistes soviétiques (la Lituanie, l'Estonie et la Lettonie concourent séparément).

JO d'hiver de Vancouver de 2010	Canada (14/7/5 : 26)	Allemagne (10/13/7 : 30)	**11e : Russie (3/5/7 : 15)**
JO d'été de Londres de 2012	États-Unis (46/28/29 : 103)	Chine (38/27/23 : 88)	**4e : Russie (24/26/32 : 82)**
JO d'hiver de Sotchi de 2014	**Russie (13/11/9 : 33) (du 23/02/2014 au 27/11/2017)** puis Norvège (11/5/10 : 26) (du 27/11/2017 au 01/02/2018) puis **Russie (11/9/9 : 29) (du 01/02/2018 à aujourd'hui)**[38]	Canada (10/10/5 : 25)	3e : États-Unis (9/9/10 : 28)
JO d'été de Rio de Janeiro de 2016	États-Unis (46/37/38 : 121)	Grande-Bretagne (27/23/17 : 67)	4e : Russie (19/18/26 : 57)
JO d'hiver de PyeongChang de 2018	Norvège (14/14/11 : 39)	Allemagne (14/10/7 : 31)	13e : Athlètes olympiques de Russie (2/6/9 : 17)[39]

38 À l'origine la Russie était première au classement avec 33 médailles dont 13 en or, 11 en argent et 9 en bronze. Néanmoins, en novembre 2017, la Russie se trouve au cœur d'une immense affaire de « dopage d'État » et le comité de discipline du Comité international olympique retire 11 médailles (4 en or, 6 en argent et 1 en bronze) au pays hôte. Cependant, quelques mois plus tard, en janvier 2018, le Tribunal arbitral du sport (TAS) estime après une enquête que les preuves étaient insuffisantes pour disqualifier certains athlètes. Aussi, le TAS annule la suspension de 28 sportifs russes et réattribue certaines médailles ce qui permet à la Russie de retrouver la première place au classement des médailles avec 11 en or, 9 en argent et 9 en bronze.

39 À la suite des révélations concernant le « dopage généralisé » en Russie lors des JO de Sotchi 2014, le CIO suspend le Comité national olympique russe des JO de PyeongChang et la nation Russie est donc exclue de l'événement. Ses athlètes obtiennent néanmoins la possibilité de participer sous bannière olympique en portant le titre « Athlètes olympiques de Russie » (OAR).

Capitalisme à la russe : l'émergence d'un nouveau système sportif

En tant que contexte post-révolutionnaire – dans le sens où le changement de régime se conjugue avec un changement de modèle économique et social – les années 1990 sont un creuset d'expérimentations en tous genres. L'URSS détruite, les ligues sportives transnationales doivent se reconstruire. Symbole de l'ouverture du champ des possibles durant cette période, il est intéressant de noter que trois d'entre elles prennent des directions tout à fait différentes : la ligue de basketball, la ligue de football et la ligue de hockey sur glace.

Dès le lendemain de la chute de l'URSS, la ligue de hockey sur glace essaie de faire du neuf avec du vieux. En 1992, le championnat soviétique est remplacé par la Ligue internationale de hockey sur glace. Elle comprend la plupart des équipes du championnat originel mais ses dirigeants ne souhaitent pas s'arrêter là. Rapidement, la ligue double sa capacité pour atteindre pas moins de 28 équipes venues de l'ex-URSS (Russie, Kazakhstan, Lettonie, Ukraine, Bélarus). En dépit d'un réel succès auprès des fans de hockey, la Ligue internationale devient rapidement injouable du fait de son grand nombre d'équipes et des difficultés logistiques à l'organiser. À partir de 1996, elle est remplacée par le Championnat de Russie de hockey sur glace, plus traditionnel. Néanmoins, la perspective d'organiser un championnat transnational ne quitte pas les dirigeants russes qui décident de la remettre au goût du jour en 2008 avec la création de la Ligue continentale de hockey dont les volontés géopolitiques dépassent désormais les frontières de l'ex-URSS. On y trouve des équipes russes, chinoises, bélarusses, finlandaises, lettones, kazakhes et slovaques[40].

40 Et ukrainiennes avant 2014. La « réincorporation » de la Crimée par la Russie engendre le départ des équipes ukrainiennes.

La ligue de football se construit plus classiquement. Elle prend la forme de l'ancienne ligue soviétique – à savoir 16 équipes – mais elle ne sort désormais plus des frontières de la Russie. Ici, nous avons affaire à une ligue sportive de même nature qu'en Europe de l'Ouest.

Enfin, la Super Ligue de Russie de basketball s'organise à l'ère post-soviétique d'une façon parfaitement originale. Son grand artisan ? L'oligarque Vladimir Rodionov. À la fois propriétaire de l'équipe de basketball de Avtodor de Saratov et président de la Super Ligue, il cumule les casquettes. À l'aune des années 1990 en Russie, ce conflit d'intérêt n'est pas exceptionnel. Néanmoins, il offre des perspectives tout à fait nouvelles au milieu sportif russe en difficulté. Durant la deuxième moitié des années 1990, l'Avtodor tient la dragée haute au CSKA Moscou en finissant à la deuxième place quatre fois entre 1994 et 1999 grâce aux importants financements de son mécène et entraîneur. De plus, la Super Ligue acquiert une image positive à l'étranger du fait de sa bonne tenue économique. Fort de cette réputation, Rodionov réussit à négocier d'importants droits télévisuels et la venue de nombreux sponsors.

Si la Super Ligue connaît des succès mitigés par la suite, l'implication d'un oligarque dans le monde du sport à l'échelle d'un championnat et/ou d'un club fait des émules. Dès lors, pour un oligarque, être à la tête d'un club, d'un événement sportif ou encore d'une ligue est une manière de montrer la bonne tenue de son entreprise, de rayonner en Russie et d'exister à l'international. C'est l'apparition du capitalisme à la russe qui va se développer ensuite à plus grande échelle sous Vladimir Poutine.

L'arrivée en masse des entreprises et sponsors étrangers en Russie participe de la révolution en marche. Nombreux, ils investissent la Russie et achètent pêle-mêle des clubs, des droits télévisuels ou encore des encarts publicitaires. Si la photo de la file d'attente le jour de l'ouverture du premier McDonald's à Moscou le 31 janvier 1990 fait le tour du monde, celle de Coca-Cola nouant un contrat de parrainage avec la Fédération russe de football en 1998 est tout aussi significative.

Dans les années 1990, un grand débat agite le pays. Faut-il, oui ou non, faire rentrer totalement le sport dans l'économie de marché ? Deux camps s'opposent. Les contempteurs et les partisans du capitalisme du sport. Souvent, les anciens officiels et entraîneurs du sport soviétique souhaitent rétablir un contrôle du sport russe afin de reproduire les succès sportifs de l'URSS. Les politiques sont partagés à ce sujet. Nombreux sont ceux qui jugent que les médiocres résultats sportifs de la Russie lors des compétitions internationales sont liés à un manque de patriotisme de la part des sportifs russes évoluant désormais à l'étranger. Par opposition, les athlètes sont généralement les grands gagnants de cette ouverture qui leur offre des émoluments plus importants et une compétitivité à l'international plus développée. Enfin, les oligarques, eux, voient d'un très bon œil la possibilité de faire des affaires dans le monde entier par l'intermédiaire du sport de haut niveau.

En dépit de ce débat, difficile pour les opposants à l'économie de marché en Russie de faire face au déferlement du sport mondialisé. Les nouvelles perspectives économiques offertes par le sport depuis les années 1980 à travers notamment les retransmissions télévisuelles des événements sportifs en mondovision semblent infinies et les acteurs qui cherchent à obtenir leur part du gâteau sont nombreux (oligarques, chefs d'entreprise, sponsors, États, clubs sportifs, ou encore chaînes de télévision). Le sport est désormais un « fait social total » qui participe naturellement à la vie de tout un chacun dans les sociétés industrialisées. Il est un phénomène où, comme l'écrit Marcel Mauss, « s'expriment à la fois et d'un coup toutes les institutions » (Mauss, 1924) de la société. Il met en branle dans certains cas la totalité de la société et de ses institutions et dans d'autres cas seulement un très grand nombre d'institutions » (Mauss, 1924). À l'aube de l'an 2000, « le sport-spectacle est sans conteste une créature du marché du divertissement de plus en plus mondialisé »

(Edelman, 1999). Dans ce contexte de mutation du sport, comment la Russie réagit-elle ?

À ce sujet, Robert Edelman est on ne peut plus clair : « La vieille austérité des événements des ligues soviétiques a été remplacée par le battage publicitaire (*hoopla*, en anglais) standardisé de la production de spectacles sportifs capitalistes contemporains, y compris les danseuses (et les ours), les shows au laser et les produits dérivés » (Edelman, 1999). Concomitamment, la fin des années 1980 et le début des années 1990 voient émerger l'apparition des groupes de supporters violents (*hooligans*) et non violents qui constituent un nouveau marché. Les clubs sportifs russes y flairent une opportunité d'attirer des sponsors, de vendre en masse des maillots et produits dérivés et de remplir régulièrement les stades. Les médias comprennent qu'ils ont affaire à une audience en pleine expansion. En quelques années, les chaînes de télévision sportives se multiplient. Les entreprises et sponsors étrangers arrivent par centaines. Et, enfin, les oligarques s'y intéressent de près.

Dans ce contexte économique et culturel inédit, ces multiples acteurs constituent le maelström du modèle sportif russe de la fin des années 1990.

Sans soutien financier de la part de l'État, les clubs locaux se trouvent dans une situation économique bancale. Tous les ans, ils partent à la recherche de sponsors afin de pouvoir réunir les fonds nécessaires à leur bon fonctionnement. À l'échelle nationale, des montages financiers pour le moins originaux voient le jour. L'équipe de football du Zénith Saint-Pétersbourg, par exemple, connaît de nombreuses crises économiques et sportives dans les années 1990. En août 1993, elle est financée à 80 % par la société de construction « XX Trust » et à 20 % par la mairie de Saint-Pétersbourg. Mais ce partenariat ne dure pas longtemps. À partir de 1994, le club signe avec la société brassicole Baltika et la filiale de Gazprom, Lentransgaz. De la bière et du gaz, donc.

Les sociétés étrangères arrivent dans l'espoir de pouvoir conclure des contrats juteux au sein d'une économie en péril. S'il leur est facile de s'implanter en Russie, il faut désormais réussir à vendre. Leur stratégie est simple : promouvoir massivement dans l'espace public (stades, panneaux publicitaires, métro) des produits occidentaux jusqu'alors inconnus en Russie afin de se créer une notoriété grâce à la publicité. C'est le cas notamment de Colgate et Palmolive qui usent *ad libidum* de cette stratégie durant cette période. Problème ? Si cette stratégie peut fonctionner dans le monde occidental, la plupart des produits en question sont trop chers par rapport au prix du marché russe et ne trouvent pas leur public. Faute de consommateurs, beaucoup d'entreprises occidentales sont contraintes de repartir quelques années à peine après leur arrivée en territoire russe. Comme le résume le chercheur Jeremy Morris : « Les publicités pour la nourriture pour chats, les anti-transpirants et les couches ignoraient les réalités de la vie post-soviétique tout en créant un monde onirique révélant une vision idéalisée de la vie occidentale qui correspondait à peine à l'expérience post-soviétique immédiate d'un capitalisme débridé » (Morris, 2007). Cette dichotomie entre les représentations occidentales et russes à l'égard de la société russe reflète à la fois l'échec de l'implantation de l'économie occidentale en Russie dans les années 1990 et la problématique centenaire opposant l'Est et l'Ouest : une incompréhension mutuelle des représentations respectives de chacun.

Le 17 août 1998, le Trésor et la Banque centrale annoncent qu'ils ne peuvent plus satisfaire leurs prêteurs russes. Le plus grand pays du monde est officiellement en faillite et quelques 1 500 banques appartenant à la première génération d'oligarques s'effondrent. Seule une poignée de fortunés proches du pouvoir qui disposent – semble-t-il – d'informations privilégiées survivent à l'événement grâce à des fonds sécurisés dans des sociétés de ressources naturelles (gaz, pétrole, etc.). Deux ans plus tard, en 2000, Lukoil rachète le Spartak Moscou en mettant hors-jeu par la même occasion Heineken et Ford, deux compagnies étrangères. Anodin ? Non, c'est le début d'une nouvelle ère. En décembre 1999, Boris Eltsine, malade, cède la présidence à un certain Vladimir Poutine dont la popularité est grandissante auprès de la population russe en raison de sa gestion du conflit tchétchène. Dès lors, le Kremlin cherche à renouer avec la grandeur historique de la Russie et son modèle sportif connaît un second éveil après celui de 1952.

CHAPITRE 2

LA *SPORTOKRATURA* : UNE MACHINERIE DU SPORT CONSTRUITE PAR VLADIMIR POUTINE

Aux origines de la *sportokratura* : un réseau tissé autour de Vladimir Poutine

Exposition « SuperPutin » au musée d'art contemporain de Moscou UMAM le 10 décembre 2017

« Si je fais du sport, y compris du judo, je ne le fais pas pour impressionner qui que ce soit, mais parce que j'aime ça. Je le fais depuis 14 ans et je n'ai pas l'intention de m'arrêter même si je n'ai pas beaucoup de temps libre. Je l'aime. La presse s'y est montrée très intéressée. Je pense que c'est bien parce qu'il y a là un élément éducatif. Le sport attire toujours l'attention. Si deux ou trois personnes suivent mon exemple, je serai heureux. Si la presse écrit que je ne fume pas, que je n'abuse pas de l'alcool et que je fais du sport, c'est un plus. Ce n'est pas seulement un plus pour moi, cela favorise un mode de vie sain. »

Vladimir Poutine, extrait d'une interview donnée au journal *Le Figaro*, le 26 octobre 2000[1].

1 « *Interview with the French Newspaper* Le Figaro », *Présidence de la Russie*, 26 octobre, 2000. Retranscription en anglais sur le site Internet officiel du Kremlin : http://en.kremlin.ru/events/president/transcripts/21634

■ Un modèle sportif à reconstruire

À l'aube de l'an 2000, le monde du sport russe est un champ de ruines. 3 500 entraîneurs et 7 000 athlètes de haut niveau ont quitté l'ex-URSS dans les années 1990 pour rejoindre les États-Unis, l'Europe occidentale et l'Australie. Lâchés par l'État et bien souvent en défaut de paiement, les clubs russes ne sont plus en mesure de conserver leurs talents qui rejoignent alors par milliers des horizons économiquement fiables et sportivement relevés. Cette fuite massive « des cerveaux et des muscles » (Bourg ; Gouguet, 2012) engendre une baisse notable des résultats sportifs de la Russie. Parallèlement, le nombre des installations sportives baisse de 20 % : on n'en dénombre que 198 000 sur l'ensemble du territoire de la Fédération de Russie, soit une capacité d'accueil qui ne dépasse pas 5 millions de personnes pour 146,6 millions d'habitants en Russie en 2000. À l'époque, les propriétaires de ces infrastructures sportives refusent bien souvent de les entretenir, de les vendre, de les transférer ou même de les utiliser à d'autres fins en raison de l'instabilité économique qui règne. Dépossédés des aides de l'État après l'entrée de la Russie dans l'économie de marché et la chute de l'URSS, les travailleurs quant à eux ne disposent plus des moyens financiers pour pratiquer un sport. En 2002, seuls 8 à 10 % des citoyens russes participent alors à une activité physique et sportive (12 % chez les hommes, 5 % chez les femmes). De plus, les statistiques d'alors montrent que la part du budget sportif familial est de 0,3 %, soit 12 fois moins que la part des dépenses pour le tabac et l'alcool (3,7 %). Dans le même temps, la mafia s'empare du sport pour en faire un haut lieu du blanchiment d'argent et des règlements de compte, à tel point que les plus hautes sphères de l'État sont concernées. Boris Eltsine lui-même aurait été mêlé à des histoires de corruption, en créant en 1992 le Fond national des sports qui aurait vraisemblablement servi à financer sa campagne présidentielle en 1996. Dans ce contexte chaotique, l'arrivée de Vladimir Poutine s'apparente à une révolution pour le sport russe.

Le judo, ou la construction du corps politique. De « voyou » à « judoka » : les origines de la mythologie du « poutinisme »

À quelques jours de sa première élection, le 5 mars 2000, la BBC interroge V. Poutine sur sa probable victoire face à Guennadi Ziouganov. La réponse de l'intéressé est déjà symptomatique :

> « Vous savez que je fais du sport depuis que je suis enfant, j'aime le sport. » déclare-t-il avec fierté, « On nous a toujours appris que tout partenaire, tout adversaire doit être traité avec respect. Cela signifie qu'à certains égards, il peut être plus fort que vous, donc je ne suis pas enclin à croire que je suis assuré de la victoire, que je l'ai en main, que la campagne est terminée. Je ne pense pas avoir le droit de me considérer comme un gagnant. Guennadi Ziouganov et son parti communiste bénéficient d'un soutien social substantiel. »[2]

Vladimir Poutine l'emportera haut la main dès le premier tour le 26 mars à 52,94 % contre 29,21 % pour G. Ziouganov.

Quelques mois plus tard, le 8 mai 2000, au lendemain de son investiture, une voiture officielle arrive aux portes du Kremlin. Vitres teintées et peinture noire de jais, les journalistes peinent à distinguer les traits d'un homme au crâne dégarni et aux yeux clairs et fins. Tous s'interrogent. Et pour cause, le vieil Anatoli Rakhlin est encore inconnu des médias. Plus pour très longtemps. Vladimir Poutine en a décidé autrement. Il souhaite montrer aux yeux des Russes cet homme qu'il aime tant et qu'il considère comme un second père. Anatoli Rakhlin est un ami, un mentor et, surtout, un ancien entraîneur de judo du président russe. Il est un acteur clé pour comprendre le caractère et l'ascension de V. Poutine. En lui offrant l'honneur d'être parmi les premiers à passer la porte du Kremlin, Il envoie un signal fort à l'élite du pouvoir post-soviétique. L'ancien agent du KGB sait reconnaître les siens, il est fidèle à son passé et il compte bien l'utiliser pour construire le futur de la Russie. Les valeurs

2 « *Interview to "BBC Breakfast with Frost"* », *Présidence de Russie*, 5 mars 2000, en.kremlin.ru/events/president/transcripts/24194.

du sport, le collectif, le respect et la fidélité auront une importance fondamentale sous sa présidence.

Pour mieux comprendre cet attrait du président pour le sport, il faut remonter quelques décennies en arrière. En 1964, le jeune V. Poutine pousse la porte du centre d'entraînement de sambo[3] « Troud » dans la banlieue de Léningrad. Il a alors 11 ans. « Avant, j'étais un voyou »[4], dira-t-il quelques décennies plus tard, « dès qu'il est devenu clair que mon caractère bagarreur ne suffirait pas pour rester le chef dans ma cour d'immeuble et à l'école, j'ai décidé de prendre des cours de boxe. Mais je n'ai pas tenu longtemps : on m'a très vite cassé le nez. [...] C'est alors que j'ai opté pour le sambo ». C'est un tournant majeur dans la vie du jeune Soviétique car il y rencontre Anatoli Rakhlin, son entraîneur : « Il a joué un rôle déterminant dans ma vie. Si je n'avais pas commencé à faire du sport, je ne sais pas comment ma vie aurait tourné. »[5] Quelques années plus tard, en 1972, il décide de pratiquer le judo – à la mode depuis qu'il a acquis le statut de discipline olympique en 1964 – et devient rapidement « maître de sport » de sambo en 1973 et de judo en 1975, puis champion de Léningrad de judo l'année suivante. Fort de ces succès, A. Rakhlin et V. Poutine deviennent complices. Ils voyagent régulièrement ensemble à travers la campagne de Léningrad, allant de camps de vacances en compétitions sportives, d'entraînements au grand air en victoires décisives. Trois fois par semaine, A. Rakhlin reçoit V. Poutine à la salle et lui façonne un corps et une mentalité. Plus qu'un sport individuel, le jeune Poutine apprend l'esprit d'équipe et la fidélité. Il s'entraîne aux cotés de Vasily Chestakov, Alexandre Borodounine, Valentin Stepanov et les frères Arkadi et Boris Rotenberg : « Le meilleur groupe de toute ma carrière », dira plus tard Anatoli Rakhlin. Ensemble, ils font leurs classes et

---

3 Le sambo est un art martial soviétique qui mélange boxe, lutte et judo.

4 Extraits d'entretiens avec Vladimir Poutine recueillis par Guevorkian Natalia, Timakov Natalia et Kolesnikov Andreï, *in* « Vladimir Poutine : première personne », So lonely, p. 36.

5 *Ibid*, p. 37 et 38.

deviennent amis. « Le judo ce n'est pas seulement un sport. C'est une philosophie. » explique celui qui se fait alors surnommer Vova,

> « C'est le respect des aînés, de l'adversaire, il n'y a pas de faibles dans ce sport. Au judo, tout, du rituel du début à chaque petit détail du combat, a un aspect éducatif. En arrivant sur le tapis, on se salue mutuellement. Ça aurait pu se passer autrement : au lieu de s'incliner, on aurait pu, directement, donner un coup de boule à l'adversaire. Mais non, ça ne se passe pas comme ça. Aujourd'hui encore, je suis ami avec les gens qui s'entraînaient avec moi à l'époque »[6].

Et pour cause, moins d'une quarantaine d'années plus tard, la plupart de ses camarades deviendront sous l'exercice de son pouvoir des figures incontournables de la politique, de l'économie, de la culture et du sport russe. Une information dont il se passe généralement de tous commentaires.

En revanche, il est hypermnésique quant à ses propres talents de judoka et se plaît à discourir sur son parcours sportif à travers un *storytelling* bien rodé, ficelé avec minutie au fil de ses années passées à la tête de l'État. Aujourd'hui, la mythologie poutinienne pourrait être résumée ainsi : alors que ses parents peinent à joindre les deux bouts au lendemain de la Grande guerre patriotique, le jeune Vladimir Poutine vagabonde dans les rues de Léningrad où règnent violence, alcool et drogues. Heureusement, le judo – et le sport en général – l'éloignent de l'errance urbaine presque par miracle. « Anatoli Solomonich m'a arraché de la rue, de la cour. Et, en m'ayant donné l'opportunité de faire du sport, j'ai considérablement changé d'avis et de priorités dans la vie. En ce sens, j'ai changé mon destin », explique V. Poutine dans le documentaire *Entraîneur*[7] diffusé sur Perviy Kanal en novembre 2019. Véhiculant cette histoire avec

---

6 *Ibid*, p. 38.

7 *Entraîneur* est un film documentaire à propos de l'entraîneur de judo Anatoli Kharkhlin, disponible ici au 03/03/2020 : Carré Rouge. « Entraîneur – 2019 ». *YouTube, téléchargé par Carré Rouge*, 15 janvier 2020, www.youtube.com/watch?v=vMOGotcRRPE.

constance depuis deux décennies, il se forge une légende devenue un modèle d'ascension sociale, de réussite et d'abnégation pour de nombreux jeunes Russes aujourd'hui confrontés à la même réalité qu'hier. Dès lors, il devient une figure tutélaire et paternelle incontournable auprès de la population. Lui, le fils d'ouvrier, sauvé de la misère par le judo, fait du sport un élément essentiel de sa gouvernance.

■ La verticale du pouvoir au service du sport : la rupture de 2002 et la mobilisation générale

Le 25 février 2000, Vladimir Poutine publie dans quelques journaux russes (*Izvestia*, *Kommersant* et *Komsomolskaya Pravda*) sa « Lettre ouverte aux électeurs » suite au lancement de sa campagne électorale. « Plus l'État est fort, plus l'individu est libre »[8], explique-t-il avec aplomb. « Nous sommes un pays riche de pauvres [et] ça n'est pas digne de la grande puissance qu'est la Russie ». Il faut remédier à cela. Selon lui, une grande partie des maux de la Russie provient des oligarques qui « ont profité de l'État » et qui « ne veulent pas quitter leurs confortables perchoirs ». Ils disposent d'un « monopole sur les médias de masse » et ils en profitent pour « faire chanter » les dirigeants politiques. V. Poutine propose de prendre la *palitsa*[9] (« le gourdin » en russe) et de remettre de l'ordre dans le système russe. Dès lors, la verticale du pouvoir (*vertikal vlasti*) devient un thème central pour le candidat Poutine qui négocie un nouveau contrat social entre l'État et le peuple : la démocratie dirigée ou, autrement appelée par l'intéressé, la « dictature de la loi ». Dès lors, tous les pans de la société russe vont être impactés par une nouvelle gestion moins libérale et plus administrée par le pouvoir central.

---

8 « Lettre ouverte aux électeurs », *Présidence de Russie*, 25 février 2000, kremlin.ru/events/president/transcripts/24144

9 « *Closing Remarks at a Meeting of the State Council on Government Support and Development of Small Business in Russia* », *Présidence de Russie*, en.kremlin.ru/events/president/transcripts/page/408.

Une fois président, V. Poutine décide de restructurer le système russe et de restaurer la puissance et la stabilité de l'État en concentrant le « pouvoir et les ressources (administratives, financières, médiatiques) autour du chef de l'État, qui est aussi le vrai chef de l'exécutif » (Raviot, 2018). D'une part, le territoire est officiellement divisé en sept districts fédéraux dont les dirigeants sont tous des représentants du Kremlin. D'autre part, V. Poutine dépolitise et mobilise les oligarques afin de remettre en ordre la Russie et d'asseoir son autorité. En juillet 2000, il réunit les plus grandes fortunes du pays dans la datcha où mourut Joseph Staline à Kountsevo et déclare qu'elles auront la paix à condition qu'elles ne se mêlent plus de politique. Le message est clair. Quiconque contreviendra à cette règle sera mis au pas. L'affaire Khodorkovski en 2003 en est l'illustration[10].

Dans ce contexte, le sport ne fait pas exception à la règle et devient officiellement une priorité pour l'État russe. Néanmoins, en dépit des discours, les deux premières années de la présidence de V. Poutine sont surtout marquées par la restructuration globale du système politique tandis que le modèle sportif végète. C'est seulement en 2002 qu'adviennent les premières décisions destinées à faire de la Russie une des premières puissances sportives de la planète. Et pour cause, cette année-là, l'équipe olympique russe finit 5e au classement des médailles des JO d'hiver de Salt Lake City aux États-Unis, ce qui est vécu comme une humiliation par le Kremlin. Vladimir Poutine prend alors la parole face aux médaillés et déclare que tout sera mis en œuvre afin de rendre sa superbe au sport russe. Cette fois, ses mots seront accompagnés d'actes.

---

10 L'affaire Khodorkovski du nom de Mikhaïl Khodorkovski, PDG de Ioukos et première fortune de Russie en 2003, qui fut condamné pour « escroquerie à grande échelle » et « évasion fiscale » à 10 ans de prison après avoir tenté de se rapprocher du groupe américain Exxon Mobil. V. Poutine avait perçu cela à l'époque comme une menace politique et économique qui aurait pu mettre à mal l'intégrité de la Russie ainsi que son propre pouvoir. Cette affaire est souvent perçue comme l'acte de naissance du poutinisme, car elle illustre par les faits le retour de la verticale du pouvoir et de l'autorité de l'État russe sur les oligarques.

Dans la foulée, le Présidium du Conseil d'État de la Fédération de Russie publie un rapport au titre évocateur : « Sur l'augmentation du rôle de la culture physique et du sport dans la formation d'un mode de vie sain pour les Russes »[11]. Un texte dense et long qui décrit « la *fizkul'tura* et le sport » comme « le moyen le plus universel de guérison physique et spirituelle d'une nation » alors en pleine crise idéologique et économique. Il statue sur l'importance de « l'intervention du gouvernement dans le processus de développement du modèle sportif russe » et souhaite « un changement radical du statut social de l'éducation physique et du sport comme l'une des composantes de l'idée nationale qui forme un mode de vie sain et le prestige de l'État russe ». Ce dernier doit revenir au centre du jeu sportif laissé aux mains des investisseurs de tous bords. Le texte évoque également la nécessité de « recréer un système de propagande efficace afin de favoriser un mode de vie sain » car c'est « une nécessité naturelle, à partir de laquelle le pouvoir et la sécurité du pays grandissent, une personnalité spirituellement et intellectuellement développée est formée aux plus hautes manifestations des qualités humaines. » Pour y parvenir, il est nécessaire qu'au moins « 30 % de la population russe pratiquent régulièrement un sport ». Ce rapport symbolise les prémices du nouveau modèle sportif russe redressé grâce au retour d'un État interventionniste bien décidé à user de tous les outils mis à sa disposition depuis la chute de l'URSS (moyens financiers étrangers, oligarques, ouverture des frontières).

Dans un premier temps, il s'agit de dépolitiser un milieu qui pourrait s'avérer explosif en cas de crise sociale. Les hooligans des plus importants clubs du pays doivent par exemple prêter allégeance au pouvoir sous peine d'emprisonnement. Puis, en avril 2002, le président russe réalise son premier fait d'arme politico-sportif. Il prend son téléphone et appelle aux États-Unis la légende du hockey soviétique Viatcheslav

---

11 L'ensemble du rapport est disponible à cette adresse « Sur l'accroissement du rôle de la culture physique et du sport dans la formation d'un mode de vie sain chez les Russes », *Présidence de Russie*, 30 janvier 2002, kremlin.ru/events/president/transcripts/21920.

Fetissov, celui-là même qui avait quitté l'URSS avec fracas à la fin des années 1980. La discussion est courte. L'enjeu est de taille. Vladimir Poutine fait résonner la fibre patriotique de Fetissov et le somme de devenir le président du Comité d'État de la Fédération de Russie pour la culture physique et les sports (*Goskomsport*). Il accepte et revient au pays. Celui qui fut, à sa manière, l'un des fossoyeurs de l'URSS d'hier devient un proche du pouvoir d'aujourd'hui. Dans la foulée, le 1er juillet, 1 000 athlètes olympiques nationaux se voient accorder des subventions mensuelles à la hauteur de 15 000 roubles (soutien étendu à 3 000 athlètes l'année suivante) afin de restaurer « le prestige et l'honneur national »[12] de la Russie. Quelques mois plus tard, V. Poutine enjoint officiellement les oligarques à participer à l'effort national. Les infrastructures, les clubs et les événements sportifs doivent être financés en priorité afin d'augmenter le prestige du pays et assainir la population. En octobre 2003, il appelle au renouveau du sport de masse en mobilisant le ministère de la Santé, le ministère de l'Éducation, le Comité national des sports, ainsi que les autorités régionales et municipales, les médias et l'ensemble de la société en général afin de former l'élite sportive de demain. « Le mode de vie sportif doit être à la mode ! »[13], déclare alors le chef du Kremlin. En 2005, le pouvoir russe présente la candidature de Moscou pour les JO d'été de 2012, la capitale russe est finaliste mais doit s'incliner au 1er tour face à Londres. Qu'importe, ça n'est que partie remise. Cette mobilisation générale est le point de bascule et l'acte de naissance de la *sportokratura*.

---

12 « *President Vladimir Putin chaired a meeting of the State Council on Physical Fitness and Sports* », *Présidence de Russie*, 30 janvier 2002, en.kremlin.ru/events/president/news/26935.

13 « *The health of the nation depends directly on the successful development of physical culture and sport in our country, President Vladimir Putin stressed at a meeting of the Council for physical culture and sport* », *Présidence de Russie*, 1er octobre 2003, en.kremlin.ru/events/president/news/29466.

La *sportokratura* : une organisation informelle au service de l'État

La *sportokratura*, qu'est-ce que c'est ?

Formée des mots *sport*, *kratos* – « force, pouvoir » en grec ancien – et *nomenklatura*, la *sportokratura* est un néologisme qui désigne la machinerie de l'élite politico-économico-sportive russe. Elle s'imprime et s'exprime sur et par les corps du président, des élites et de la société civile en Russie à l'ère de Vladimir Poutine.

Incarnée en premier lieu par l'usage politique du corps du président russe, la *sportokratura* s'est peu à peu diffusée en vingt années par l'intermédiaire des élites dans toutes les strates de la société russe au point de devenir un fait social et politique total. Contrôlée, la *sportokratura* désigne en effet par extension la mainmise, l'implication et l'utilisation du sport par la nouvelle *nomenklatura* russe, « l'élite du pouvoir post-soviétique »[14], constituée de manière informelle à la direction des plus hauts postes dans les domaines politique, économique et institutionnel, et qui gravite de manière centripète autour du Kremlin – « lieu géographique et symbolique du pouvoir étatique russe » (Raviot, 2018). Sans équivalent, ce système est composé d'oligarques, de sportifs et d'hommes politiques choisis par le président qui concourent à un double objectif commun déclaré : « hygiéniser » la population russe et augmenter le prestige du pays sur le plan international[15] par l'intermédiaire du *sport power* (*sportivnaya dierjava* – une branche du *soft power*) et/ou de la diplomatie sportive.

---

14 Selon Jean-Robert Raviot : « l'élite du pouvoir post-soviétique se caractérise par une forte distinction sociale qui se traduit par un niveau de vie supérieur et un accès exclusif ou plus aisé à certains privilèges, mais aussi par une mentalité et un ethos qui lui sont propres. […] Elle constitue une "classe sociale en soi et le sentiment est très répandu d'une grande partie de la société russe d'en être *a priori* exclue. » (Raviot, 2007)

15 « *Meeting of the Council for the Development of Physical Culture and Sport* », *Présidence de Russie*, 27 mars 2019, en.kremlin.ru/events/president/news/60152.

Pour y parvenir, ils doivent à la fois user de leur valeur financière, politique et symbolique et, à la manière des grands héros du sport soviétique, incarner physiquement et spirituellement une certaine idée de l'homme et de la femme russes.

Loin d'être un simple culte de la personnalité qui serait orchestré par V. Poutine, la *sportokratura* exprime donc l'impact d'une personnalisation sportive de la politique d'un pays sur l'ensemble de sa population et de son élite au point de faire système. En deux décennies, la *sportokratura* s'est développée jusqu'à faire naître un double mouvement de « sportivisation de la politique » et de « politisation du sport » en Russie auquel l'élite du pouvoir post-soviétique ne peut déroger sous peine d'être exclue du jeu politique. Dès lors, la *sportokratura* devient tripartite, nébuleuse et hybride.

Les rouages de la *sportokratura* :
l'interdépendance des champs politico-économico-sportif russes

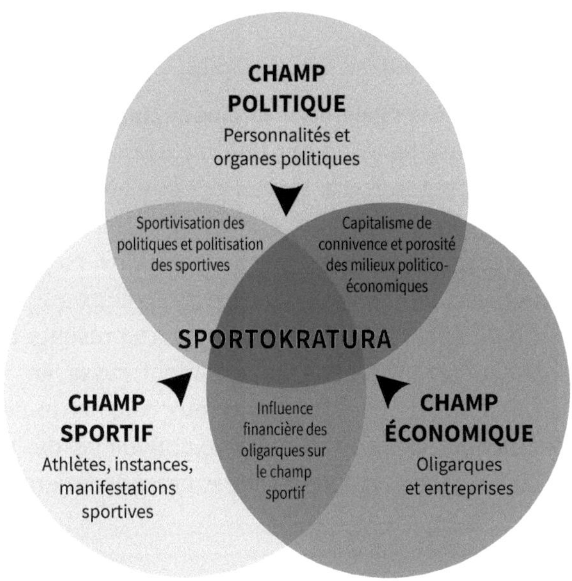

La *sportokratura* est tripartite

Concrètement, la *sportokratura* est un système tripartite constitué principalement de trois catégories d'acteurs : l'élite politique et administrative, l'élite économique et financière et l'élite sportive entraîneurs/entraînés, les trois ayant la particularité d'être interconnectées entre elles dans un système complexe de « réseaux des réseaux ». Ces trois catégories d'acteurs répondent à des fonctions à la fois précises et mouvantes. Les oligarques sont amenés à financer le mouvement sportif, les politiques en dessinent la ligne directrice et les sportifs y apportent aura et savoir-faire. Chaque individu peut également passer de l'une à l'autre de ces catégories voire même, à l'instar des poupées gigognes, en endosser plusieurs à la fois. Enfin, dans la continuité du modèle soviétique du sport, tous sont censés être des « entrepreneurs de morale » destinés à représenter l'homme russe tel qu'il devrait être : sain de corps et d'esprit, discipliné et ordonné.

La *sportokratura* est une nébuleuse

La *sportokratura* est également une nébuleuse dont le centre de gravité est représenté par Vladimir Poutine lui-même autour de qui orbitent ces trois catégories d'acteurs. Pour être efficace, le président russe exerce une force centripète afin d'attirer vers lui les athlètes, politiques et oligarques en qui il a confiance. À l'inverse, il exerce une force centrifuge afin de marginaliser et exclure ceux qui lui tiennent tête. Pour être efficace, la plupart des acteurs présents dans cette nébuleuse ont prêté allégeance au président russe en rejoignant Russie unie[16]. Par conséquent, de nombreux clubs et la plupart des fédérations sportives sont contrôlés par le pouvoir *via* des personnes issues des trois catégories d'acteurs citées précédemment.

---

16 Parti politique de V. Poutine, dont le président est Dmitri Medvedev.

La *sportokratura* est hybride

Enfin, la *sportokratura* est une chimère hybride qui emprunte à la fois au modèle soviétique et au modèle capitaliste du sport. Véritable janus à deux visages, la *sportokratura* regarde, comme l'aigle impérial, à l'Est et à l'Ouest, vers le passé et vers le futur. Du temps de l'Union soviétique, « l'élite sportive [...] était le produit d'une fabrique, coordonnée et organisée par l'administration centrale » (Dufraisse, 2016). Héritier de cette époque, V. Poutine n'hésite pas à déclarer que « la *fizkul'tura* – le sport – n'est pas un plaisir, c'est une tâche politique qui incombe à l'État »[17]. L'usage de cette sémantique n'est pas dû au hasard. Sous l'URSS, le sport n'était pas considéré comme un loisir au sein duquel il fallait prendre du plaisir. Il s'agissait de montrer au monde la supériorité du modèle soviétique sur le modèle capitaliste à travers les victoires sportives. À la même période en Europe, la célèbre maxime « l'important, c'est de participer » avait le vent en poupe. Le sport de masse était avant tout perçu comme une façon de profiter de son « temps libre » (Corbin, 1995) et le sport professionnel devenait une affaire d'argent largement influencé par le modèle capitaliste. Cette différence de représentations entre la Russie et une partie de l'Occident est fondamentale pour comprendre le modèle sportif russe actuel et son rapport au monde. Ainsi, le pouvoir n'hésite pas à actionner les leviers économiques que sont les oligarques et les grandes entreprises du pays afin de financer un club ou un événement sportif. Cependant, à l'inverse de l'époque soviétique, les acteurs du sport (sportifs, clubs, villes, régions, etc.) ont davantage de libertés, notamment quant aux financements, aux sponsors et au choix d'accueillir tel ou tel événement sportif. Ce modèle russe du sport est donc le fruit du télescopage entre les représentations soviétiques, son entrée brutale dans l'économie de marché dans les années 1990 et une certaine mise au pas du capitalisme mondialisé de la part du Kremlin depuis 2000.

---

17 « *Meeting of the Council for the Development of Physical Culture and Sport* », *Présidence de Russie*, 27 mars 2019, en.kremlin.ru/events/president/news/60152.

Le corps de Vladimir Poutine, le premier sportokraturiste

Au centre de la *sportokratura*, on retrouve Vladimir Poutine. Depuis plus de vingt ans, ses actes et ses discours le positionnent dans l'espace et dans le temps comme le premier *sportokraturiste* de Russie. Dans les médias russes et étrangers, le corps du président se révèle incontournable. Il est, à lui seul, devenu une véritable égérie du *Nation branding* et du *Nation building* russes, à travers ses mises en scène récurrentes qui le montrent en train de jouer au hockey, de pratiquer le judo ou encore de monter à cheval. Même les rumeurs de sa liaison avec l'ex-gymnaste Alina Kabaïeva parlent encore de sport. Cette imagerie sportive contribue à mythifier sa personne au point d'en faire une icône, un sponsor, une marque symbole de la Russie au sein et en dehors de ses frontières. Il est, selon l'expression de Mikhaïl Lermontov, « un héros de notre temps »[18], au sens où il n'a pas pris le pouvoir, mais est une émanation de celui-ci[19]. Leader caméléon, il a pour seul objectif invariant la constance au sommet de l'État – de lui-même ou du parti Russie unie. Pour ce faire, il a notamment choisi d'être un héros sportif. Au fil de ses présidences, il est ainsi devenu l'incarnation physique de l'homme russe fort et bien portant, par opposition à Mikhaïl Gorbatchev et Boris Eltsine qui avaient un embonpoint visible et un penchant pour l'alcool. De plus, cette image s'accompagne d'un imaginaire, d'un idéal et d'un esprit du sport : camaraderie, respect des aînés, maîtrise de soi, force physique ou encore fibre morale. Selon V. Poutine, pour être un modèle, il ne suffit donc pas de marquer 9 buts

18 Dans la préface de son ouvrage, *Un héros de notre temps* (1841), Mikhaïl Lermontov décrit le personnage principal de son ouvrage : « Le héros de notre temps, mes très chers lecteurs, est réellement un portrait, mais non celui d'un seul individu. Ce portrait a été composé avec tous les vices de notre génération, vices en pleine éclosion. »

19 Vladimir Poutine a en effet été choisi par Boris Eltsine pour être son successeur à la tête de la Fédération de Russie le 31 décembre 1999. Entre 1991 et aujourd'hui, la Russie n'a connu que trois présidents (Boris Eltsine, Vladimir Poutine et Dmitri Medvedev), tous issus du même parti politique. Nous avons donc affaire pour le moment à une « démocratie non compétitive », selon l'expression de Jean-Robert Raviot *in* Raviot, 2008 (a).

lors d'un match de gala de hockey sur glace. Il faut respecter et incarner une certaine idée du sport. Et, afin de donner de l'épaisseur à sa stature, il pioche régulièrement dans son passé et façonne le présent pour créer son propre *storytelling* corporel, sa propre mythologie sportive. De mises en scène en discours, le premier *sportokraturiste* de Russie se caractérise donc par sa capacité à maîtriser physiquement et spirituellement son récit afin d'écrire lui-même sa propre histoire. Entre amnésie et hypermnésie, entre réalité déformée et fiction réaliste, il fait de sa personne une « image de marque » malléable, positive et respectable dont le corps est le réceptacle.

Pour autant, peut-on réduire cet exercice sportif du pouvoir à un culte de la personnalité ? Peut-on y voir une continuité avec ses prédécesseurs ou les autres présidents sportifs ? Un culte du corps ? Un culte de l'idéologie sportive ? Quelles sont les différences entre les héros soviétiques (voir chapitre 1) et le héraut Poutine ? Comment le président use-t-il de son corps dans le cadre de sa gouvernance ? En quoi est-il, finalement, devenu l'archétype de l'homme russe aujourd'hui ? Répondre à ces questions permet de dessiner les contours de l'ethos du plus célèbre des *sportokraturistes*, Vladimir Poutine.

En juillet 2000, le président Poutine effectue l'une de ses premières visites officielles à l'étranger, lors du G8 au Japon. Hasard du calendrier, il ne manque pas l'opportunité d'exhiber ses talents de sportif dans un club de judo à Gushikawa où il effectue quelques prises bien senties – en chemise et pantalon de costume – sous le regard attentif des médias. Le monde découvre alors le corps en action d'un président en exercice.

Vladimir Poutine rencontre des jeunes athlètes du centre sportif de Gushikawa au Japon et exécute quelques exercices de judo le 23 juillet 2000[20]

Cette séquence est l'une des premières d'une longue série dans laquelle le président russe va muscler l'exercice de son pouvoir grâce à des mises en scène médiatiques régulières à travers lesquelles il s'illustre en train de pratiquer le judo, de faire du hockey ou de

20 « *President Putin meeting with young athletes at the Gushikawa sports centre and performing judo exercises* », *Présidence de Russie*, 23 juillet 2000, en.kremlin.ru/events/president/news/38415/photos/28544.

s'entraîner à la musculation. En vingt années passées dans les plus hautes sphères du pouvoir, le président russe aura pratiqué plus de 20 sports différents.

L'analyse des usages politiques du sport par le président russe révèle d'abord une chose. Loin de s'inscrire en faux vis-à-vis de ses prédécesseurs, V. Poutine s'inscrit dans la continuité de ceux-ci. Comme Lénine, Staline ou B. Eltsine, V. Poutine sait jouer du sport à des fins politiques mais, à l'inverse de ces derniers, il le conçoit également d'un point de vue personnel. Le dépassement de soi, l'esprit d'équipe et de camaraderie, le contact corporel et l'effort sont autant de valeurs et de sensations que le président Poutine connaît et valorise dans tous les aspects de sa vie. Être sportif pour un politique ou un oligarque sous son régime, c'est se donner la possibilité d'accéder au corps du président et de s'attirer ses faveurs en partageant une passion commune. Le sport « rapproche les gens et permet de créer des relations de confiance »[21], expliquait-il notamment au printemps 2019. Cet exercice sportif du pouvoir ne vient pas de nulle part. Il est directement inspiré du « maître de sport » soviétique tel qu'il était mis en avant dans les années 1920. Comme nous l'avons vu dans le chapitre 1, le « maître » soviétique est « celui dont le travail opiniâtre invite les masses de *fizkul'turniki* à le suivre. Il est bien éduqué. Il participe à la progression de son cercle, travaille volontairement dans l'intérêt du collectif dont il améliore la santé et fait partager sa maîtrise technique. Il œuvre pour l'ensemble des participants et non pour lui seul. Les "maîtres" sont des modèles et des guides pour progresser » (Dufraisse, 2019). À de nombreux égards, V. Poutine est un parfait « maître » soviétique des années 1920. En effet, sa pratique sportive, par son caractère pédagogique, exemplaire et sa volonté d'assainir la population russe dans son ensemble, tend vers cette direction. Le rétablissement du GTO soviétique en 2014 – au lendemain des JO de

21 AFP, « Le hockey très politique de Vladimir Poutine », *Le Journal de Montréal*, 22 janvier 2020, www.journaldemontreal.com/2020/01/22/le-hockey-tres-politique-de-vladimir-poutine.

Sotchi – en est l'illustration. Néanmoins, à l'inverse des « maîtres » soviétiques, V. Poutine valorise également la victoire sportive qui symbolise selon lui l'aboutissement personnel et collectif du sportif. Il encourage par sa pratique sportive la population russe à se dépasser afin de remporter des médailles pour augmenter le patriotisme et faire rayonner la Russie dans le monde. Ici, il emprunte davantage à la posture de Joseph Staline et à sa volonté dans les années 1950 et 1960 de remporter la course aux médailles durant la guerre froide. L'exercice sportif du pouvoir de V. Poutine semble également emprunter quelques aspects à celui de Boris Eltsine. Ce dernier aimait pratiquer des sports et se mettre en valeur à travers les médias, mais son usage politique restait mineur comparé à celui de V. Poutine. En outre, et c'est la première véritable originalité de l'actuel président russe dans le cadre de la *sportokratura*, il incarne véritablement, à travers son caractère sportif, une force morale, un état d'esprit et, par ricochet, une certaine idée de l'homme russe qu'il souhaite représenter.

L'incarnation de « l'homme nouveau » à l'ère post-soviétique

Selon l'historien Ernst Kantorowicz, en Russie comme ailleurs, le « roi » dispose de deux corps. L'enveloppe charnelle mortelle et l'incarnation immortelle du pouvoir politique. Le roi est une représentation de l'État et donc, par extension, de la population. La couverture originale du *Léviathan* de Thomas Hobbes le montre parfaitement en représentant un souverain dont le corps est composé intégralement de ses sujets. Dans la Russie de V. Poutine, peut-être plus qu'ailleurs en Occident, cette image est pertinente. Si, officiellement, en Russie le dirigeant n'est pas le roi mais le président de la Fédération de Russie, le « souverainisme poutinien » (Raviot, 2018), par son immanence et sa volonté de permanence, s'apparente davantage à une « démocratie dirigée », selon les termes de V. Poutine lui-même. Par ailleurs, le pouvoir est incarné. Selon l'historien Jean-Marie Brohm, tout pouvoir « est par essence un pouvoir personnel » (Brohm, 1975). C'est pour cette raison qu'il tient et est d'abord exprimé par le corps du chef (sa force, sa séduction, son caractère imposant). Machiavel, pour sa part, explique qu'il y a deux manières de gouverner : « ou avec les lois, ou avec la force » (Machiavel, 1532). Techniquement, V. Poutine a choisi les deux. Sa « dictature de la loi » ajoutée à la sportivisation de l'exercice de son pouvoir renforce le sentiment d'incarnation physique, mais aussi spirituelle de la Russie. Comme le dit Karl Marx, le pouvoir « existe corporellement dans le prince, le pouvoir de gouvernement devient un prolongement mystique de l'âme qui existe dans son corps »[22]. Ce mysticisme est d'autant plus présent sous V. Poutine puisqu'il invoque régulièrement l'histoire, la religion et le passé glorieux de la grande et sainte Russie. Cela confère à sa mission une dimension intemporelle, divine, voire même surnaturelle. La récente volonté du président de faire inscrire « Dieu » dans la constitution de la Fédération de Russie confirme cela[23]. Ainsi, lors de sa première campagne présidentielle, V. Poutine fait distribuer des millions de fascicules dans lesquels il se présente comme l'homme providentiel dont la Russie a besoin et l'antithèse de son prédécesseur. Boris Eltsine est alcoolique, vieux, malade et fatigué ? Vladimir Poutine est jeune, dynamique, sain et sportif.

Omnipotent, il est partout et n'a pas peur des contradictions. Il se plaît à politiser le sport tout en militant activement pour sa dépolitisation. Il rappelle lors d'un voyage au Japon il y a quelques années que le mot judo signifie « voie de la souplesse. [...] C'est une philosophie qui préfère l'évolution à la révolution ». Le message est limpide. Comme l'explique le philosophe spécialiste de la Russie Michel Eltchaninoff dans son ouvrage *Dans la tête de Vladimir Poutine* : « La voie de la souplesse consiste donc d'abord à donner sa confiance à l'autre, à l'observer, à scruter sur quelle force il pourra s'appuyer pour le déséquilibrer » (Eltchaninoff, 2015). Les dirigeants politiques

22 Marx Karl *in* Brohm, 1975.

23 La nouvelle constitution russe votée entre le 25 juin et le 1er juillet 2020 emploie en effet l'expression « la mémoire de nos ancêtres qui nous ont transmis des idéaux et la foi en Dieu » pour caractériser le peuple russe.

occidentaux qui ont eu affaire à lui en personne décrivent souvent un homme froid, calculateur et tout en contrôle de soi. Une posture qu'il dit avoir réussi à adopter au fil de ses longues années d'entraînement au sambo, puis au judo.

Véritable caméléon, V. Poutine se veut pluriel, comme sa politique. Il pratique tous les sports avec plus ou moins de brio. Il parle officiellement six langues[24]. Il s'adapte à toutes les situations. Cette posture confine parfois au grotesque. Le 10 août 2011, le président plonge dans la mer Noire au large de la péninsule de Taman et remonte avec deux amphores officiellement plusieurs fois séculaires. Quelques jours plus tard, la supercherie est révélée au grand public et V. Poutine admettra la mise en scène. Il est donc l'égérie de sa propre volonté. Il est, dans la lignée des « maîtres de sport » et des stakhanovistes soviétiques, devenu un modèle pour plusieurs générations. Mais, à l'inverse des héros de l'URSS, il n'est pas à la recherche d'une musculature parfaite, mais plutôt d'un esprit du sport dont les valeurs patriotiques, saines et collectives sont diffusées dans toutes les strates de la société et doivent servir la politique russe.

En décembre 2017, l'exposition « SuperPutin » se tient au musée d'art contemporain de Moscou « UMAM ». L'objectif est simple : chacun des trente artistes doit choisir un trait marquant du président russe et le grossir afin de mettre en valeur les principales facettes de l'exercice de son pouvoir. Si les thèmes de l'armée, du religieux ou encore du « père de la nation » sont présents, l'immense majorité représente le président russe en train de mettre en valeur son corps tel un super-héros ou un sportif de haut niveau. Ici, Poutine hockeyeur, là, Poutine superman, là-bas, Poutine judoka.

---

24 Selon le site *Russia Beyond The Headlines* (un média multilingue financé par le gouvernement russe) qui vante régulièrement les mérites du président russe, ce dernier parlerait russe, allemand, anglais, suédois, tatar, et français. Lire cet article : O'Callaghan Tommy, « Quelles langues parle Vladimir Poutine ? », *Russia Beyond FR*, 28 mai 2018, fr.rbth.com/lifestyle/80829-russie-vladimir-poutine-maitrise-langues-etrangeres.

Cet assemblage de représentations musclées, agiles, vives ou encore courageuses du président russe dépeint finalement ce qu'il est devenu en quatre mandats : l'incarnation polymorphe de l'homme nouveau de la Russie renaissante, pieux et sportif, sain et confiant, musclé et franc, gardien des valeurs traditionnelles ou encore mètre-étalon du bien par rapport au mal. En d'autres termes, il sait tout faire. Vladimir Poutine ne se rêve plus simplement l'incarnation de l'homme russe nouveau, il l'est devenu.

Le corps du pouvoir et le pouvoir du corps

Aujourd'hui, sur le site Internet officiel du Kremlin figure en bonne place dans la biographie du président russe cette phrase qui lui est attribuée : « le judo apprend la maîtrise de soi, la capacité de sentir le moment, de voir les forces et les faiblesses de l'adversaire, et de lutter pour les meilleurs résultats. Je suis sûr que vous conviendrez que ce sont des aptitudes et des capacités essentielles pour tout homme politique. » Le message adressé à son peuple et aux homme politiques russes est sans équivoque.

L'originalité du régime de Vladimir Poutine : la mise en valeur des corps physique et politique de l'élite du pouvoir post-soviétique russe pour inciter la population à pratiquer un sport. « Tout pouvoir tient et se maintient par la violence réelle ou symbolique sur les corps », écrit Jean-Marie Brohm (Brohm, 1975). Cette assertion est particulièrement adaptée en Russie aujourd'hui. S'il est vivement recommandé aux oligarques, politiques et technocrates d'investir temps et argent dans le développement du sport russe pour « accéder au corps » du président lors de cérémonies prestigieuses (compétitions de hockey amateur, mises en scène), il leur est également demandé de devenir des modèles pour la population en pratiquant eux-mêmes un sport. En septembre 2015, Vladimir Poutine précise d'ailleurs un peu plus sa pensée à ce sujet au journaliste américain Charlie Rose pour la chaîne CBS :

> « Le sport devrait devenir à la mode. C'est pourquoi je pense que c'est juste quand mes collègues – le Premier ministre, les ministres,

les députés de la Douma d'État – participent à deux marathons, visitent des matchs de football, participent eux-mêmes à des compétitions sportives. C'est ainsi que des millions de personnes commencent à s'intéresser et à aimer le fitness et le sport. Je pense que c'est extrêmement important. »

Dans la Russie de Vladimir Poutine, « on ne gouverne pas en buvant de la bière et en fumant comme un pompier », explique Sergueï Pilosian, le chef du département de la culture physique et des sports de Sotchi, « la morphologie des corps de nos ministres a changé en dix ans. Maintenant, tous nos leaders sont principalement minces, en forme et athlétiques »[25]. C'est l'un des fondements de la *sportokratura*. Fini l'homme politique bon vivant, au revoir l'oligarque bedonnant. C'est l'heure de la biopolitique des élites. Il est venu le temps des Ramzan Kadyrov faisant de la boxe en sueur sur Instagram, des Dmitri Medvedev pratiquant la musculation avec bonheur à la télévision, ou encore des longilignes et technocrates ministres des Sports Pavel Kolobkov – champion olympique d'escrime – et Oleg Matytsine – « maître de sport » de tennis de table en 1980. La nomination au poste de Premier ministre de Mikhaïl Michoustine le 16 janvier 2020 en est l'illustration. L'ancien directeur du Service fédéral des impôts est également très connu en Russie pour être un partenaire de hockey sur glace de Vladimir Poutine. Comme le président russe, il le pratique régulièrement lors d'événements sportifs à la portée symbolique certaine telle que la Ligue de hockey de nuit (LHN), qui regroupe anciens sportifs, hommes politiques et oligarques russes proches du pouvoir.

Sergueï Pilosian est catégorique, le sport et la politique sont liés en Russie aujourd'hui : « Michoustine, notre nouveau Premier ministre ? C'est un sacré sportif, un ancien professionnel de hockey sur glace, et un proche de Vladimir Poutine. Ils jouent régulièrement au hockey ensemble. C'est un plus dans la Russie d'aujourd'hui ! Vous êtes susceptible d'attirer l'attention du président si vous êtes un

25 Entretien avec l'auteur, le 16 janvier 2019.

homme politique et un athlète. » Ainsi, l'homme politique ou l'oligarque devient visible aux yeux du pouvoir et attire l'attention. « En faisant du sport, les élites augmentent leur probabilité d'avoir une promotion et de faire carrière », décortique Galina Mantseva, adjointe à la mairie de Sotchi[26]. De plus, cette discipline sportive des corps politiques s'accompagne également d'une philosophie : la fidélité, l'esprit d'équipe ou encore le dépassement de soi. Autant de qualités valorisées par le président russe. Il est alors un exemple dont les élites deviennent peu à peu les avatars. C'est la deuxième véritable originalité de la *sportokratura* selon Vladimir Poutine.

Aujourd'hui, le chef du Kremlin exerce donc véritablement une politique du corps, par le corps et pour les corps. Celle-ci a pour double objectif d'« hygiéniser » la population russe tout en la contrôlant. À cet effet, il « territorialise » par un processus de « déterritorialisation » puis de « reterritorialisation » (Deleuze et Guattari, 1973)[27] les corps politiques de l'élite du pouvoir russe avec son propre corps sculpté et pensé comme un modèle de l'homme russe grâce à sa philosophie du sport. Les membres de l'élite du pouvoir deviennent alors des avatars du président couplés à leurs propres spécificités corporelles et sportives régionales qui appliquent par ricochet ce processus à l'ensemble de la société russe. Le but ? Quitter une habitude et en trouver une nouvelle, selon les termes de Deleuze et Guattari (Deleuze et Guattari, 1973). En l'occurrence, quitter l'alcool pour la salle de sport, par exemple. Mais aussi, plus largement, quitter les zones du dehors pour des territoires sur

26 Entretien avec l'auteur le 18 janvier 2020.

27 La « territorialisation » est le processus par lequel une portion d'espace géographique devient un territoire. Ce processus, c'est celui de la « déterritorialisation »/« reterritorialisation » (puisque ce sont là comme l'envers et l'endroit d'un même processus). Chacun de ces processus consiste, pour simplifier, en un changement de marquage d'un territoire par ses habitants, un changement dans le rapport qu'entretiennent des individus avec la portion d'espace géographique délimité qu'ils habitent. C'est, selon les propres termes de Deleuze et Guattari : « quitter une habitude et en trouver une nouvelle, jusqu'à une prochaine déterritorialisation. » Deleuze et Guattari, 1973.

lesquels l'État exerce un contrôle physique et moral. Ce procédé permet entre autres à V. Poutine de se positionner dans le temps et dans l'espace comme le dépositaire du mythe de puissance intemporelle de l'État-nation russe en étant à l'origine de la mutation corporelle de sa propre société.

■ La métamorphose du corps de la société civile russe

Ce processus est également visible entre Vladimir Poutine et la population russe grâce au lien créé par l'intermédiaire des mises en scène sportives régulières du président. Il existe en Russie depuis le début des années 2000 un phénomène de « territorialisation » par Vladimir Poutine des corps de la société civile russe. Ils sont imprimés par le corps du président lui-même dont la personnalisation à outrance du pouvoir engendre un phénomène d'identification. Il s'exprime à plusieurs niveaux.

Pour le peuple russe, Vladimir Poutine dispose d'une image virile et paternelle au point de devenir un exemple (Goscilo, 2014). Chez les hommes, il se présente comme un modèle de sang-froid en toutes circonstances, sain et sportif. Durant sa première campagne présidentielle, sa communication est principalement axée sur le fait qu'il est « l'homme fort de la Russie ». Chez les femmes, il représente plutôt une certaine idée du « mâle alpha », bon père de famille, éloigné de l'alcool et de la drogue, quand il n'est pas tout simplement un fantasme[28].

À l'été 2011, alors que la campagne présidentielle 2012 n'a pas encore commencé, les Russes assistent à une érotisation du corps politique. Les *Putin girls* apparaissent sur Internet et font le *buzz* en déchirant leur corsage et s'exhibant à moitié nue car « Poutine déchire ». Quelques mois plus tard, l'agence russe de publicité, Aldus

28 Il est arrivé à plusieurs reprises que des femmes russes dénudées viennent manifester leur désir pour V. Poutine aux portes du Kremlin. Par ailleurs, de nombreuses chansons ont été créées à la gloire du président russe. Parfois sous les airs d'un rap viril, parfois sous les airs de musiques chantées par des femmes ne cachant par leur intérêt pour le président russe.

ADV, réalise un clip de campagne destiné à encourager la population russe à aller voter. Le contenu est explicite : une jeune femme avenante mais timide se rend chez le médecin pour exprimer ses craintes de perdre sa virginité. « Vous savez docteur, j'ai très peur », déclare-t-elle allongée dans un fauteuil en cuir. « Nous avons tous une première fois », réplique le médecin compréhensif. La jeune femme continue : « J'ai peur, mais j'ai fait mon choix par amour ». « N'ayez pas peur. Le principal, c'est d'avoir confiance en celui que vous avez choisi », encourage le médecin, en jetant un regard appuyé sur la une du *Time* de décembre 2007, représentant V. Poutine, homme de l'année. La jeune femme se précipite dans l'isoloir avec le sourire aux lèvres et la confiance retrouvée. Le choix de son vote ne laisse guère de doutes[29].

Ce phénomène, très présent durant les deux premiers mandats du président, est étudié par plusieurs chercheurs russes, européens et anglo-saxons qui parlent ainsi d'« autoritarisme glamour » (Martinez, 2012), de « glamour de Poutine » (*putinskii glamur*) (Mesropova, 2008), ou encore de « glamour d'État » (Chukhrov, 2007)[30]. Ici, le corps glamour du président imposé à la population russe comme une image positive est d'autant plus politique qu'elle est un pouvoir et, plus largement, un vecteur d'aliénation.

En effet, « le politique est fondamentalement un rapport de coercition sur le corps individuel et sur le corps social. La politique est d'abord une politique du corps », écrit Jean-Marie Brohm en 1975. Aujourd'hui, cette affirmation semble plus que jamais d'actualité en

29 Clip disponible ici : « Les révélations d'une fille sur sa première fois », *YouTube*, téléchargé par Perviiraz Polubvi, 20 février 2012, www.youtube.com/watch?time_continue=1&v=MbIzj21X0tU&feature=emb_logo.

30 Le chercheur Keti Chukhrov propose de définir le phénomène du « Glamour d'État » ainsi : « l'État devient la principale source de croissance économique, commerciale, religieuse, artistique, la source de réanimation morale, le sauveur qui compensera l'entropie et le porteur de l'idée de nationalisme non xénophobe, donc civilisé. En conséquence, les signifiants du luxe, du divertissement et du glamour sont tous destinés à servir cette nouvelle entité, la synthèse idéologique de toutes les valeurs matérielles et idéales – le glamour d'État. » *in* Chukhrov, 2007.

Russie où le corps est devenu un lieu privilégié de l'emprise sociale. Au lendemain de la chute de l'URSS et du chaos des années 1990, V. Poutine, à travers ses mises en scène sportives, est apparu comme une illustration positive, drôle et virile de la nouvelle Russie après des décennies de difficultés économiques et sociales. Pourtant, en définissant une certaine idée du développement de son propre corps, de sa mise en valeur et de son rôle de grand inspirateur pour et au sein de la société russe, V. Poutine influe lui-même sur les corps du peuple russe. Sous ses présidences, un bon citoyen est un citoyen sain et sportif qui œuvre pour le bien-être de l'État-nation incarné par… V. Poutine lui-même.

Comme l'écrit Michel Foucault : « Le pouvoir est donc toujours une technologie politique du corps. […] Le corps humain entre dans une machinerie du pouvoir qui le fouille, le désarticule et le recompose […]. [Il] se forme alors une politique de coercition qui est un travail sur le corps, une manipulation calculée de ses éléments, de ses gestes, de ses comportements. »[31] Le président Poutine dit à qui veut l'entendre qu'il ne fume pas et qu'il ne boit pas ? En vingt ans, le tabagisme et l'alcoolisme ont reculé en Russie[32]. Le président Poutine se met en valeur en train de pratiquer un sport ? La population russe se met massivement à pratiquer ce sport[33]. Prophéties auto-réalisatrices, résultats des politiques sociales conduites par les gouvernements successifs ou influence des médias de masse à la solde du pouvoir sur la population russe ? La réponse se situe probablement au carrefour des trois questions. Comme l'explique encore Foucault : « Le corps est aussi directement plongé dans un champ politique ; les rapports de pouvoir opèrent sur lui une prise immédiate ; ils l'investissent, le

---

31 Foucault Michel *in* Brohm, 1975.

32 L'OMS a notamment noté que la consommation d'alcool avait reculé de 43 % en Russie entre 2003 et 2016.

33 Entre 2010 et 2016, le pourcentage de russes pratiquant un sport est passé de 18,50 à 34,2 %.

marquent, le dressent, le supplicient, l'astreignent à des travaux, l'obligent à des cérémonies, exigent de lui des signes. »[34]

Lorsque paraît en Russie le DVD pédagogique « Apprendre le judo avec Vladimir Poutine » en 2008, l'objectif principal est de guider les spectateurs dans la pratique de différents exercices physiques pour leur permettre d'acquérir le physique, le mental et la philosophie du président russe. Il en va de même lorsque Arkadi Rotenberg fait distribuer à 7 millions d'exemplaires dans les écoles russes le fascicule *L'art du judo* écrit par le président russe lui-même début juillet 2016. De plus, les politiques sportives de santé publique destinées à assainir la population russe en l'éloignant de l'obésité, de l'alcool ou du tabac ainsi que les politiques particulièrement répressives à l'égard du trafic de drogue conduites par V. Poutine ont véritablement « marqué les corps » (Deleuze et Guattari, 1973) de la population russe en les utilisant comme « une surface d'écriture apte à recevoir le texte lisible de la loi » (Clastres, 1974). En vingt ans, les comportements des Russes ont changé et leur corps avec. La « génération Poutine », marquée au fer rouge du sport et de la salle de fitness, semble suivre également les préceptes de son président qui valorise l'effort national au détriment de l'esprit critique. Cette dynamique conduit à une forme d'« apolitisation » de la masse.

La portée de cette stratégie de *sport power* va donc au-delà de la symbolique positive et attractive du sport. C'est réellement l'avènement d'un nouveau mode de vie qui s'opère actuellement en Russie. C'est principalement pour cette raison que nous parlerons de *sport power* et non de *soft power* pour qualifier la stratégie sportive de Vladimir Poutine en Russie et à l'étranger : le *sport power* ou le pouvoir du sport qui s'inscrit sur les corps. Aujourd'hui, la *sportokratura* est donc imprimée et exprimée sur et par les corps de V. Poutine, de l'élite du pouvoir post-soviétique et de la société civile en Russie.

34 Foucault Michel *in* Brohm, 1975.

■ La diplomatie des corps selon V. Poutine

Cette sportivisation de la politique et des élites n'est pas uniquement circonscrite au territoire russe, elle s'étend également à l'espace post-soviétique et même mondial. En effet, Vladimir Poutine utilise ce qu'on pourrait appeler la « diplomatie des corps » en pratiquant un sport devant et derrière les caméras avec ses homologues de « l'étranger proche »[35].

En février 2019, il invite par exemple Alexandre Loukachenko, le président du Bélarus, à descendre les pistes de la station de ski de la « Gazprom Mountain Resort » et à s'entraîner au hockey sur glace dans l'arène Chaïba à Sotchi[36]. Pour l'occasion, les deux présidents jouent un match de gala dans la même équipe et l'emportent 16 buts à 1. Mais l'intérêt de cette rencontre est ailleurs. Dans un contexte tendu où la Russie cherche à étendre son influence politique au Bélarus, l'objectif de V. Poutine est autrement plus politique. Il souhaite se rapprocher personnellement de Loukachenko afin d'obtenir un accord favorable à la Russie. Néanmoins, en dépit des efforts du chef du Kremlin, Loukachenko refuse. Mais le chef du Kremlin est un animal à sang froid et il ne s'avoue pas vaincu. Plus tard, en février 2021, alors que le président bélarusse réprime sa population par les armes et dans le sang, Vladimir Poutine profite de sa faiblesse pour l'inviter à nouveau à Sotchi et réitérer sa demande dans le contexte d'une entrevue très cordiale : jean pour Poutine, survêtement de sport pour Loukachenko. Affaibli, ce dernier fait alors des concessions afin d'obtenir le soutien du président russe. Ensemble, ils décident d'accélérer le processus d'union entre les deux pays. Cette fois, le «grand frère russe» sort de l'entrevue gagnant. Pour fêter ça, les deux hommes dévalent alors les pistes de

35 À la chute de l'URSS, le pouvoir russe a défini « l'étranger proche » (*blijneie zroubieje*) comme étant les 14 ex-Républiques socialistes soviétiques, en faisant ainsi un objectif géopolitique privilégié dû à l'ancienneté de leurs relations économiques, sociales et culturelles.

36 « *Vladimir Putin and Alexander Lukashenko took part in an ice hockey game* », *Présidence de Russie*, 15 février 2019, en.kremlin.ru/events/president/news/59845.

ski de Sotchi dans une forme visiblement olympique sous le regard des caméras.

En réalité, ces démonstrations permettent au président russe de nouer des liens étroits avec les dirigeants de l'ex-URSS avec lesquels ils partagent une culture, une histoire et des enjeux communs. Ces « corps à corps » offrent également la possibilité d'ouvrir un dialogue quand les mots ne suffisent plus. Le sport est alors la continuité de la politique.

Cette stratégie fonctionne également à l'échelle mondiale. Vladimir Poutine jouit par exemple d'une grande popularité au Japon en raison de son amour pour le judo et de son image de sportif fort et viril[37]. Le président Shinzo Abe ne manque d'ailleurs pas une occasion de plaire à son homologue russe en l'invitant à des tournois de judo ou en le flattant[38]. En juillet 2000, Vladimir Poutine et Jacques Chirac brisent également la glace en partageant leur passion commune pour le sumo et les arts martiaux japonais lors du G8 à Nago au Japon. Cette rencontre marque profondément le président russe qui confie par la suite son admiration et son amitié pour son homologue français. Pour V. Poutine, le sport est donc un moyen respectable d'entamer, de continuer et/ou de réouvrir le dialogue sur des bases saines.

La nébuleuse de la *sportokratura* : structure, acteurs, déploiement et limites

Outre son caractère philosophique et corporel, la *sportokratura* dispose également d'une dimension systémique et systématique qui mobilise des milliers d'acteurs en Russie. À l'instar d'une pieuvre dont la tête serait le Kremlin et les tentacules les réseaux des

37 « Au Japon, on s'arrache les calendriers Poutine », *Courrier international,* 17 décembre 2018, www.courrierinternational.com/article/au-japon-sarrache-les-calendriers-poutine.

38 « Abe invite Poutine à un duel de judo au Japon mais… n'y participera pas ! », *Sputnik France*, 7 septembre 2017, fr.sputniknews.com/international/201709071032949247-poutine-judo-abe.

sportokraturistes, la *sportokratura* se diffuse à tous les niveaux de la société russe. Afin de pouvoir se déployer sur l'ensemble du territoire russe et – dans une moindre mesure – à l'étranger, elle est formée d'une structure politique verticale informelle composée d'hommes et de femmes plus ou moins proches du Kremlin. Ils sont oligarques, hommes et femmes politiques et athlètes de haut niveau. Ils ont pour point commun de partager les valeurs sportives et politiques prônées par le président russe. Ils sont disséminés aux postes politico-économico-sportifs stratégiques (fédérations sportives, ministères des Sports fédéraux et régionaux, clubs sportifs, etc.) et ont pour mission d'assurer le bon développement du sport, la diffusion de ses valeurs, l'hygiénisation de la population russe ou encore de faire rayonner la Russie à l'international par l'intermédiaire de victoires sportives ou de l'accueil d'événements sportifs de premier plan. Comment comprendre la structure, les acteurs, et la façon dont ces hommes et ces femmes se meuvent dans le cadre de la *sportokratura* ? Comme à l'époque de l'URSS, la kremlinologie[39] sera un outil indispensable à l'étude de ce système politico-économico-sportif globalisé.

39 À l'origine, selon le Larousse, « la kremlinologie est l'étude de la politique soviétique, et en particulier des luttes pour le pouvoir à l'intérieur des instances dirigeantes. » Dans notre contexte, nous réadaptons l'expression afin de l'utiliser pour étudier l'organisation et les rivalités de pouvoir qui existent au sein même du système Poutine et, plus précisément, de la *sportokratura*.

Le temps du renouveau sportif ?
L'ère de Vladimir Poutine (2000-2020)

Le premier cercle du président : la « garde prétorienne » du sport russe et de la *sportokratura*

Gravitant autour du noyau dur de la *sportokratura* symbolisé par le Kremlin, la « garde prétorienne » du sport représente le premier cercle nébuleux du président. Elle est composée d'hommes de confiance de V. Poutine. Ils sont amis d'enfance, partenaires de judo ou encore entraîneurs. Inconnus il y a vingt ans, ils sont devenus pour la plupart des personnalités politiques, économiques et sportives incontournables après avoir bénéficié des faveurs présidentielles.

La genèse de la *sportokratura* commence dans les années 1990. Alors à Dresde, Vladimir Poutine est affecté par le KGB à Léningrad où il commence à travailler pour le bureau du maire. L'Union soviétique s'effondre, Léningrad est rebaptisé Saint-Pétersbourg et le jeune Poutine retrouve quelques-uns de ses anciens camarades de judo du fameux groupe d'Anatoli Rakhlin, dont Vassili Chestakov et Arkadi Rotenberg.

Ensemble, ils s'entraînent alors plusieurs fois par semaine afin de rester en forme. Cet esprit de camaraderie est vital pour Vladimir Poutine qui déclarera quelques années plus tard dans *Première personne* : « j'ai beaucoup d'amis, mais seuls quelques-uns sont vraiment proches de moi. [...] Ils ne sont jamais partis. Ils ne m'ont jamais trahi et je ne les ai pas trahis non plus. » Cette fidélité est primordiale. Dans les années 1990, Arkadi Rotenberg cherche à faire des affaires. Avec V. Chestakov, ils décident de créer une coopérative destinée à organiser des compétitions sportives. Mais aucun d'eux n'a l'expérience nécessaire, la *perestroïka*, l'« économie de marché », la « gestion d'entreprise », autant d'expressions qui sont alors nouvelles et inconnues pour la plupart des anciens Soviétiques. La coopérative s'effondre rapidement. Face à cet échec, Boris Rotenberg, le cadet d'Arkadi, décide de partir en Finlande devenir entraîneur de judo. C'est l'illustration de « la fuite des cerveaux et des muscles » des années 1990. Mais Arkadi ne désespère pas et décide de rester. Au milieu des années 1990, Vladimir Poutine devient vice-maire de Saint-Pétersbourg. Chestakov et Rotenberg décident de lui proposer de créer un club de judo professionnel dans la ville. Enthousiaste, Poutine donne son accord et met quelques oligarques au parfum afin de trouver des fonds. Le négociant en pétrole Guennadi Timtchenko rentre dans la danse et finance le club Iavara-Neva. Arkadi Rotenberg en est nommé directeur général et le succès ne tarde pas. Deux ans plus tard, le club finit deuxième de la coupe d'Europe de judo. L'année qui suit, il remporte la victoire. Au total, le Iavara-Neva remporte pas moins de neuf coupes d'Europe et produit quatre champions olympiques. A. Rotenberg en est toujours le directeur général et le club a les faveurs des oligarques cherchant à se faire une place dans le cercle fermé des *sportokraturistes* proches de V. Poutine.

En décembre 1999, Boris Eltsine annonce que Vladimir Poutine sera son successeur. Les premiers signes de la *sportokratura* apparaissent alors[40]. Au début des années 2000, le Kremlin est en pleine restructuration. C'est officiel, sous V. Poutine, les oligarques seront mis au pas ou mis au ban. Le président russe travaille à créer un cadre démocratique néolibéral dont il aurait le contrôle. Consécutivement, le président russe conserve dans son entourage un petit groupe de personnes dont la composition a peu varié jusqu'à aujourd'hui. Parmi eux, on retrouve Vassili Chestakov et Arkadi Rotenberg. Mais aussi Boris Rotenberg, le frère de ce dernier, qui, sentant le vent tourner, est rentré en Russie deux ans auparavant. C'est « l'acte de naissance de la garde prétorienne » (Raviot, 2018).

Si cette « garde prétorienne » a une influence réelle sur la politique conduite par le président russe, l'inverse est également vrai. Le respect mutuel que se portent ces hommes contribue à la création d'une nouvelle élite du pouvoir post-soviétique en Russie où le clientélisme est accepté à condition qu'il ne contredise pas la politique du président et que celui-ci leur donne sa confiance. Ce clientélisme restreint fait émerger de nombreuses figures sportives proches du président. C'est l'avènement de ce que certains journalistes appellent alors la « judocracie ». Par exemple, dans la foulée de sa première élection, le président russe sort un ouvrage intitulé *Judo : histoire, théorie et pratique* qu'il a coécrit avec Vassili Chestakov, son ancien compagnon de tatami. Ce dernier entame alors une carrière politique bien remplie où il occupera des dizaines de postes prestigieux tels que président de la Fédération internationale de sambo, député Russie unie à la Douma ou encore directeur de la fondation Russie positive – un organe de *soft power* destiné à améliorer l'image de la Russie à l'étranger.

40 Le 8 mai 2000, le président fait venir en voiture officielle Anatoli Rakhlin, son premier entraîneur de judo, au Kremlin. « J'ai été son entraîneur pendant quinze ans », déclarera ce dernier quelques années plus tard, « sa mère est morte, son père est mort. Je suis un deuxième père. » Ce père de substitution fut l'un des mentors du président. À sa mort, en 2013, la mise en scène diffusée à la télévision du deuil de V. Poutine est restée gravée dans la mémoire des Russes. On le voyait marcher seul dans les rues de Moscou, la démarche rigide, la larme à l'œil et le visage grave.

Si, de prime abord, on pourrait penser à un épiphénomène, ce clientélisme restreint relié au sport prend peu à peu une nouvelle dimension. En 2000, V. Poutine décide de créer Rosspirtprom, une entreprise d'État qui contrôle 30 % du marché russe de la vodka. À sa tête, il nomme son ami Arkadi Rotenberg. Fort de cette nouvelle posture d'homme d'affaires, Arkadi fait appel à son frère Boris et, ensemble, ils décident de fonder SMP Bank en 2001. Proches des organes du pouvoir, les deux hommes disposent d'informations précieuses en matière de business qui leur permettent d'acquérir rapidement des parts dans des sociétés de construction, de gaz et de tuyaux sous-traitées par Gazprom, le bras armé de V. Poutine. Les frères construisent alors un véritable empire et deviennent deux des oligarques les plus puissants de Russie qui investissent régulièrement dans le sport russe. Aujourd'hui, chez les Rotenberg, toute la famille est devenue *sportokraturiste* (voir schéma page suivante). Si Arkadi et Boris Rotenberg cumulent les postes prestigieux dans les fédérations sportives, l'entreprise familiale s'élargie au fil des années. La femme de Boris Rotenberg, Karina, devient présidente de la Fédération équestre de la ville de Moscou. Leurs deux enfants, Roman et Boris, sont respectivement un jeune oligarque prometteur actif dans le sport russe et un footballeur professionnel évoluant au Lokomotiv Moscou. Enfin, le jeune Pavel Rotenberg, fils d'Arkadi, est un jeune hockeyeur professionnel. Aujourd'hui encore, la galaxie sportive de la famille Rotenberg ne cese de s'agrandir.

La galaxie sportive de la famille Rotenberg

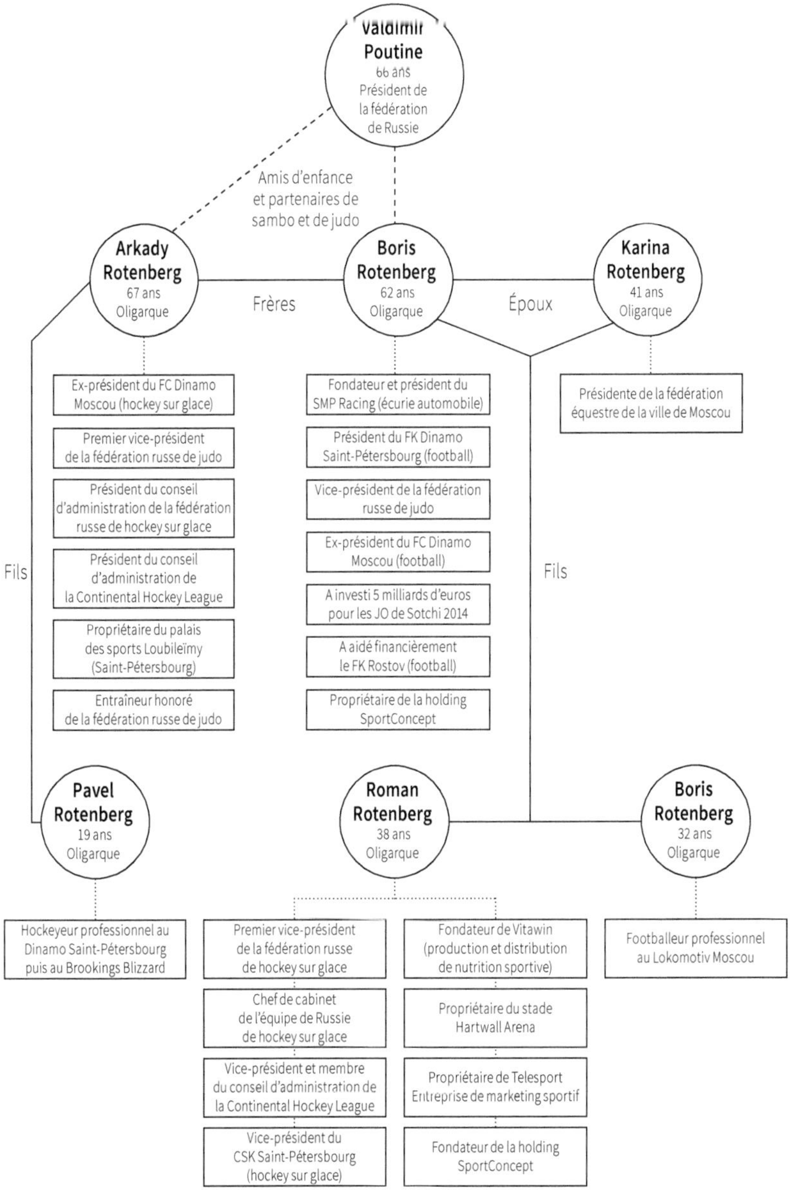

Dans ce premier cercle restreint, il faut également rajouter Guennadi Timtchenko (oligarque et partenaire de judo du président), Viktor Zolotov (partenaire de boxe et de judo du président, ancien chef de la sécurité du président, aujourd'hui chef de la Garde nationale russe et membre du Conseil de sécurité de la Russie) ou encore Igor Sidorkevich (double champion du monde de sambo, « maître de sport » en judo, président de la Fédération de judo de Saint-Pétersbourg et chef de la police militaire du ministère de la Défense). Tous sont des hommes de confiance de Poutine, membre de sa « garde prétorienne » et *sportokraturistes* respectés. Ils vont progressivement concourir à la mobilisation de la masse des oligarques, des sportifs et des politiques afin d'aider au redressement du pays et à la restauration de l'image de la Russie à l'étranger. En réalité, cette « judocratie » est la première forme de la *sportokratura*. Elle va rapidement muter afin de se diffuser à tous les niveaux de la société russe et notamment aux niveaux politique et économique.

■ La masse des élites au service du sport : l'exemple des fédérations sportives russes

Si la « garde prétorienne » du sport a peu évolué, le nombre de ses prétendants a considérablement augmenté. Il est de bon ton pour un oligarque d'investir dans tel ou tel événement sportif, de même qu'il est bien vu pour un sportif de s'engager en politique et de devenir le porte-drapeau d'un club ou d'une manifestation sportive, ou encore pour un homme politique de pratiquer le sport de manière intensive et de le montrer. Il est également vivement conseillé pour un homme politique d'engager des réformes locales pour construire des infrastructures sportives modernes. Pourtant, tous n'ont pas les faveurs du président mais cherchent à les obtenir. Ce sont donc ces prétendants au premier cercle qui constituent les éléments gravitationnels les plus nombreux, mais éloignés de cette nébuleuse qu'est la *sportokratura*. Concrètement, cela se traduit par la mainmise du pouvoir russe sur toutes les structures sportives du pays. Actuellement, les principales fédérations sportives sont sous la tutelle d'un homme ou d'une femme membre de Russie unie, le parti au pouvoir.

Qui contrôle les fédérations sportives de Russie ?[41]

Fédération sportive russe	Président(e) / vice-président(e) de la Fédération	Statut du (de la) président(e) / vice-président(e) de la Fédération	Affiliation politique du (de la) président(e) / vice-président(e) de la fédération	Proximité du (de la) président(e) / vice-président(e) avec Vladimir Poutine
Fédération de judo	Vasily Anisimov / Boris Rotenberg et Arkadi Rotenberg	Oligarque / Oligarques	Russie unie / Russie unie	Lointaine / Très proches
Fédération de boxe	Boris Ivanioujenkov	Homme politique	Russie unie	Lointaine
Fédération de hockey sur glace	Vladislav Tretiak / Roman Rotenberg	Ancien sportif / Oligarque	Russie unie / Russie unie	Proche / Très proche
Fédération de tennis	Chamil Tarpichtchev / Andreï Bokarev	Ancien sportif / Oligarque	Russie unie / Russie unie	Proche / Proche
Fédération de football	Alexander Dioukov / Sergueï Priadkin et Nikita Simonian	Oligarque / Oligarque et ancien sportif	Russie unie / Russie unie	Proche / Proches
Fédération de lutte	Mikhaïl Mamiashvili / Omar Murtuzaliev	Ancien sportif / Oligarque	Russie unie / Russie unie	Lointaine / Lointaine
Fédération de handball	Sergei Chichkarev / Igor Stepanov	Homme politique et oligarque / Homme politique	Russie unie / Russie unie	Lointaine / Lointaine
Fédération des échecs	Andreï Filatov / Anatoli Karpov	Oligarque / Ancien sportif	Russie unie / Russie unie	Lointaine / Proche
Fédération de basketball	Andreï Kirilenko	Ancien sportif	Non communiquée	Lointaine
Fédération d'athlétisme	Dmitri Chliakhtin	Homme politique	Russie unie	Lointaine
Fédération de ski	Elena Vialbe	Ancienne sportive	Russie unie	Lointaine
Fédération de patinage artistique	Aleksandr Gorchkov	Ancien sportif	Non communiquée	Lointaine

41 Sources : sites Internet officiels des fédérations sportives.

On le voit, l'importance populaire et symbolique d'une fédération sportive en Russie se mesure à la proximité de son ou ses dirigeant(s) avec V. Poutine (et vice-versa). Ainsi, les Fédérations de football (dirigée par Vitali Moutko puis Alexander Dioukov, Sergueï Priadkin et Nikita Simonian), de hockey sur glace (dirigée par Vladislav Tretiak et Roman Rotenberg), de tennis (dirigée par Chamil Tarpichtchev) et de judo (dirigée par Boris Rotenberg et Arkadi Rotenberg) sont les organes de contrôle des sports les plus populaires de Russie et ils sont tous tenus par des membres de la « garde prétorienne » de la *sportokratura*. Néanmoins, ces personnalités ne sont pas pour autant totalement « parachutées ». Elles éprouvent la plupart du temps une réelle passion pour le sport en question, quand elles ne le pratiquent pas régulièrement. Il est primordial pour V. Poutine que les membres de la *sportokratura* soient le produit physique et spirituel de celle-ci. Dans cette logique, les dirigeants de fédérations sportives sont souvent des sportifs eux-mêmes – anciens professionnels, « maîtres de sport » ou simplement amateurs. Pour le pouvoir central, l'objectif est avant tout de garder les fédérations les plus importantes sous son contrôle. Pour les membres de la *sportokratura*, l'enjeu est d'abord symbolique car la fonction de président est prestigieuse.

Bien entendu, le degré de pouvoir varie en fonction du poste occupé, de la fédération en question et du degré d'éclat qu'elle suppose. Plus le sport est populaire, plus la fédération sportive est prisée. Dans les faits, la grande majorité des fédérations sportives est peu connue du grand public, elle est donc gérée par des personnalités dont la proximité avec le pouvoir central reste minime. Ces personnalités émergent souvent après avoir fait leurs classes à l'échelle régionale. Leur nouveau poste de président de fédération est alors un bon moyen d'exister aux yeux du pouvoir et ainsi de gravir les échelons politiques. C'est pour cette raison que les postes clés des fédérations sportives mineures sont souvent occupés par des personnalités populaires et compétentes à l'échelle régionale. Pour le Kremlin, cette répartition hiérarchique des pouvoirs permet de « tester » la fidélité et les compétences de ces nouvelles figures montantes.

Aujourd'hui, la fonction de président d'une fédération sportive en Russie ressemble à s'y méprendre à celle du « général de mariage »[42] sous l'Union soviétique. À l'époque, les cosmonautes à la retraite ou les anciens combattants avaient pour rôle de représenter la société, de l'incarner et de la financer. Aujourd'hui, ce rôle est donc dévolu la plupart du temps à une personnalité bien connue et respectée de l'audience que ces fédérations attirent. Dès lors, la fonction de président est d'assurer le bon fonctionnement de la fédération en engageant, entre autres, de grosses sommes d'argent ou en faisant jouer ses relations personnelles afin d'en engager. Pour les oligarques, l'enjeu est multiple. Il s'agit parfois d'un loisir, d'un hommage, de soigner leur image ou encore et surtout d'une manière de prêter allégeance au pouvoir en place, et ainsi d'avoir l'assurance de ne pas être inquiété judiciairement par la suite. En somme, être « général de mariage » dans le monde du sport en Russie aujourd'hui est une forme de garantie pour la pérennité de ses propres affaires.

Les principaux acteurs de la *sportokratura*

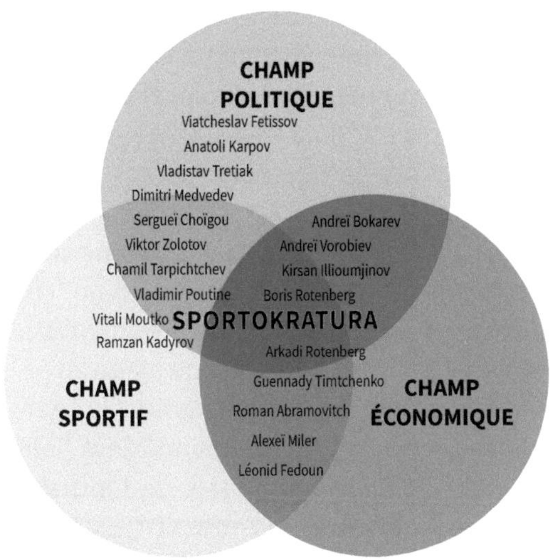

42 Le « général de mariage » (en russe : *svadebnogo generala*) est invité à diriger une société en tant que personne riche, remarquable et importante.

Les oligarques russes et leurs investissements massifs dans le sport

Au-delà des fédérations sportives, on assiste depuis une vingtaine d'années à une multiplication des investissements dans le sport de la part des oligarques les plus riches de Russie.

Les oligarques, on l'a vu, apparaissent en Russie dans les années 1990. Captant une grande partie des capitaux au moment de la privatisation, ils disposent, sous Boris Eltsine, d'un grand pouvoir économique et politique à tel point qu'ils sont parfois assimilés à une mafia para-étatique. Petit groupe de personnes à la tête des plus grandes entreprises russes, il pèse régulièrement sur les grandes décisions politiques du pays. Cette mainmise sur les capitaux devient un enjeu majeur pour B. Eltsine qui peine à se faire respecter. Mécontente, la population russe y voit une marque de faiblesse de l'État central. Au fait de cela, Vladimir Poutine décide de restaurer la « verticale du pouvoir » et d'instaurer la « dictature de la loi » dès le début des années 2000. L'idée est simple : dépolitiser et mettre au pas les oligarques sous peine d'exclusion du jeu économique par voie judiciaire.

Dans ce contexte, en 2002, V. Poutine érige le sport au rang de cause nationale et, deux ans plus tard, lance un appel aux plus grandes fortunes du pays afin qu'elles participent à l'effort commun pour reconstruire le monde du sport russe. Très suivi, cet appel engendre une véritable course aux clubs et aux investissements sportifs en Russie dans les années 2000. Durant cette période, de nombreux oligarques cherchent à posséder un club sportif de premier plan, à construire des infrastructures sportives ou encore à financer des athlètes professionnels afin de plaire au président russe. À ce jeu, Roman Abramovitch est probablement l'oligarque le plus en vue dans les années 2000. Suite à la demande de V. Poutine, l'homme d'affaire russe crée l'Académie nationale de football en 2004, une fondation destinée à redresser le football russe. En dix ans, elle permet de construire plus de 140 terrains de football à travers la Russie pour 1,1 milliard de roubles, d'assister gratuitement l'équipe nationale russe ou encore d'organiser et de soutenir des compétitions sportives. L'ensemble est supervisé par Sergueï Kapkov, membre de la Douma d'État de l'Assemblée fédérale de la Fédération de Russie du parti… Russie unie[43].

Le cas de Roman Abramovitch est loin d'être isolé. Sur les 90 milliardaires que compte la Russie en 2018, 51 investissent massivement dans le sport russe. Aujourd'hui, il est fréquent qu'un oligarque possède un ou plusieurs clubs de sport dont il est le principal mécène. Quelques exemples pêle-mêle :

- Roman Abramovitch, le président de Sibneft (pétrole), est le propriétaire du club anglais de football de Chelsea FC et du club de hockey sur glace de l'Avangard d'Omsk ;
- Léonid Fedoun, le vice-président de Lukoil (premier producteur de pétrole de Russie), est à la tête du club de football du FK Spartak Moscou ;
- Sergueï Galitski, propriétaire de la chaîne de supermarchés Magnit, possède le club de football du FK Krasnodar.

Dans ce contexte, une grande partie des clubs de football de la première ligue russe est financée par des oligarques locaux *via* leur entreprise souvent gazière ou pétrolière. Pour un oligarque, le fait de posséder un club de sport majeur offre plusieurs avantages. En montrant patte blanche au Kremlin, le fortuné est recompensé car il participe de la reconstruction de la nation, encourage la population à pratiquer un sport et redore le blason de la Russie. Le milieu sportif lui permet alors d'améliorer sa propre image ainsi que celle de son entreprise, de sa ville, de sa région, et même du pays. C'est le *sport washing*, soit la capacité de masquer une activité illégale ou d'en détourner l'attention grâce à l'image positive générée par le sport. À Grozny, par exemple, les oligarques locaux se servent massivement du sport afin d'améliorer l'image négative de la région générée par les deux guerres de Tchétchénie, la corruption ou encore les violations répétées des droits de l'Homme.

43 « À propos du projet National Football Academy », site de l'académie nationale de football, www.footballacademy.ru/missiya-nacionalnoy-akademii-futbola.html.

■ Le sport : un outil pour « accéder au corps » du président

De plus, lorsque l'effort est considérable, l'oligarque est considéré. Et récompensé. L'enjeu est alors symbolique. Il s'agit d'avoir « accès au corps » du président russe. Fin mars 2014, lors d'une cérémonie censée rester secrète, V. Poutine rencontre et récompense personnellement les oligarques ayant contribué à la préparation des Jeux de Sotchi[44]. Vladimir Potanine, Sergueï Batchine, Alexeï Miller, ou encore Oleg Tinkov, entre autres, sont les « heureux » élus. Ils justifient alors leur allégeance au pouvoir.

Les oligarques récompensés par Poutine lors de la cérémonie secrète de mars 2014 pour leur participation financière aux JO de Sotchi[45]

Oligarques	Entreprise/Secteur	Participation à l'événement Sotchi 2014
Vladimir Potanine	Propriétaire d'Interros	Ont financé la station de ski de Krasnaïa Poliana, le village olympique et l'Université internationale olympique (RIOU) (Dépenses estimées : 2,6 milliards de dollars)
Sergueï Batchine	Directeur général de la station de ski Rosa Khutor (structure Interros)	
German Gref	Président de Sberbank	Ont financé les tremplins de saut à ski (Dépenses estimées : 1,8 milliard de dollars)
Stanislav Kouznetsov	Vice-président de Sberbank	
Alexeï Miller	Président de Gazprom	Ont pris en charge la construction de la centrale thermique d'Adler, le gazoduc Dzhubga-Lazarevskoye-Sotchi, le complexe de ski et de biathlon avec les deux routes d'accès, le village olympique de montagne et le centre touristique de montagne (Dépenses estimées : 594 millions de dollars)
Vladimir Makarenko	Directeur général adjoint de Gazprom Socinvest	

44 « JO de Sotchi : Poutine décore des oligarques et des PDG en secret », *Russia Beyond the Headlines*, 3 juin 2014.
45 Sources : médias russes.

Vladimir Iakounine	Président des chemins de fer russes	Ont pris en charge la construction de nombreuses routes et voies ferrées, de stations et de terminaux, le lancement de la communication intermodale entre l'aéroport de Sotchi et Sotchi, la mise en service du train à grande vitesse « Lastochka »46 (Dépenses estimées : 2,6 milliards de dollars)
Oleg Toni	Vice-président des chemins de fer russes	
Viktor Vekselberg	Président du Conseil d'administration de Renova	Dépenses estimées : 438 millions de dollars
Veniamin Goloubitski	Président de Basic Element	Dépenses estimées : 1 milliard de dollars
Oleg Deripaska	Propriétaire de Basic Element et président de la société RUSAL (aluminium)	A fait construire plusieurs installations olympiques pour les JO d'hiver de Sotchi 2014 : le village olympique côtier, le port maritime de Imeretisnky, l'avenue Kurortny de Sotchi, et a fait rénover l'aéroport international de Sotchi. (Dépenses estimées : 1,4 milliard de dollars)
Andreï Bokarev	Co-propriétaire de Ural Metallurgical Company (UMMC), président de la société Transmashholding (TMH), principal fabricant russe de matériel ferroviaire	A participé au financement de la construction d'une grande partie de l'infrastructure des JO de Sotchi par le biais de sa société Transmashholding. 100 millions de dollars ont ainsi été depensés pour construire l'arène de glace Chaïba.

Mais ces récompenses ne sont pas toujours discrètes. Elles apparaissent parfois au grand jour lors de manifestations sportives ponctuelles et symboliques organisées par le pouvoir. La plus connue est probablement la Ligue de hockey de nuit (NHL) créée par Vladimir Poutine en 2011. Ce championnat amateur de hockey sur glace a notamment pour objectif de réunir annuellement à

46 « Sotchi 2014 », *site de Russian Railways*, eng.rzd.ru/en/9583?redirected.

Sotchi l'élite du pouvoir russe proche du président lors d'un match de gala spécial. Durant ces performances, les principales chaînes de télévision d'État du pays ne manquent pas de relater les performances de Poutine qui a déjà marqué plus de 30 buts en six participations depuis 2014. Mais l'important n'est pas là. Cette manifestation régulière destinée à encourager et hygiéniser la population russe est l'occasion de pouvoir observer l'élite du pouvoir de la *sportokratura* et son évolution : Sergueï Choïgou, Pavel Boure, Viatcheslav Fetissov, Andreï Vorobiev, Guennadi Timchenko, Roman et Arkadi Rotenberg… Tous les membres de la garde prétorienne du président sont présents, année après année. Pourtant, si le haut du panier de la *sportokratura* patine avec une grâce toute relative sur la glace de Sotchi, l'intérêt est ailleurs. Sur le banc des remplaçants, une cinquantaine de personnalités interchangeables fortement impliquées dans le sport russe font annuellement le déplacement. Bien souvent méconnus du grand public, ces gouverneurs, petits oligarques ou encore sportifs venant des « régions » sont invités en récompense de leurs efforts, leurs investissements et leurs succès politiques, économiques ou sportifs récents. Depuis une dizaine d'années, ces séquences récurrentes permettent au président de se mettre en valeur tout montrant la solidité, la plasticité et le caractère pérenne du système. En outre, elles révèlent qui sont les personnages clés du système sportif russe, ses étoiles montantes et ses étoiles filantes. L'étude de leur organigramme au fil des années permet de rendre compte de l'évolution de la *sportokratura* en Russie, notamment au niveau régional

La *sportokratura* à l'échelle régionale : entre « technocratisation » et sportivisation de l'élite du pouvoir

Lorsque Vladimir Poutine revient au pouvoir en 2012, un changement en profondeur commence à s'opérer au sein de l'élite du pouvoir en Russie. Les *siloviki* historiques (Vernon, 2005)[47] de type « militocratique » (Krychtanovskaia, 2004)[48] et patriotique reculent au profit de nouveaux technocrates et managers modernes - souvent apolitiques ou dépolitisés - issus de la société civile qui n'ont plus aucun lien avec les institutions militaires soviétiques : les *civiliki* (Raviot, 2018)[49]. Un basculement s'opère : la «génération de Poutine» - le président est né en 1957 - laisse peu à peu sa place à la «génération Poutine». Principalement constituée de personnes nées à partir des année 1980, cette dernière s'est construite politiquement avec l'omniprésence en filigrane de la figure du président russe présentée comme la seule alternative valable. Dans ce contexte, la *sportokratura* évolue

47 L'expression « *siloviki* historiques », pour paraphraser Jean-Robert Raviot (Raviot, 2018), désigne, selon la définition donnée par Barbara Vernon, « les membres fort nombreux - environ 2,5 millions d'hommes, selon les estimations - des ministères, agences et services (soit environ une vingtaine), dont les fonctions concernent les activités de défense, sécurité, police, renseignement, contrôle, douane, fisc, justice. [...] Le terme *siloviki* est construit sur la racine *sila* qui signifie «force», «puissance». Il trouve son origine dans le langage particulier aux représentants des «structures de force» (*silovye strouktoury*). » *in* Vernon, 2005.

48 L'identité « militocratique », forgée par la sociologue russe Olga Krychtanovskaïa et citée par Jean-Robert Raviot, désigne des membres du noyau dur de la garde rapprochée du Kremlin au profil militaire souvent issu des ministères dit « de force » (ministère de la Défense, ministère des Affaires étrangères). En 2005, un représentant sur quatre de l'élite était un militaire en Russie. À ce sujet, lire : Krychtanovskaia Olga, *Anatomiâ rossiïskoj èlity* [« Anatomie des élites russes »], Moscou, Zakharov, 2004.

49 Les *civiliki* sont principalement des « cadres dirigeants de l'administration fédérale, des grands groupes industriels ou financiers et/ou les professions juridiques ou du conseil - ils circulent souvent entre ces trois pôles au cours de leur carrière - qui supplantent les *siloviki* et les *syrieviki* (cadres supérieurs des grands groupes énergétiques et miniers, souvent d'anciens *siloviki*, d'ailleurs) au sein de l'élite du pouvoir », selon la définition de Jean-Robert Raviot *in* Raviot, 2018.

également. Alors que, dans les années 2000, elle était principalement constituée de judokas proches du président, elle mute dans les années 2010 pour s'adapter aux nouveaux enjeux contemporains. Elle se diffuse alors à tous les niveaux de la société. D'un point de vue politique, cette mutation s'observe à plusieurs niveaux.

En 2012, les élections des gouverneurs régionaux sont officiellement à nouveau autorisées. Pourtant, la loi du 2 avril 2013 promulguée par V. Poutine autorise le président à les nommer lorsqu'ils ne sont pas élus au suffrage direct. En d'autres termes, cette mesure permet au Kremlin de conserver le contrôle sur les régions les plus instables et les plus éloignées. Désormais adoubés par le Kremlin, les gouverneurs offre donc un prisme d'analyse pertinent pour comprendre les mutations de l'élite du pouvoir à l'aune du poutinisme.

Depuis 2000, leur profil évolue sensiblement. Le président russe suit la voie du « renouvellement par rotation du corps des gouverneurs ». Si l'âge moyen d'un gouverneur était de 55,2 ans en 2013, il est de 46,4 ans en 2020. Cette baisse conséquente - 9 ans de moins - montre que les anciens *siloviki* cèdent peu à peu leur place aux jeunes technocrates de type *civiliki*. Surnommés par Dmitri Peskov, le porte parole du Kremlin, les « jeunes spécialistes de grande envergure », ils sont constitués d'une silhouette davantage sportive et longiligne que leurs prédécesseurs. Ils représentent la nouvelle génération d'hommes politiques propulsés par le président. Un changement de génération révélateur d'une mutation du système politique russe et de la *sportokratura*. Le 20 mars 2019, le chef du Kremlin nomme par exemple Batou Khasikov gouverneur à la tête de la République de Kalmoukie en Russie. Ce jeune homme politique, né en 1980, est surtout connu pour avoir été plusieurs fois champion d'Europe et du monde de kick-boxing. Aujourd'hui, son visage apparaît un peu partout dans les rues d'Elista, la capitale kalmouke. Il ne cesse de valoriser les bienfaits du sport auprès de la population locale.

Le cas de B. Khasikov est loin d'être isolé. En 2020, parmi les 85 gouverneurs que comptent le pays, 62 sont membres de Russie unie. Sur ces 62, 40 déclarent régulièrement dans les médias faire de l'exercice physique et n'hésitent pas à se mettre en scène en train de pratiquer un sport. Enfin, au total, 56 gouverneurs cherchent à obtenir les faveurs de leur population grâce à des mises en scène directement inspirées du président Poutine.

En 2000, le président russe disait vouloir rendre le sport « tendance », « à la mode ». Deux décennies plus tard, son souhait a été exaucé. Mais, plus qu'un souhait, c'est une prophétie auto-réalisatrice. Avatars de Vladimir Poutine, les homme politiques ont désormais pour mission de « territorialiser », « déterritorialiser » puis « reterritorialiser » (Deleuze et Guattari, 1973) les corps des citoyens avec celui du président. Ce faisant, ils le projettent alors à plusieurs endroits à la fois et lui permettent d'exercer une influence symbolique à l'échelle régionale. Grâce à ses avatars, le chef du Kremlin dispose désormais du don d'ubiquité.

Les athlètes de haut niveau : les étendards de la *sportokratura*

Mais les politiques et les oligarques ne sont pas les seuls acteurs de la *sportokratura*. Qu'ils soient en activité ou à la retraite, les sportifs de haut niveau à l'ère de Vladimir Poutine sont au centre du jeu politique. Troisième anneau nébuleux de la *sportokratura*, ils constituent la manne populaire voire populiste du pouvoir russe. Grâce à leur aura souvent positive, ils permettent à Russie unie d'apparaître plus proche du peuple et de diffuser sa politique dans toute la Russie. Bien souvent, ces athlètes n'ont guère le choix. Le système politico-économico-sportif mis en place par Vladimir Poutine participe de la construction d'un patriotisme d'État dont les athlètes sont – à l'instar des politiques – ses avatars. En d'autres termes, un athlète qui se présenterait officiellement contre Vladimir Poutine dans les médias par exemple serait perçu comme un traître à la nation et risquerait potentiellement de voir sa carrière se terminer, d'être emprisonné, ou pire. C'est pour cette raison que, si la plupart des athlètes russes sont apolitiques à défaut d'être contre le pouvoir, les plus grands athlètes de Russie deviennent peu à peu des athlètes d'État, politisés et pleinement intégrés à la *sportokratura*. Ils se mettent en scène avec le président, appellent à voter pour lui, vantent ses qualités sportives, montent au créneau afin de le défendre. Pour ces sportifs, le fait de se soumettre au Kremlin fait office d'ascenseur politique. Pêle-mêle, le boxeur Nikolaï Valouev est élu en 2011 député à la Douma d'État sous la bannière Russie unie. En 2001, « l'ours russe », Alexandre Karéline, légende de la lutte gréco-romaine, rejoint le Conseil suprême de Russie unie et devient député à la Douma pendant près de vingt ans. La perchiste Elena Isinbaïeva devient la présidente du Conseil de surveillance de l'Agence anti-dopage russe RUSADA.

Vladimir Poutine et Dmitri Medvedev surplombés par le « géant » et ancien lutteur Nikolaï Valouev, membre de la Douma d'État

Pour Vladimir Poutine, la *sportokratura* est également une affaire de famille. Sa propre fille cadette Ekaterina Tikhonova – du nom de sa grand-mère maternelle pour garder l'anonymat – est membre de l'équipe nationale russe de Rock and roll acrobatique et championne de Russie en 2016. Anecdotique ? Pas tout à fait. Influente, la jeune athlète de haut niveau fait rapidement fortune dans les nouvelles technologies dans les années 2010, passant ainsi du statut de sportive à celui d'oligarque. Un parcours de *sportokraturiste*, en somme. Enfin, l'ancienne gymnaste Alina Kabaeva, qui fut elle aussi députée à la Douma d'État de 2007 à 2014, demeure à ce jour le plus grand secret de Polichinelle de la Russie, des rumeurs plus qu'insistantes la présentant comme la compagne cachée du président russe dont on ne peut parler.

Pour Vladimir Poutine, ces « athlètes d'État » servent à la fois de porte-voix pour prêcher la bonne parole politique et de boucliers destinés à défendre le pouvoir lorsque celui-ci est attaqué. En 2017, la *Putin Team* est créée à l'initiative du hockeyeur russe Alexandre Ovechkine – un proche de V. Poutine et membre de la *sportokratura* – afin de soutenir le président russe. Ce mouvement social, officiellement « apolitique », selon les termes d'Ovechkine lui-même, réunit en quelques semaines des dizaines de personnalités sportives russes proches du pouvoir, parmi lesquelles la perchiste Elena Isinbaïeva, le grand maître d'échecs Sergueï Karjakin, le volleyeur Sergueï Tetioukhin, les hockeyeurs Ilia Kovaltchouk et Pavel Bure, le patineur Evgueni Plouchenko, le skieur Alexandre Legkov, les biathlètes Anton Chipulin et Ivan Tcheresov, ou encore le lutteur Alexandre Karéline[50]. Peu à peu, la *Putin Team* montre sa réelle utilité. Le journal russe *Vedomosti* révèle que la société de relations publiques IMA-Consulting soutenue par le Kremlin est à l'origine de sa création afin de soutenir la campagne présidentielle de Vladimir Poutine en 2018. La firme aurait été financée à la hauteur de 600 000 dollars pour arriver à ses fins. Peu après ces révélations, le joueur de LNH, Evegueni Malkin, déclare que la *team* souhaite, en effet, que Poutine sache qu'il est soutenu en Russie. Aujourd'hui encore, le site Internet de l'organisation est actif et recrute régulièrement des nouvelles

50 Voir le site officiel de la *Putin Team* : https://putinteam.ru/.

personnalités sportives afin officiellement de « soutenir Poutine », « d'agir plutôt que de parler », de « respecter leur pays » et, enfin, de « faire respecter la Russie dans le monde ».

La religion orthodoxe et la *sportokratura* : entre ciel et sport

Le patriarche Kirill, plus haute autorité de l'Église orthodoxe en Russie, promouvant le hockey sur glace auprès de la jeunesse

Plus surprenant, la *sportokratura* est également religieuse. Elle compte en son sein de nombreux acteurs venus de l'Église orthodoxe. Depuis le virage conservateur opéré en 2012, la religion est plus que jamais l'un des piliers du régime poutinien. Pas plus tard qu'en juillet 2020, V. Poutine fait même inscrire la mention « Dieu » dans la constitution laïque (!) russe afin de célébrer « l'histoire millénaire » et la « mémoire des ancêtres » du pays. En outre, depuis la chute de l'URSS, la Russie est redevenue religieuse et 87 % de la population s'y déclarent croyants. Dans ce contexte, le président russe y voit une opportunité. Il décide, dans un double-mouvement de « sportivisation de la religion » et de « théocratisation du sport », d'incorporer la religion orthodoxe à la *sportokratura* pour faire d'une pierre deux coups : diffuser le sport à tous les niveaux de la société tout en véhiculant les valeurs traditionnelles et patriotiques de l'État.

En 2009, le patriarche Kirill est élu à la tête de l'Église orthodoxe russe. Très proche du président, il est de notoriété publique que Kirill de Moscou est avant tout un grand défenseur des valeurs traditionnelles de la Russie face au monde occidental jugé décadent. Pourtant, il est également un fervent passionné de sport, particulièrement de bandy, le hockey sur gazon gelé. Très vite, il déclare « faire de la culture physique tous les jours » et avoir pour ambition « d'évangéliser le sport ». Selon lui, « le sport est un moyen d'élever à la fois la culture physique et spirituelle d'une personne. En tant que moyen d'améliorer la personnalité humaine, le sport doit être un instrument de l'Église dans son travail avec les âmes humaines. » Fort de sa passion, il écrit notamment en 2012 un ouvrage intitulé *De la bataille éternelle* sur l'art du judo et du sambo dans lequel il raconte l'histoire du premier Russe devenu maître de judo : Vassili Oshchepkov. En peu de temps, le patriarche Kirill devient la première figure religieuse sportive de Russie… et l'arbre qui cache la forêt.

En décembre 2009, l'Église et la Fédération russe de bandy (FKhMR) nouent un accord de coopération dans la salle rouge de la Cathédrale du Christ-Sauveur de Moscou. Officiellement, le patriarche Kirill est tombé amoureux du bandy après le siège de Léningrad et c'est pour cette raison qu'il est passé sous son patronage. Il déclare notamment que « c'est le genre de sport dans lequel les Russes sont en avance sur les autres. Je soutiens le hockey russe, car c'est notre sport national. » Dès lors, l'Église développe tout un arsenal de moyens afin de colorer la religion de sport et *vice-versa*. L'objectif ? Toucher en priorité la jeunesse russe, participer à l'édification de la nation et du patriotisme, et diffuser la religion orthodoxe en Russie par l'intermédiaire du sport. Signe de l'importance de cette stratégie pour le pouvoir, Nikolaï Valouev, le célèbre boxeur membre important de la *sportokratura*, est nommé directeur général de l'équipe nationale russe de bandy en 2011. Ce sport prend alors une nouvelle dimension à la fois d'un point de vue politique et religieux. Pêle-mêle, la Coupe du patriarche se tient désormais annuellement sur la Place rouge en présence de dizaines d'équipes et de centaines d'enfants. Le Conseil mondial du peuple russe (VRNS) n'hésite pas à organiser en décembre 2016 le festival des sports nationaux au pied de la Cathédrale Saint-Basile-Le-Bienheureux de Moscou. Selon son directeur adjoint, Oleg Kostin, le sport « joue un grand rôle dans l'identité russe. [...] À travers le sport, nous voulons montrer l'unité de notre histoire. Le bandy n'est pas seulement traditionnel pour la Russie et l'URSS, il n'a pas d'équivalent en termes de couverture territoriale. Il se joue de Khabarovsk à Arkhangelsk, il relie les régions les plus reculées de Russie. Même le hockey sur glace n'a pas le même potentiel pour atteindre les régions. » Pour couronner le tout, la Fédération russe de bandy accepte depuis 2017 de diffuser les matchs de son championnat sur la chaîne de télévision religieuse Spas. Dès lors, ce « canal orthodoxe », selon les termes du site officiel de la chaîne, dont l'objectif est de prêcher « la sincérité, la simplicité et la vérité », fait du sport l'un des outils de sa communication.

Forte de ce succès, l'Église orthodoxe décide de passer à la vitesse supérieure et de diffuser la religion à l'ensemble du champ sportif par l'intermédiaire des membres du clergé et de la *sportokratura*. En 2015, la Commission patriarcale sur la culture physique et les sports est créée par l'Église orthodoxe russe comme l'équivalent religieux du ministère des Sports russe. Lors de son inauguration, le patriarche Kirill milite alors officiellement pour un syncrétisme inédit. Selon lui, « la feuille sur laquelle est écrite l'histoire des relations contemporaines entre l'Église orthodoxe russe et le sport reste largement vide » et « l'évangélisation du sport est une tâche pastorale, c'est pourquoi l'Église est appelée à l'accomplir par le Christ lui-même. » Il déclare alors officiellement que « le manque de soin du corps conduit à des maux et, dans certaines circonstances, à la mort. Par conséquent, l'Église considère la négligence consciente de la santé physique, et extrême, qui peut conduire à la mort d'une personne, comme l'une des formes de suicide. » Et donc la promesse d'aller en enfer.

Dans ce contexte, la Commission se fixe alors cinq objectifs principaux :

- forger les positions de l'Église orthodoxe russe sur les questions d'actualité dans le domaine de la promotion d'un mode de vie sain et du développement de l'éducation physique et du sport ;
- diffuser les valeurs morales et patriotiques traditionnelles au sein de la communauté sportive russe (athlètes, entraîneurs, supporters, jeunes) ;
- étudier les enjeux de la culture physique et du sport du point de vue de l'ascèse orthodoxe et de la morale et former le clergé pour travailler avec la communauté sportive ;
- faire de la coordination des activités sportives et culturelles de l'Église aux niveaux diocésain, doyenné et paroissial une forme importante de la mission de l'Église, en particulier auprès des enfants, des adolescents et des jeunes ;
- soutenir les manifestations sportives visant à renforcer les contacts interethniques et religieux.

Pour arriver à ses fins, l'Église orthodoxe fait appel à de célèbres figures du sport en Russie. Si les présidents de la Commission sont tous des prêtres, ses membres officiels sont pour la plupart issus de la *sportokratura*. On retrouve ainsi Les anciens sportifs devenus députés à la Douma d'État Nikolaï Valouev, Svetlana Jourova et Vladislav Tretiak, les champions olympiques Elena Isinbaieva, Evgueni Plouchenko, Alexandre Karelin, Alexeï Nemov et Alexandre Popov, le champion d'Europe de boxe Vladimir Nosov, le champion du monde de kick-boxing Alexandre Volkov, le célèbre combattant de MMA Fedor Emelianenko ou encore le légendaire joueur d'échecs Anatoli Karpov[51]. Proches de Vladimir Poutine, ces athlètes d'État sont mobilisés par le pouvoir afin de promouvoir le sport dans la sphère

51 Voir le site Internet officiel de la Commission patriarcale sur la culture physique et les sports : https://www.rpcsport.ru/.

religieuse et la religion dans la sphère sportive. Parmi ses principaux travaux, la Commission organise désormais de nombreuses compétitions sportives à vocation religieuse tels des tournois de hockey, des festivals d'arts martiaux, des marathons ou encore des tournois d'échecs. Systématiquement, l'Église orthodoxe y fait la promotion de ses valeurs morales, traditionnelles et religieuses.

Afin d'être encore plus efficace, l'Église se dote de quelques prêtres sportifs de haut niveau dont l'aura positive est censée leur permettre de prêcher plus efficacement la parole religieuse tout en modernisant l'image de leur institution. Par exemple, l'abbé Nikon du monastère Saint-Nicolas de Saratov est « maître de sport » en judo, le prêtre Sergueï Poperechni de l'église du Saint Prophète Élie est double champion du monde de lutte gréco-romaine, ou encore le prêtre Vassili Lyakh est à la tête d'une équipe professionnelle de parkour. Cette sportivisation de la religion est un signe de la porosité croissante des milieux sportif et religieux en Russie sous V. Poutine.

Andreï Alekseev, le prêtre officiel de l'équipe olympique russe, en train de faire un selfie avec des athlètes

Il décrit lui-même son rôle comme celui « d'un médecin ou d'un psychologue » dont la proximité avec les athlètes doit participer à la bonne préparation mentale et spirituelle de l'équipe. Sportif amateur, il « joue au football toutes les semaines » et peut « spéculer sur divers sujets théologiques lors d'un duel amical au tennis de table, au badminton ou encore aux dames ». En outre, il est également le directeur du complexe sportif Voskhod dans le nord de Boutovo, en banlieue de Moscou. Régulières, ses prises de parole dans les médias russes et internationaux concernent avant tout le sport et la religion, mais parfois celles-ci prennent une tournure un peu plus politique. En août 2016, alors que l'équipe paralympique russe vient d'être exclue des JO de Rio par le Tribunal arbitral du sport (TAS), il déclare que cette décision est « un crime contre la morale » commis par des « personnes faibles ». En 2019, suite aux JO d'hiver de PyeongChang, il publie un ouvrage, intitulé *Le Journal du père spirituel de l'équipe olympique*, dans lequel il décrit les « miracles ordinaires » du sport russe et « l'exploit chrétien » que représente le sport de haut niveau dans un contexte religieux.

Enfin, ce double mouvement de « sportivisation de la religion » et de « théocratisation du sport » atteint son paroxysme en juin 2020 lorsque la Douma d'État autorise la construction de « l'église de la Victoire » dédiée à l'équipe nationale olympique russe à Boutovo où officie Alekseev. Cet édifice est en réalité la cerise sur le gâteau d'un gigantesque complexe religieux de plus de 17 000 m^2 qui comprendra une piscine, un centre de pèlerinage, un dispensaire médical ou encore une école de ballet. Il devrait être terminé d'ici 2026. En attendant, les athlètes russes peuvent aller prier dans une petite chapelle provisoire construite pour l'occasion. Entre ciel et sport, la *sportokratura* dispose bel et bien d'une dimension religieuse.

La *sportokratura* à l'assaut du sport mondial

Bien entendu, la *sportokratura* a également vocation à s'étendre à l'international afin d'y défendre les intérêts de la Russie et de véhiculer son modèle. Pour ce faire, le pays utilise différents canaux avec plus ou moins de succès.

Ainsi constate-t-on, au début des années 2000, le déploiement de nombreux oligarques et entreprises russes proches de V. Poutine dans des clubs sportifs en Russie et à l'étranger. Le rachat du Chelsea Football Club par Roman Abramovich en 2003, les investissements conséquents d'Alicher Ousmanov au sein d'Arsenal depuis 2007, la mainmise de Gazprom sur le Zénith Saint-Pétersbourg ou encore celle de Tatar-American Investment and Finance (TAIF) sur le Rubin Kazan sont autant d'exemples qui montrent le déploiement de la *sportokratura* en Russie et dans le monde. L'objectif est clair : faire de ces clubs des porte-étendards d'une Russie conquérante, de retour sur le devant de la scène sportive mondiale afin de restaurer le prestige perdu à la chute de l'URSS.

Dans cette logique, le pays cherche également à obtenir l'organisation d'événements sportifs de premier plan afin de rayonner et d'« exister sur la carte ». Entre 2000 et 2010, la Russie candidate dès qu'elle en a l'occasion. Si elle essuie quelques échecs, les campagnes sont globalement des succès et, de 2008 à 2018, elle est l'État qui accueille le plus grand nombre de manifestations sportives au monde.

Contrairement aux idées reçues, V. Poutine est loin d'être l'unique inspirateur et/ou décideur en la matière : les membres de la *sportokratura* lui soumettent des idées ou prennent parfois des initiatives seuls mais, de façon invariante, un événement sportif de grande ampleur ne peut se tenir en Russie sans l'aval du Kremlin[52]. Puis, quand le pouvoir jette son dévolu sur une manifestation, les grands moyens sont mis en œuvre afin de l'obtenir. Pour les JO d'hiver 2014, par exemple, Vladimir Poutine se déplace en personne au Guatemala

52 Les exemples des Universiades de Kazan 2013 et des JO de Sotchi 2014 sont édifiants en la matière : il a fallu, à chaque fois, convaincre V. Poutine de la pertinence du projet.

lors du vote du Comité international olympique (CIO) avec de la neige de Sotchi dans ses bagages, en ayant pris soin au préalable de faire construire la première – et seule – patinoire guatémaltèque. Après un discours inspiré en anglais devant les membres du CIO, Poutine, la Russie et Sotchi remportent l'événement haut la main. Dans la foulée, l'oligarque Vladimir Potanine est sommé de financer la station de ski de Krasanaïa Poliana à hauteur de 2,3 milliards de dollars *via* sa holding Interros.

La *sportokratura* cherche également à augmenter son influence en étant à l'initiative de grands projets sportifs à forts intérêts géopolitiques internationaux. À ce titre, la Kontinental hockey league (KHL) fait figure d'exemple. Créée en 2008 à l'initiative de V. Poutine, elle regroupe des équipes de l'ensemble de l'espace post-soviétique, dans le but de concurrencer la National hockey league (NHL) nord-américaine tout en augmentant l'influence russe sur l'« étranger proche ». Les rumeurs annonçant la possible création d'une franchise de la KHL à Paris laissent présager un développement de la mainmise russe sur le hockey sur glace dans toute l'Europe. À l'instar du déploiement du Qatar en France avec le PSG, l'objectif russe est bien de faire du hockey un instrument de *soft power* vecteur de puissance destiné à améliorer l'image de la Russie à l'international.

En outre, la *sportokratura* est très active au sein des organisations sportives internationales. Officiellement apolitiques et autonomes (Defrance, 2000), celles-ci représentent en effet un levier de choix pour permettre au pouvoir russe d'apaiser, d'attiser, de contourner ou de résoudre un conflit géopolitique. En 2014, les JO de Sotchi sont l'occasion pour la Russie, par l'intermédiaire du CIO, de rétablir le dialogue avec la Géorgie en évitant soigneusement de présenter l'Abkhazie et l'Ossétie du Sud comme des zones séparatistes durant la cérémonie d'ouverture. En 2015, les dirigeants russes réagissent aux accusations de « dopage d'État » en Russie en criant au « complot occidental » et en regrettant des « décisions politiques » prises à l'égard de la Russie. V. Poutine parle alors d'« humiliation » et souhaite dépolitiser le sport. Cette posture victimaire met en lumière le double discours de V. Poutine, qui explique parallèlement que le sport « est une tâche politique qui incombe à l'État ».

Afin de pouvoir peser au mieux dans la diplomatie mondiale, V. Poutine préconise depuis plusieurs années « d'accroître de manière significative la participation de la Russie à la préparation et à la mise en œuvre des décisions prises sur les questions clés de l'agenda sportif international » afin de ne donner « aucune raison à ceux qui utilisent le sport à des fins politiques [d'agir] contre les intérêts de la Russie ». Pour rendre cette affirmation effective, la *sportokratura* se déploie au sein des fédérations sportives internationales afin de peser sur les grandes décisions du sport mondial. La plupart des représentants de la Russie présents dans les conseils d'administration des fédérations internationales du sport sont membres de Russie unie et certains sont investis par des proches de V. Poutine[53]. On remarque néanmoins que la Russie a plus de difficultés à accéder à la direction des fédérations sportives internationales[54].

Les représentants russes et leur proximité avec Vladimir Poutine au sein des fédérations internationales du sport

Fédération sportive internationale	Représentants russes au sein du conseil d'administration (positions)	Statut des représentants russes	Affiliation politique des représentants russes	Proximité des représentants russes avec Vladimir Poutine
Fédération internationale de judo	Sergueï Soloveïchik (vice-président) / Arkadi Rotenberg (responsable du développement)	Homme politique / Oligarque	Russie unie / Russie unie	Proche / Très proche
Union européenne de judo	Sergey Soloveïchik (président) / Vladimir Poutine (membre honoraire)	Homme politique / Homme politique	Russie unie / Russie unie	Proche / Lui-même

53 Quand ce n'est pas le par le président lui-même : V. Poutine est membre honoraire de l'Union européenne de judo.

54 À l'heure actuelle, seuls Sergey Soloveychik et Arkadi Dvorkovitch sont respectivement président de l'Union européenne de judo et président de la Fédération internationale des échecs.

Fédération sportive internationale	Représentants russes au sein du conseil d'administration (positions)	Statut des représentants russes	Affiliation politique des représentants russes	Proximité des représentants russes avec Vladimir Poutine
Fédération internationale de hockey sur glace	Vladislav Tretiak (membre du Conseil d'administration)	Ancien sportif	Russie unie	Proche
Fédération internationale de tennis	Alexeï Selivanenko (membre du Conseil d'administration)	Homme politique	Non communiquée	Non communiquée
Fédération Internationale de football (association)	Alexeï Sorokin (membre du Conseil d'administration)	Homme politique	Russie unie	Relativement proche
Union européenne de football association	Alexeï Sorokin	Homme politique	Russie unie	Relativement proche
Fédération internationale des luttes associées	Natalia Iariguina (vice-présidente)	Femme politique	Non communiquée	Lointaine
Fédération internationale des échecs	Arkadi Dvorkovitch (président)	Homme politique	Russie unie	Proche
Fédération internationale de basketball	Andreï Kirilenko (membre du bureau central)	Ancien sportif	Non communiquée	Lointaine
Association internationale des fédérations d'athlétisme	Mikhaïl Boutov (membre du comité central)	Homme politique	Russie unie	Lointaine
Fédération internationale de ski	Andreï Bokarev (membre du conseil)	Oligarque	Russie unie	Proche
Fédération internationale de patinage artistique	Aleksandr Lakernik (1er vice-président)	Homme politique	Russie unie	Lointaine

■ Les limites de la *sportokratura* : la confrontation avec le monde extérieur

Si la *sportokratura* semble totale aujourd'hui en Russie, elle repose en réalité sur une contradiction majeure qui fait ponctuellement vaciller l'idéal poutinien et dont l'affaire de dopage qui secoue la Russie est l'illustration. Depuis novembre 2014 et les révélations du couple Stepanov[55], Vladimir Poutine plaide « pour des sports séparés de la politique » et milite auprès de l'ONU pour « cimenter la dépolitisation du sport dans la loi internationale ». Une position que le président russe soutient également auprès de son audience domestique afin d'expliquer notamment les dérives supposées des instances internationales de la lutte antidopage à l'égard de la Russie. Pourtant, cette position peut surprendre au premier abord. On l'a vu, en Russie aujourd'hui, la politisation du champ sportif est totale par l'intermédiaire de la *sportokratura*. Grâce au contrôle des organes médiatiques dominants (Rossiya 1, Pierviy Kanal ou NTV), des partis d'opposition[56], ou encore des espaces sociaux où pourraient se developper une pensée alternative du pouvoir (lieux culturels, clubs de sport, ou encore réseaux sociaux sur Internet), V. Poutine tente de neutraliser l'émergence d'une véritable opposition et d'annihiler toute forme de critique. Pourtant, ces dernières années, l'espace politique russe a vu émerger des voix discordantes à la faveur de l'affaire de dopage. En effet, la sportivisation est désormais étendue à l'ensemble de la société russe. Les citoyens, les sportifs de haut niveau ou encore les entraîneurs sont tous concernés par la question du dopage. Dès lors, plusieurs questions apparaissent. De quel pouvoir politique les citoyens russes disposent-ils au sein du champ

55 En novembre 2014, la chaîne de télévision allemande ARD diffuse le documentaire « Dopage confidentiel : comment la Russie fabrique ses champions », basé en grande partie sur les témoignages du couple Stepanov. C'est le début de l'affaire de dopage en Russie.

56 Les seuls « vrais » partis d'opposition crédibles en Russie aujourd'hui sont « hors système » dans le sens où ils ne peuvent pas légalement se présenter aux élections. Mais ils existent néanmoins au sein de l'espace public.

sportif ? En d'autres termes, dans quelle mesure la verticalité du pouvoir sportif est-elle absolue en Russie ?

Le sociologue et historien du sport Jacques Defrance écrivait en 2000 que « deux dimensions sont donc discernées pour décrire comment les pratiques sportives sont établies et pensées dans la vie sociale : d'une part, les relations sociales qui constituent des cadres d'interaction et structurent durablement des perceptions, selon la configuration caractéristique de la société à un instant donné ; d'autre part, les enjeux politiques qui ne se construisent que par la médiation d'institutions politiques. » (Defrance, 2000) Or, grâce à la *sportokratura*, le pouvoir russe tente depuis une vingtaine d'années de relier les deux en faisant de la politique un instrument de contrôle de la vie sociale par l'intermédiaire du champ sportif… mais il n'y parvient pas tout à fait. L'étude de la politisation du sport « hors système » – dans le sens où elle se situe en dehors de l'espace politique contrôlé par le pouvoir – en Russie fait office de mètre-étalon pour mesurer le degré d'autonomisation du champ sportif. Elle permet de montrer les limites de la *sportokratura* et, *in extenso*, du régime de V. Poutine.

En Russie, on l'a vu, l'espace sportif est politique alors que, paradoxalement, le pouvoir russe ne cesse de vanter les mérites de son caractère dépolitisé. Il faut à la fois savoir « gagner » pour rendre la patrie fière et forte mais il faut également savoir « participer » afin d'accueillir comme il se doit les nations du monde entier lors d'événements sportifs internationaux. Il faut « défendre » les valeurs de la Russie tout en portant un discours rassembleur sur les valeurs dépolitisées et universelles du sport. Ces deux phénomènes parallèles – le discours et la réalité – contradictoires sont possibles car la politisation du sport en Russie est une norme organisationnelle et philosophique totale héritée de l'URSS. Lorsque V. Poutine milite pour un sport dépolitisé, c'est fort de sa main-mise politique sur celui-ci. Il ne fait aucun doute que le degré d'autonomisation du champ sportif russe est proche de zéro en raison du caractère tentaculaire de la *sportokratura*. Pourtant, cette réalité rentre en contradiction directe avec le discours des élites politiques russes qui exprime l'exacte l'inverse. Cette antinomie nourrit une schizophrénie au sein même du champ sportif. Atavisme de la double pensée soviétique portée par la novlangue de Vladimir Poutine, il est en proie à des contradictions permanentes. À l'instar de Big Brother dans *1984* de Georges Orwell, les mots et les actes du président russe rentrent régulièrement en contradiction les uns avec les autres. À l'heure de la post-vérité, ce phénomène participe de la construction d'une société contrôlée qui éprouve des difficultés à se positionner politiquement.

Dans le cadre des relations internationales, la *sportokratura* semble pourtant se heurter à un mur. Si, la plupart du temps, les entraîneurs, entraînés et autres dirigeants du sport véhiculent les valeurs patriotiques de la Russie dans le monde et ne pipent mot à l'égard du régime, parfois le consensus se fragilise. C'est le cas lorsque le pays est confronté à un conflit direct avec les instances sportives internationales (CIO, AMA, TAS, FIFA ou IAAF).

L'exemple le plus marquant à cet égard est sans conteste l'affaire de dopage qui secoue le pays depuis fin 2014. Au lendemain des JO de Sotchi, alors que les premières informations commencent à filtrer à l'égard d'un système de dopage généralisé en Russie, l'immense majorité des acteurs du sport russe prend position contre les instances internationales du sport jugées : corrompues, à la solde des États-Unis ou encore politiquement motivées. En 2021, le monde du sport russe ne fait plus front uni face aux accusations étrangères. Confrontés à de graves sanctions décidées par l'Agence mondiale antidopage (AMA) et le Tribunal arbitral du sport (TAS), le sport russe est exsangue. Sa structure – la *sportokratura* – se polarise et offre la vision d'une rupture générationnelle en Russie. Une partie désormais conséquente des acteurs du sport – souvent jeune et habitant les grandes villes – s'insurge régulièrement sur les réseaux sociaux (Instagram, Vkontakte, Facebook). Jusqu'alors en phase avec son président et sa philosophie sportive, elle s'insurge désormais contre un modèle qu'elle ne reconnaît plus. Elle souhaite faire évoluer un système jugé archaïque car entre les mains d'individus façonnés par la structure de pensée soviétique. Au fait de la réalité des relations internationales, exposée aux médias étrangers et en contact avec des populations du monde entier, elle est peu à peu sortie de sa réserve pour révéler une politisation hors-système jusqu'alors invisible. Dès lors, les sanctions du TAS et de l'AMA peuvent être perçues comme le détonateur d'une libération de la parole dans le milieu du sport russe. Ce phénomène est donc révélateur d'un système politico-économico-sportif russe faillible.

Réactive, la sportokratura sait pourtant s'adapter afin de retourner une situation à son avantage. Les sanctions de l'AMA et du TAS l'empêchent de déployer son *Nation branding* en interdisant l'usage du drapeau et de l'hymne russes aux JO de Tokyo 2021 ? Qu'importe, le Kremlin fait confectionner la tenue de l'équipe olympique russe aux couleurs du drapeau tricolore. Dans la foulée, il demande au CIO et au TAS de pouvoir utiliser la chanson militaro-patriotique *Katioucha* comme hymne en cas de victoire russe. Refusé. L'œuvre serait trop politique. Téméraire, le pouvoir réitère en proposant cette fois le premier concerto pour piano de Tchaïkovski. Accepté. La stratégie du *Revenge branding* de la *sportokratura* a payé. Les couleurs et les sons de la Russie seront bien présents aux JO avec un joli coup de communication en prime. Dès lors, que reste-t-il des sanctions ?

L'affaire Navalny, révélatrice des limites de la *sportokratura* et du poutinisme ?

Plus récemment, l'affaire Alexeï Navalny montre également les limites de la *sportokratura* et, plus largement, du poutinisme. Le 17 janvier 2021, le principal opposant hors-système à Vladimir Poutine est arrêté à sa descente de l'avion à Moscou par les autorités russes. Si le monde occidental est sous le choc, peu de personnalités russes se risquent à élever la voix contre le pouvoir. Encore moins du côté de la *sportokratura*. Pourtant, le 21 janvier 2021, les lignes bougent. Le célèbre footballeur Igor Denisov envoie une vidéo au non moins célèbre média Sports.ru dans laquelle il demande officiellement la libération d'Alexeï Navalny. L'ancien capitaine du Zénit

Saint-Pétersbourg, du Lokomotiv Moscou, du Dinamo Moscou et de la sélection nationale déclare sans ambages que Navalny « devrait être libre ». Dans la foulée, le « premier site sportif du Runet » (le segment russophone d'Internet) relaie la vidéo sur les réseaux sociaux et, signe de son importance, l'épingle sur Twitter. Le même jour, Artemin Panarin, star russe qui évolue aux Rangers de New York, publie une photo de l'opposant russe sur Instagram avec le hashtag désormais consacré *#svobodaval'nomu* (« Liberté pour Navalny »). Quelques heures plus tard, des dizaines de milliers de personnes relaient son message.

De Moscou à New York, et en l'espace d'une journée, deux grands athlètes de la Russie contemporaine viennent officiellement de prendre position pour Alexeï Navalny et donc, officieusement, contre Vladimir Poutine. Leurs armes ? Leur popularité, les réseaux sociaux et les médias. Fait rare avec l'affaire Navalny, un vif débat contradictoire s'engage alors en Russie. Si, comme à leur habitude, les officines médiatiques du pouvoir « suivent la ligne politique du parti » et décrètent que les deux sportifs ne comprennent rien, plusieurs personnalités publiques russes prennent la défense des athlètes. Il y a des sportifs comme le hockeyeur Roman Lioudoutchine qui monte rapidement au créneau. Tout en déclarant « ne pas être un partisan de Navalny », il estime que la cabale déclenchée contre Panarin dans les médias russes est « inacceptable ». « Artemi, merci pour ta position civique, je suis avec toi mon frère », conclut-il. Il y a des entraîneurs qui prennent plus de pincettes comme Alexandre Kojevnikov, 62 ans, qui se fait le porte-voix pondéré du pouvoir en déclarant : « Nous sommes en démocratie. Panarin a le droit d'exprimer une opinion. Mais il ne comprend pas les raisons qui expliquent l'emprisonnement de Navalny. » Il y a également des journalistes, comme le présentateur et commentateur sportif à Match TV Dmitri Gouberniev, pour qui « Panarin et Denisov ont le droit à leur opinion. Si cela ne contredit pas la législation, […] alors pourquoi pas ? »

Inédit, ce vif débat contradictoire est nouveau en Russie. En effet, peu se risquent à critiquer frontalement le pouvoir, et ceux qui le font ne restent généralement pas en Russie très longtemps. À quelques mois d'intervalle, le joueur d'échecs Garry Kasparov, les lanceurs d'alerte Grigory Rodchenkov et le couple Stepanov s'exilent à l'étranger suite à des propos dénonçant le régime russe. Face à ces risques, les sportifs de haut niveau adoptent généralement une posture dépolitisée, apolitique ou en rang serré derrière le régime. En ce sens, les discours de Panarin et Denisov constituent un précédent dont nous pouvons tirer plusieurs enseignements majeurs.

D'une part, paradoxalement, le champ sportif russe dans le contexte de l'affaire Navalny semble offrir un espace médiatique de discussion politique peut-être plus important et tempéré qu'ailleurs en Russie. En effet, le débat contradictoire qui se tient actuellement dans les médias russes à ce sujet tranche radicalement avec les anathèmes péremptoires généralement lancés à la télévision d'État lorsque Navalny est évoqué. De plus, ces prises de parole sont révélatrices de la baisse de la confiance de la société russe envers les autorités et dont les révélations faites par Alexeï Navalny semblent être le catalyseur. En distillant le doute sur le récit officiel du pouvoir, l'opposant semble fragiliser le système politique poutinien qui repose, pour le moment, en grande partie sur la figure de son président. L'enquête « Un palais pour Poutine : l'histoire du plus gros des pots-de-vin », vue par plus de 100 millions de personnes en quelques jours – soit un record mondial pour une vidéo politique – met en lumière un système politico-économique corrompu au sein duquel le sport joue un rôle central. La présence aux abords du palais d'une Arena de hockey sur glace privée d'une hauteur d'un immeuble de cinq étages en est l'illustration. Et ce n'est pas un hasard si, dans la foulée, la liste des huit personnalités politiques qui devraient être sanctionnées selon le directeur exécutif de la Fondation anti-corruption (FBK) fondée par Alexeï Navalny comprend cinq membres de la *sportokratura* proches de Vladimir Poutine : Roman Abramovitch (le propriétaire du Chelsea FC), Alicher Ousmanov (président de la Fédération internationale d'escrime et principal sponsor du CSKA Moscou), Igor Chouvalov (propriétaire du CSKA Moscou), Andreï

Kostine (propriétiaire du Dinamo Moscou) et son adjoint Denis Bortnikov. En nommant les responsables supposés de la corruption en Russie, Alexeï Navalny et son équipe révèlent la *sportokratura* au grand public.

Mais cette dernière n'a pas dit son dernier mot. Fin février 2021, Artemi Panarin est accusé par son ancien entraîneur Andrei Nazarov d'avoir battu une femme dans un bar de Riga (Lettonie) en 2011. L'accusation est grave. Les preuves sont inexistantes. Problème, M. Nazarov n'est pas un inconnu. Proche de Vladimir Poutine, il avait déjà appelé deux ans plus tôt à emprisonner les sportifs russes à l'étranger qui critiquent la patrie. Soutenu par son club, Panarin doit cependant mettre sa carrière sur pause pendant un mois en dépit du soutien de son club. Affaire terminée ? Pas tout à fait. En guise de punition pour avoir élevé la voix contre le pouvoir, il n'est pas convoqué en équipe nationale lors du championnat du monde de hockey sur glace à Riga en mai et juin 2021. Il ne faudrait pas qu'un élément perturbateur ne vienne gripper la machine à patriotisme qu'est la *Sbornaïa* dont la popularité en Russie est sans comparaison. Pour Vladimir Poutine, il est impensable qu'un vestiaire devienne un espace de contestation politique. Aujourd'hui, il est donc très difficile pour un sportif de haut niveau en Russie de défier frontalement la *sportokratura* sans en payer les conséquences.

Dans une interview accordée à la chaîne russe Mash le 30 janvier 2021, l'oligarque Arkadi Rotenberg déclare être le bénéficiaire du fameux palais de Poutine. Point final de l'affaire dans l'affaire Navalny ? Pas tout à fait. Rotenberg est loin d'être inconnu. Il est en effet l'un des membres de la garde rapprochée de la *sportokratura*. Ami d'enfance et partenaire privilégié de judo du président, sa prise de position est principalement destinée à défendre tel un bouclier un système dont il est lui-même issu. S'il n'est pas certain que cela suffise à apaiser les tensions, son intervention est une preuve de plus de l'endogamie qui règne en Russie entre les politiques, les oligarques et les sportifs… Jusqu'à quand ?

Depuis le début de son troisième mandat en 2012, V. Poutine tente de combler cette rupture générationnelle entre les héritiers du système soviétique et la nouvelle génération. Ainsi que nous l'avons vu précédemment, de jeunes technocrates dépolitisés sont testés régulièrement à des postes stratégiques de gouverneurs ou de dirigeants de modestes fédérations sportives afin de moderniser les institutions. Mais, l'affaire de dopage – dont les méthodes semblent proches de celles utilisées en URSS – est l'illustration du caractère pérenne et durable des structures et de l'héritage du modèle du sport soviétique. En niant le caractère systémique du dopage en Russie, le pouvoir s'empêche de refonder en profondeur un modèle sportif qui, bien que performant, est encore perfectible. La décision de l'AMA et du TAS d'exclure pour deux ans la Russie du grand jeu du sport mondial entre 2021 et 2022 semble néanmoins avoir été un électrochoc pour le pouvoir. Il est encore trop tôt pour savoir si le modèle sportif russe sera transformé de l'intérieur dans les mois ou les années qui viennent. La *sportokratura* va devoir s'adapter si elle ne veut pas être exclue plus durablement encore. Avec la pression de la nouvelle génération de sportifs russes sacrifiée sur l'autel d'un système prêt à tout pour gagner, le pouvoir russe est au pied du mur. Le sport apparaît ici comme un vecteur de mutation sociale important, dans un sens comme dans l'autre.

Au fait de ces critiques, le pouvoir poutinien cherche – comme souvent – à anticiper pour mieux régner. Le projet de « Stratégie de développement de la culture physique et des sports dans la Fédération de Russie jusqu'en 2030 » est par exemple discuté et édifié au début de l'année 2020 avec le concours des citoyens russes qui peuvent proposer sur Internet des idées afin de refonder et de développer le modèle sportif russe. Ce mode opératoire destiné à intégrer la population au débat politique permet au Kremlin de lâcher du lest et de donner l'illusion de la démocratie. Pour autant, il conserve la mainmise sur la décision finale de manière à rester dans la droite ligne politique du poutinisme. Certaines propositions citoyennes concernant les discriminations homosexuelles dans le milieu sportif ne sont par exemple pas retenues. En revanche, les propositions qui disent la nécessité de mettre en place des garde-fous pour lutter contre la politisation du sport dans le monde – notamment par les États-Unis – le sont. En Russie, la démocratie est toujours dirigée.

Le *sport power* russe : diffuser la *sportokratura* dans le monde

■ Qu'est-ce que le *sport power* ?

> « Dans le contexte d'États-nations intérieurement pacifiés, de sociétés où l'État détient le monopole de l'usage de la force physique, le sport représente la seule occasion d'union pour des unités vastes, complexes et impersonnelles, par exemple les villes. De même, au niveau international, des manifestations sportives comme les Jeux olympiques et la Coupe du monde constituent, de manière visible et régulière, la seule occasion d'union pour les États-nations en temps de paix. L'expansion internationale du sport repose sur le développement de l'interdépendance internationale et sur l'existence, malgré des exceptions notoires, d'une paix mondiale fragile et instable. Des épreuves sportives comme les Jeux olympiques permettent aux représentants de différentes nations de s'affronter sans s'entretuer, bien que la transformation de tels simulacres de combats en combats «réels» soit fonction, entre autres, du niveau de tension préexistant entre les États-nations concernés. » (Dunning et Elias, 1986)

Alors que la guerre froide était un substitut à la guerre chaude, la diplomatie sportive est préférable à l'affrontement armé. Particulièrement en vogue chez les BRICS et le Qatar, mais également en France, au Royaume-Uni, en Allemagne et aux États-Unis, le sport est devenu un véritable instrument géopolitique utilisé par les nations afin d'« exister sur la carte » et de diffuser leur modèle à travers le monde. Illustration d'un monde bipolaire durant la guerre froide, il offre désormais la vision d'un monde multipolaire dans lequel de nombreux pays cherchent à tirer leur épingle du jeu par l'intermédiaire de la diplomatie du sport. Il est également un outil de communication entre les États qui permet de continuer le dialogue lorsque celui-ci est rompu. Problème, son appellation varie en fonction des pays et des époques. Certains parlent de « diplomatie sportive » pour qualifier son usage politique à l'étranger. D'autres le perçoivent davantage comme une composante du *soft power* (Nye, 1990), attractif, positif et incitatif. Depuis peu, certains lui offrent sa propre expression, le *sport power*, qui consacre un instrument de puissance à part entière à l'aura grandissante. Ces trois notions – *soft power*, diplomatie sportive et *sport power* – revêtent généralement deux fonctions similaires qui s'adaptent parfaitement aux usages politiques du sport par le pouvoir russe :

- le sport comme instrument utilisé par les États pour améliorer leur image, leur prestige, leur autorité et, parfois, exercer une pression sur d'autres États ;
- le sport comme plateforme de dialogue entre les États et les institutions publiques.

Concernant la Russie, l'expression *sport power* semble la plus appropriée compte tenu de la *sportokratura* telle que nous l'avons définie. La notion « pouvoir du sport » offre une dimension imagée, corporelle et politique qui renvoie directement aux corps russes façonnés par l'intermédiaire de V. Poutine et de la *sportokratura*. En effet, l'aspect fédéral de la politique sportive russe est primordial depuis vingt ans et les notions de diplomatie sportive et de *soft power* ne permettent pas d'en saisir la pleine et entière subtilité. Aussi, notre définition recouvre une troisième fonction :

- le sport comme outil de construction nationale ou patriotisme sportif.

En outre, l'expression *sport power* a été employée officiellement pour la première fois en 2009 à Kazan par Dmitri Medvedev à l'occasion du forum éponyme « *Rossiya – sportivnaya derzhava* »[57].

57 Traduction : « Russie – une puissance sportive ».

Elle désigne officiellement le fait de « développer la culture physique, les sports, la coopération sportive internationale et [...] de promouvoir un mode de vie sain. »[58] Destiné à servir simultanément la politique intérieure et extérieure du pays, la Russie a donc développé un *sport power* multidirectionnel, polyvalent et tentaculaire.

Pour atteindre ces objectifs, le pays multiplie les démonstrations de force en accaparant les plus grands événements sportifs de la planète (Universiades d'été 2013, Jeux olympiques (JO) d'hiver 2014, Championnats du monde de natation 2015 ou encore Coupe du monde de football 2018), en investissant massivement dans le développement du sport professionnel (Université internationale olympique russe (RIOU) de Sotchi ou encore Skolkovo) et en construisant toujours plus d'infrastructures sportives ultra-modernes. Pourtant, le déploiement de ce *sport power* connaît des fortunes diverses. Si la pratique sportive en Russie est devenue courante, les résultats sportifs, eux, sont mitigés. De plus, il semblerait que le *sport power* russe se soit retourné plusieurs fois contre ses créateurs. Censé fournir un coup de projecteur « positif » et « attractif », il suscite en effet régulièrement les critiques de la communauté internationale occidentale qui profite de l'occasion pour pointer du doigt les dysfonctionnements supposés du pouvoir russe en matière de droits de l'Homme (droits LGBTI, racisme, etc.), de relations internationales ou encore de démocratie. Enfin, le scandale de « dopage organisé », révélé par la chaîne de télévision allemande ARD en septembre 2014, qui n'en finit plus d'alimenter les gazettes du monde entier, n'est peut-être que la face émergée de l'iceberg sportif russe sur lequel plane de nombreuses rumeurs : « corruption généralisée », « dopage d'État ». Une affaire qui semble régulièrement réduire à néant les efforts du pouvoir russe pour rendre le pays attractif à l'étranger. Le 9 décembre 2019, la Russie est en effet exclue par l'Agence mondiale antidopage (AMA) des grandes

58 « *Speech at National Sports Forum: Russia – Country of Sports* », *Présidence de Russie,* 23 octobre 2009, en.kremlin.ru/events/president/transcripts/5805.

compétitions internationales pour quatre ans. Quelques mois plus tard, le 18 décembre 2020, cette décision est confirmée mais minorée par le Tribunal arbitral du sport (TAS) qui la réduit à deux années. Qu'importe, la sanction est tombée. Le *sport power* russe est affaibli.

Au-delà de ces manifestations visibles, maintes fois relayées par la presse internationale, le *sport power* en Russie est un phénomène nouveau et relativement peu étudié en profondeur. À l'aune de la mondialisation, d'un monde multipolaire, du retour de la puissance russe et, surtout, de la *sportokratura*, ce nouvel instrument géopolitique peut désormais être perçu et compris d'une façon inédite.

Cette perspective soulève les questions suivantes : comment les élites du pouvoir russe définissent-elles et utilisent-elles le *sport power* aujourd'hui dans le cadre de la *sportokratura* ? Sur quelles représentations se basent-elles et comment celles-ci sont-elles véhiculées ? Et, enfin, quels sont les objectifs du *sport power* russe et comment diffuse-t-il la *sportokratura* à travers le monde ?

■ Quel *sport power* pour la Russie ?

Comme le montre le chercheur Maxime Audinet, « le concept de *soft power*, initialement façonné pour perfectionner la politique étrangère américaine, est longtemps resté porteur, en Russie, d'une connotation négative. » Les élites lui préfèrent alors le terme de « diplomatie publique » (*obchtchestvennaïa diplomatiïa*). Si bien que l'adoption officielle tardive en 2013 de la *miagkaïa sila*[59] « a succédé à la création d'institutions, dès le milieu des années 2000, visant à diversifier et «adoucir» les canaux d'influence internationale de la Russie. » (Audinet, 2016)

Durant cette période, le pouvoir russe s'active mais peine à définir son propre *sport power*. C'est surtout l'expression « diplomatie sportive » qui est alors employée dans le cadre de la stratégie de la diplomatie publique russe à l'étranger, mais elle bénéficie seulement de quelques lignes par-ci par-là au niveau législatif.

59 « Puissance douce » ou *soft power* en russe.

À l'échelle nationale, en revanche, le développement du sport professionnel et de masse est une priorité pour le gouvernement qui publie dès 2006 un programme fédéral intitulé « Développement de la Culture physique et des sports pour 2006-2015 ». Il statue sur les efforts à fournir concernant l'obtention d'événements sportifs en cascade, le financement de clubs ou encore la construction de structures modernes.

En matière de politique étrangère, il faut attendre 2009 et le mandat de Dmitri Medvedev pour voir la première utilisation de l'expression *Rossiya – sportivnaya derzhava*[60]. Son apparition coïncide avec la dynamique générale de la Fédération de Russie à l'époque. En effet, coup sur coup, la Russie a obtenu les JO de Sotchi en 2007 et l'équipe de football russe a atteint la demi-finale du Championnat d'Europe en 2008. Le pays tout entier s'est épris de son équipe et les observateurs internationaux ont globalement perçu l'équipe russe de manière positive. Voyant cela d'un très bon œil, D. Medvedev décide de graver dans le marbre sa stratégie sportive dans le cadre d'une nouvelle politique lancée le 10 septembre 2009 « En avant la Russie ! »[61] Selon lui, « le développement de la culture physique et des sports de masse doivent devenir des tâches stratégiques qui incombent à l'État. » Il est à l'initiative de la création du forum « Russie – une puissance sportive » qui a, depuis, lieu tous les ans dans une ville différente. Son but affiché est d'exposer les objectifs sportifs du pays, de comprendre, d'adapter, d'utiliser le savoir-faire étranger et de permettre à la Russie de développer sa propre diplomatie en réunissant le gratin des personnalités et des spécialistes du sport russe et mondial. Le site Internet – en russe et en anglais – met en exergue la volonté du Kremlin d'étendre son audience à travers le monde. Le succès est tel que, depuis sa création, le forum s'est tenu à 8 reprises, dans 8 villes. Véritable messe du *sport power* russe, il tente

60 « Russie – une puissance sportive » en russe.

61 « En avant la Russie ! », Dmitri Medvedev, président de la Fédération de Russie, 10 septembre 2009, kremlin.ru/events/president/news/5413.

d'année en année de définir clairement et efficacement la ligne sportive de la Russie pour en faire l'une des premières puissances sportives de la planète.

Si l'histoire sportive est belle, la réalité est plus politique. En effet, l'année 2008 est charnière pour le pouvoir. La couverture médiatique occidentale de la guerre entre la Russie et la Géorgie surprend le Premier ministre Vladimir Poutine qui déclare alors qu'il faut affronter « la puissance de la machine de propagande de ce qu'on appelle l'Occident ». Il décide alors de développer un contre-pouvoir médiatique afin de combattre à armes égales au sein de la guerre informationnelle. Le sport devient l'une de ses armes.

À l'aube de l'an 2010, le développement du *sport power* russe se précise encore un peu plus. Officiellement, il s'agit désormais d'utiliser le sport afin de favoriser la coopération internationale et le rayonnement de la Russie dans le monde tout en « hygiénisant » la population et en alimentant le patriotisme. Ainsi, le programme fédéral fixe « la stratégie de développement de la culture physique et du sport jusqu'en 2020 »[62]. Outre le développement d'infrastructures, de clubs professionnels ou d'universités sportives, ce programme souhaite également la victoire des équipes russes aux Universiades de Kazan 2013 et aux Jeux olympiques de Sotchi 2014. Deux objectifs qui seront atteints par la suite. Pour les autorités, il ne s'agit pas simplement d'organiser un événement sportif international, il s'agit également de le remporter.

Un an plus tard, le 18 décembre 2010, le ministère des Affaires étrangères (MID) de la Fédération de Russie publie un texte intitulé « Lignes directrices pour la politique de la Fédération de Russie dans le domaine de la coopération culturelle et humanitaire internationale » stipulant que « les relations dans le domaine de la culture physique et du sport doivent être considérées comme faisant partie

62 « Programmes cibles fédéraux – Ministère des Sports de la Fédération de Russie », *Ministère du Sport de la Fédération de Russie*, minsport.gov.ru/activities/federal-programs/2/26363.

intégrante et précieuse de la stratégie d'action sur la scène internationale, car ils sont en mesure d'apporter une importante contribution au renforcement du dialogue interculturel et à la promotion de la croissance du prestige international de la Russie ». Et, de plus, « les relations dans le domaine de la culture physique et du sport doivent être considérées comme un moyen important de compréhension mutuelle, d'expression de bonne volonté et de renforcement des relations entre les peuples. Des contacts par le biais de fédérations sportives, de sociétés, de clubs par l'échange de délégations sportives, d'entraîneurs et de spécialistes, ainsi que par la participation d'athlètes et d'équipes à des sports internationaux créent un climat propice à l'interaction interétatique. »[63]

Pour ce faire, l'État détermine alors officiellement que la coopération public-privé entre l'État et les entreprises dans le domaine de l'organisation d'événements sportifs y compris internationaux est requise afin de déployer efficacement le *sport power* russe. Dans cette logique, le 29 juin 2012, le forum panrusse des entreprises sur le thème « Programmes d'État pour le développement du sport : dialogue entre les entreprises et le gouvernement » se tient à Moscou afin d'inciter les oligarques à financer encore plus le sport russe. Signe de son importance, il se tient désormais chaque année.

En 2012, le retour de Vladimir Poutine au pouvoir coïncide avec le franchissement d'un nouveau pallier dans la guerre de l'information entre la Russie et l'Occident. En juillet, V. Poutine déclare qu'« il est nécessaire de reconnaître que l'image internationale de la Russie n'est pas formée par nous et qu'elle est donc souvent déformée et ne reflète ni la situation réelle dans notre pays ni l'investissement de la Russie dans la civilisation mondiale, la science et la culture. [...] Et en fait, nous sommes coupables en ce que nous expliquons mal notre position. »[64] À la veille des JO de Sotchi, le *sport power* est alors en

63 « *Osnovnyye napravleniya politiki Rossiyskoy Federatsii v sfere mezhdunarodnogo kul'turno-gumanitarnogo sotrudnichestva* » (utv. Prezidentom RF 18.12.2010)
64 Vladimir Poutine cité dans Brown, 2018.

plein boom. Le 12 février 2013, le nouveau « concept de politique étrangère de la Fédération de Russie », défini par le MAE russe et approuvé par V. Poutine, institutionnalise et décrit le *soft power* russe comme « une boîte à outils complète pour résoudre les problèmes de politique étrangère basée sur les capacités de la société civile, l'information et la communication, l'humanitaire et d'autres méthodes et technologies de diplomatie classique alternatives ». Parmi les outils présents dans cette boîte, le *sport power* occupe une place à part. Il est stipulé que « la Russie, attachée aux valeurs démocratiques universelles, y compris la garantie des droits de l'Homme et des libertés » doit « œuvrer pour créer une image positive de la Russie correspondant au prestige de sa culture, de son éducation, de ses performances sportives et sentifiques et au niveau de développement de sa société civile et à sa participation aux programmes d'aide aux pays en voie de développement ; créer les instruments pour influencer son image dans le monde ; améliorer le système d'application de la puissance douce ; chercher les meilleures formes d'activités dans ce domaine basées sur les mécanismes de collaboration avec la société civile et des experts compte tenu de l'expérience internationale et des spécificités nationales ; continuer à élaborer un cadre réglementaire dans ce domaine. »[65] Le *sport power* devient alors officiellement un instrument de la diplomatie russe à l'étranger. Depuis, à la manière des plans quinquennaux soviétiques, le ministère des Sports, à la demande de Vladimir Poutine, fixe les objectifs du *sport power* à atteindre tous les cinq ans par l'intermédiaire des « stratégies pour le développement de l'éducation physique et des sports dans la Fédération de Russie ».

65 « Concept de politique étrangère de la Fédération de Russie », *Ministère des Affaires étrangères de la Fédération de Russie, 2013*, www.mid.ru/foreign_policy/official_documents/-/asset_publisher/CptICkB6BZ29/content/id/122186.

■ Une administration du sport complexe héritée de l'URSS

Afin de déployer son *sport power* en Russie et dans le monde, le pouvoir russe met en place une administration du sport complexe héritée de l'URSS. En effet, l'organigramme ci-après, présentant l'organisation du sport en Russie, révèle un système où les corps parallèles et indépendants sont légions et où la hiérarchie entre les organes n'est parfois pas clairement définie. L'existence d'une telle structure complique la mise en œuvre de la diplomatie du sport russe à l'échelle nationale et internationale. Aujourd'hui, l'un des problèmes les plus importants du *sport power* russe est le manque de coordination entre les divers départements, organisations ou même individus.

Pourtant, chacune de ces structures est supervisée, contrôlée et/ou chapeautée par un ou plusieurs membres de la *sportokratura*. Oligarque, sportif ou homme politique proches du Kremlin, ils se plient généralement aux décisions gouvernementales afin de plaire au pouvoir central. Mais, en réalité, la complexité de cette structure rend les initiatives individuelles extrêmement nombreuses. Ces dernières, prises parfois sans en référer au Kremlin, donnent souvent le sentiment d'un système qui, loin de l'image monolithique caricaturale véhiculée en Occident, fonctionne par et pour le pouvoir central mais de façon indépendante d'un pôle à l'autre. Même au niveau supérieur, il existe plusieurs organes fonctionnels et parallèles les uns aux autres. Une telle structure complique bien entendu la mise en œuvre d'un programme unifié de diplomatie sportive. Dans les faits, parvenir à une interaction efficace entre tous ces éléments de la diplomatie sportive nécessite un professionnalisme élevé de la part des cadres, ce qui n'est pas toujours le cas.

L'organigramme du système de contrôle du mouvement sportif russe

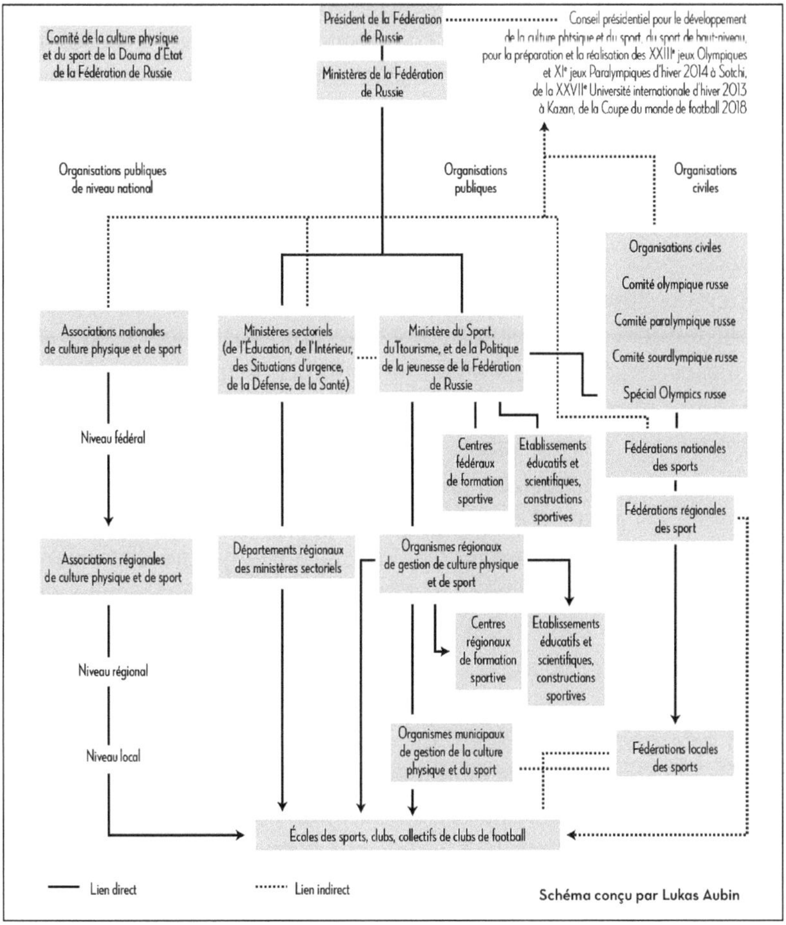

Ainsi, les problèmes d'organisation, de dopage ou encore de corruption sont souvent liés à des initiatives locales prises par des individus dont la structure de pensée soviétique les encourage à agir de telle ou telle façon. L'étude de l'affaire de dopage en Russie révèle par exemple une succession de cas individuels qui, mis bout à bout, donnent l'impression de l'existence d'un dopage d'État alors qu'ils sont plutôt la manifestation d'un dopage systémique. Nous y reviendrons. Héritage de l'URSS, l'organisation de l'espace sportif russe est assurée pour l'instant majoritairement d'hommes et de femmes formés pendant et par l'Union soviétique, dont les objectifs et les représentations du sport étaient clairs à l'époque : le sport était un moyen de prouver la supériorité d'un système sur un autre. Or, on l'a vu, le pouvoir russe fait de la victoire sportive un objectif politique depuis les années 2000. Dans ce contexte, la victoire est, semble-t-il, apparue pour certains comme une finalité que le dopage permet d'atteindre. Idem concernant l'organisation des événements sportifs. Si ces derniers sont la plupart du temps grandioses, leur préparation est parfois chaotique, car effectuée dans la précipitation, ce qui peut engendrer quelques dysfonctionnements. Ils sont souvent symptomatiques de l'organisation étatique verticale qui découle des partenariats public-privé mis en place pour leur préparation. Dans ce contexte, les prises d'initiatives des partenaires privés doivent être validées par un représentant de l'État, ce qui engendre des organisations sportives dépendantes de l'État et à l'autonomie réduite. Or, la plupart des managers n'ont pas de formation dans le domaine de la haute direction et du management.

Au fait de cette réalité, le Kremlin cherche depuis la fin des années 2000 à former les managers du sport «à l'européenne» afin de se conformer aux standards mondiaux. Pour y remédier et créer du liant entre les corps intermédiaires, l'Université internationale olympique russe de Sotchi (RIOU) voit le jour en 2009 avec pour objectif de former des gestionnaires du sport performants.Depuis 2017, l'Institut d'État des relations internationales de Moscou (MGIMO) propose également un master « Diplomatie sportive » destiné à former des « spécialistes de classe mondiale capables de fournir une gestion efficace des organisations sportives et leurs unités structurelles et fonctionnelles à un niveau professionnel élevé, capables de représenter les intérêts des sports russes sur la scène sportive mondiale »[66]. Apprentissage de la langue anglaise, étude en profondeur des textes de loi de la lutte antidopage ou encore formation pour organiser un événement sportif international, ces enseignements spécialisés font venir les meilleurs spécialistes de la planète afin de produire les managers russes du sport de demain.

Les principaux dispositifs de la diplomatie sportive russe

Le *sport power* russe est donc en construction. Néanmoins, en faisant du sport l'une des priorités de sa politique étrangère ces deux dernières décennies, le pouvoir russe a mis au point plusieurs armes plus ou moins efficaces destinées à faire briller le pays sur la scène sportive internationale.

Le Putin *branding*, un instrument de *sport power* au sommet de la pyramide de la *sportokratura*

Au cœur de la société russe depuis 2000, le corps de Vladimir Poutine est un vecteur de communication, une ressource et un outil politique. Dans la rue, dans les kiosques à journaux, sur les calendriers, sur les tasses, sur les T-shirts, dans les magazines, à la télévision, le corps du premier *sportokraturiste* russe est désormais la principale image de marque de la Russie contemporaine à l'échelle nationale et internationale. Grâces aux organes de *soft power* médiatiques nationaux financés par le Kremlin (Rossiya 1, NTV, etc.) et internationaux (RT, Sputnik), sa présence dans l'espace public et la maîtrise de son image sont telles que l'on peut aujourd'hui parler de *Putin branding* (ou « image de marque de Vladimir Poutine ») pour qualifier l'instrumentalisation du corps du président. À l'instar du *City Branding*, du *Region Branding*, ou du *Nation Branding*, le *Putin Branding* est une stratégie politique développée au début des années 2000 par les conseillers en communication du président. Elle a pour

66 « Description du programme d'étude "Diplomatie sportive" », sports.mgimo.ru.

but d'utiliser les techniques du marketing contemporain afin de conceptualiser et valoriser l'image de marque positive et attractive de Vladimir Poutine à travers le monde grâce aux instruments de *soft power* et de diplomatie publique russes (médias, etc.). Le tout en… utilisant les codes américains. Comme l'explique Gleb Pavlovsky, le conseiller et stratège de V. Poutine durant son premier mandat : « La thèse principale à l'époque était que Poutine devait correspondre à l'image hollywoodienne d'un héros sauveur. Le monde regarde Hollywood – il regardera donc Poutine. »[67]

Selon le politiste Greg Simons, « le marketing politique est normalement associé aux relations entretenues entre les politiciens et les organisations politiques avec les électeurs nationaux. Il est normalement considéré comme un processus délibéré et conscient, c'est-à-dire que les entités politiques cherchent activement à influencer et à persuader les publics cibles » (Simons, 2019). En Russie, le marketing politique du pouvoir russe a pour originalité de cibler à la fois l'audience nationale et l'audience internationale. À l'origine, il s'agissait de créer l'image d'une Russie forte alors que sa réalité économique la rendait faible. Aujourd'hui, cette image est protéiforme et s'adapte aux enjeux géopolitiques contemporains de la Russie en faisant sienne la « puissance de l'imaginaire ».

Afin de rendre cette stratégie efficace, V. Poutine se met régulièrement en scène dans des situations où il adopte la posture d'une certaine idée de l'homme russe, sain et sportif, à la fibre morale irréprochable. De présidence en présidence, il se compose un *ethos* dont les caractéristiques disposent d'une portée politique. Que ce soit sa silhouette (mince), sa démarche (militaire), son look (adapté aux différentes circonstances), le corps décortiqué du président est l'expression de cette stratégie. Il est mis en valeur et adapté à la société russe en fonction des enjeux politiques et sociaux du moment. Ainsi, sa bonne forme physique malgré son âge

---

67 « *How the Kremlin crafted a popular brand: Putin* », *Washington Post*, 12 juillet 2018, www.washingtonpost.com/graphics/2018/world/putin-brand.

relativement avancé est tantôt la représentation d'une Russie saine, sportive, virile, traditionnelle, religieuse et patriarcale, tantôt la représentation d'une Russie moderne qui affiche la bonne santé d'une société attractive, ouverte sur le monde et développée.

Si ces mises en scène sont parfois moquées à l'étranger – et notamment au sein des pays occidentaux –, elles trouvent un véritable écho dans de nombreux pays. En effet, la confiance accordée au président russe à travers le monde a globalement augmenté ces dix dernières années, notamment auprès des pays émergents où il représente une alternative à l'hégémonie américaine. En 2017, la Russie est à seulement 3 points de la popularité des États-Unis à travers le monde avec un pourcentage de personnes ayant confiance en le président russe de 27 % contre 30 % pour Donald Trump, selon l'institut de sondage Gallup World. Cette stratégie est si payante qu'il est aujourd'hui possible de trouver des mini-bustes de V. Poutine à Istanbul, des calendriers à son nom au Japon, ou encore des livres relatant ses aventures sportives en Allemagne.

À l'échelle nationale, son image lui permet également de séduire sa population : au lendemain des Jeux de Sotchi sa côte de popularité atteint le sommet record de 88 % d'opinions favorables. Sans compter le nombre infini d'échoppes remplies de produits dérivés à son effigie (T-shirts, matriochkas, calendriers, bustes) qui le montrent à son avantage en train de pratiquer un sport.

Jamais anodines, ces représentations sont un mode de transmission et le reflet de la ligne politique du pouvoir au cœur d'une stratégie politique. En pleine crise diplomatique entre la Russie et les pays occidentaux au lendemain de l'annexion de la Crimée en mars 2014, le T-shirt représentant Vladimir Poutine en kimono en train de répondre aux sanctions économiques états-uniennes par un coup de pied dans la figure de Barack Obama a pignon sur rue. Encore aujourd'hui, cette image est l'illustration du discours politique russe dominant, qui appelle de ses vœux la fin de la domination mondiale américaine en faisant de V. Poutine la figure de proue d'un nouveau monde multipolaire.

La confiance accordée à Vladimir Poutine à l'international en 2018 : un monde coupé en deux[68]

Les 10 pays où V. Poutine est le plus populaire dans le monde	Pourcentage de personnes ayant confiance en V. Poutine (décroissant)	Les 10 pays où V. Poutine est le moins populaire dans le monde	Pourcentage de personnes ayant confiance en V. Poutine (croissant)
Bulgarie	62 %	Ukraine	11 %
Philippines	61 %	Pologne	15 %
Grèce	52 %	Suède	17 %
Slovaquie	49 %	Brésil	17 %
Inde	42 %	États-Unis	20 %
Tunisie	41 %	Espagne	21 %
Nigéria	41 %	Lituanie	23 %
Liban	40 %	Pays-Bas	24 %
Kenya	39 %	Corée du Sud	25 %
Italie	38 %	Grande-Bretagne	26 %

Si le chef du Kremlin n'est pas à l'origine de la création de ces goodies, il encourage leur confection *via* de nombreux canaux de *soft power*. Par exemple, les boutiques officielles de souvenirs présentes dans les aéroports russes regorgent de biens à sa gloire.

Parmi le large panel de ses propres représentations, Vladimir Poutine a bien entendu un faible pour les usages politiques du sport. S'il montre d'abord ses talents de judoka, il embraye rapidement sur le hockey, la nage, la pêche ou encore la musculation. À l'appui de cette stratégie, ces mises en scène ne manquent pas d'être relayées par les médias russes à la solde du Kremlin en Russie et à l'étranger. *Sputnik France* consacre par exemple régulièrement des articles aux compétences sportives du président russe : « Poutine va s'essayer à un nouveau

68 Source : Think tank américain Pew Research, Huang Christine et Cha Jeremiah, « *Russia and Putin receive low ratings globally* », *Pew Research Center*, 7 février 2020, www.pewresearch.org/fact-tank/2020/02/07/russia-and-putin-receive-low-ratings -globally.

sport », « Poutine prêt à ajouter le yoga à son répertoire sportif », « Poutine marque 7 buts lors du match de hockey de son anniversaire », « Quels sports Vladimir Poutine pratique-t-il ? », « Le Kremlin révèle le temps que Poutine consacre au sport tous les jours ».

Capture d'écran de Sputnik France du 7 juin 2017

Sur la capture d'écran ci-avant, l'article de Sputnik France du 7 juin 2017 utilise une image de V. Poutine en train de pratiquer la nage-papillon et pose la question suivante : « "Douche avec un gay à bord d'un sous-marin" : que ferait Poutine ? » Le message politique véhiculé ici est double. Sur la forme, il met en avant la virilité supposée du président russe en train d'effectuer un sport. Sur le fond, il le présente implicitement comme le gardien des valeurs traditionnelles et de la famille nucléaire. Le contenu de l'article le confirme d'ailleurs avec une citation de V. Poutine qui déclare : « Je préférerais ne pas aller sous la douche avec un homosexuel. Il ne faut pas le provoquer. Vous savez, je suis maître de judo. »

Certains de ces clichés deviennent tellement viraux à l'échelle planétaire que de nombreux détournements (autrement appelés « mèmes ») voient le jour sur Internet. Le plus connu est probablement celui montrant Vladimir Poutine à dos d'ours dont la popularité sur Internet est telle que le président russe lui-même doit réagir en direct à ce sujet sur la NBC. Le 8 mars 2018, il déclare, non sans humour : « J'ai vu une photo où je chevauche un ours. Je n'ai jamais encore monté un ours, mais de tels clichés existent. » Pourtant, si le président s'en amuse, ça n'est pas toujours le cas. En avril 2015, le Roskomnadzor – le « Service fédéral de supervision des communications, des technologies de l'information et des médias de masse » – annonce l'interdiction de créer et/ou d'utiliser des images de célébrités détournées. Une loi qui est interprétée comme une mesure visant à protéger l'intégrité de V. Poutine sur Internet mais surtout comme une volonté de contrôle de l'image du président. Ironie du sort, l'effet produit n'est pas celui attendu et le partage d'images parodiques du président russe explose. Dès lors, il change de stratégie et décide au contraire d'en tirer parti. Comme au judo, il fait sienne la force de son adversaire. Désormais, il semble épouser la célèbre phrase de Phineas Taylor Barnum : « il n'y a pas de mauvaise publicité ».

Aujourd'hui, l'image sportive de Vladimir Poutine est donc devenue une marque et un instrument de *soft power* destinés à promouvoir un monde multipolaire et une alternance à l'hégémonie américaine et – plus largement – occidentale. De surcroît, elle permet de tordre le cou aux clichés de l'homme russe alcoolique et en surpoids en faisant de Vladimir Poutine l'étendard sain et musclé du retour de la grande Russie. C'est le *Putin branding*.

■ L'événement sportif : l'arme principale du *sport power* russe

Parmi les armes du *sport power* choisis par le pouvoir russe, l'événement sportif est probablement la plus efficace. De la théorie à la pratique, la Fédération de Russie met un point d'honneur à tenter systématiquement d'accueillir les plus grands événements sportifs de la planète depuis vingt ans. C'est en effet la manière la plus efficace d'appliquer sa diplomatie sportive car les « méga-événements » tels que les JO ou la Coupe du monde de football offrent une visibilité planétaire et ils marquent les esprits durablement. Une fois obtenus, ils permettent au pays de modeler son image, « d'exister sur la carte », d'attirer des touristes ou encore de projeter son modèle à l'international. Variées, les fonctions de l'événements sportifs revêtent également un caractère national d'un point de vue social, économique et politique. Généralement, au lendemain d'un événement sportif de premier plan, la cote de popularité du dirigeant du pays d'accueil augmente sensiblement. Ainsi, plus l'événement sportif est important, plus les retombées sont susceptibles d'être conséquentes avant, pendant et après sa tenue.

Durant la décennie 2010, la Russie est le pays qui accueille le plus grand nombre d'événements sportifs internationaux. Elle est l'hôtesse, entre autres, des Championnats du monde d'athlétisme (2013), de biathlon (2003, 2010, 2011), de sports nautiques (2015), de pentathlon moderne (2011, 2016), de gymnastique rythmique (2010), de lutte (2002, 2010), de hockey (2016), des Championnats d'Europe de sambo (2005, 2012), de volleyball (2007), de luge (2015), de lutte (2006), de curling (2011), d'haltérophilie (2011), de gymnastique rythmique (2012) ainsi que des Universiades (2013, 2019), des JO d'hiver de Sotchi (2014) et de la Coupe du monde de football (2018).

Pour que cette stratégie soit efficace, encore faut-il que la tenue de l'événement soit une réussite. Si 3 milliards de personnes voient la cérémonie d'ouverture des JO de Sotchi, 3 milliards de personnes voient l'un des anneaux olympiques ne pas s'ouvrir. Bien plus dramatique, le méga-événement présente un risque terroriste inhérent à son ultra-médiatisation. L'attentat des JO de Munich de 1972 en est l'illustration. Du rêve au cauchemar, il n'est pas tout d'obtenir un événement, encore faut-il qu'il se déroule bien. L'organisation d'une manifestation sportive de premier plan nécessite d'énormes ressources matérielles et humaines. Pour un pays comme la Russie où de nombreuses infrastructures avaient été laissées à l'abandon dans les années 1990, l'accueil d'événements sportifs en cascade a un coût non négligeable, mais il est également un accélérateur d'urbanisation et de modernisation. Selon les chiffres officieux, les

JO de Sotchi 2014 auraient coûté 50 milliards de dollars. À ce prix, la Russie peut donc s'offrir à la fois le luxe de l'éphémère en accueillant les JO deux semaines durant, et du pérenne en rénovant et en reconstruisant une partie de la ville de Sotchi et de ses infrastructures sportives locales pour un investissement à long terme.

Grâce à ces régulières démonstrations de force, la Russie reçoit notamment le statut de « leader mondial du sport » entre 2013 et 2018 de la part du « fournisseur d'informations sur le marché du sport international » Sportcal, succédant à cinq années de domination chinoise (2007-2012). Pour arriver à cette conclusion, l'entreprise réunit pas moins de 200 experts de différents pays et industries du sport afin d'étudier l'impact des sports internationaux sur les villes et les pays hôtes en incluant la conjoncture économique, les paramètres sociaux, sportifs, informationnels et environnementaux. Sur le papier, la Russie réussit donc son pari de réintégrer l'élite du sport mondial grâce aux événements sportifs.

L'événement sportif : une plateforme diplomatique

Au-delà de l'impact urbain, touristique ou encore économique, l'accueil d'événements sportifs de premier plan est également un haut lieu de la diplomatie sportive et une plateforme de négociations informelles. En effet, les méga-événements sont des moments qui contiennent par essence un degré important de « dramaturgie ». Ils attirent les masses venues des quatre coins du globe et sont reconnus d'importance mondiale. En outre, la diplomatie moderne ces dernières années se caractérise par une modification toujours croissante du protocole. Il est fréquent que des rencontres informelles se tiennent entre les hauts fonctionnaires de différents l'État. Aujourd'hui, il est possible d'observer la présence de responsables gouvernementaux lors de grands événements sportifs. Pour la Russie comme pour n'importe quel autre État, ce type de diplomatie peut être divisé en deux catégories : les négociations lors de compétitions se tenant sur son sol et les visites de représentants politiques locaux à des événements sportifs étrangers.

Pour la Russie, les négociations sur son sol sont particulièrement visibles lors des JO de Sotchi. En effet, plus de 20 chefs d'État font le déplacement pour la cérémonie d'ouverture parmi lesquels le Premier ministre japonais Shinzo Abe, le Premier ministre italien Enrico Letta, le président chinois Xi Jinping, le président finlandais Sauli Niiniste, le président tchèque Milos Zemana, le président letton Andris Berzins, le président kazakh Nursultan Nazarbaïev, le roi de Suède Carl XVI Gustav, le roi de Norvège Harald V, le président du Bélarus Alexandre Loukachenko. En outre, les Jeux reçoivent quelques jours plus tard la visite du Secrétaire général de l'ONU, Ban Ki-moon.

La caractéristique principale de la négociation par le biais d'événements sportifs est souvent sa nature informelle. À la suite de ces réunions, il n'y a pas de documents ou de conférences de presse, de sorte que si, comme toutes les relations diplomatiques, elles peuvent réussir ou échouer, leur efficacité est assez difficile à évaluer.

Lors de la Coupe du monde de football 2018, le match d'ouverture est marqué par la proximité affichée entre V. Poutine et le prince héritier saoudien Mohammed bin Salman. Les images de leur conversation animée deviennent rapidement virales sur les réseaux sociaux. En outre, la présence de nombreux chefs d'État étrangers offre alors au président russe une posture multilatérale qu'il affectionne en recevant successivement les présidents de la France, de la Croatie, de la Palestine, du Gabon, du Soudan ou encore de la Moldavie. Cette diplomatie sportive permet ainsi à la Russie de se positionner un mois durant comme la plaque tournante des relations internationales, avec V. Poutine en maître de cérémonie.

Parfois, ces rencontres sont un échec. En amont des JO de Sotchi, les organisateurs décident de faire de l'événement un moment historique et de renouer les relations diplomatiques entre la Russie et la Géorgie. Une rencontre entre Vladimir Poutine et le président géorgien, Giorgi Margvelashvili est même prévue. En signe de bonne volonté, la cérémonie d'ouverture est marquée par la présence de nuages virtuels au niveau des territoires séparatistes de l'Ossétie du Sud et de l'Abkhazie lors de la projection d'un planisphère dans le stade Ficht. L'objectif ? Ne pas froisser l'opinion géorgienne qui revendique ces États fantômes depuis la guerre entre la Russie et la Géorgie en août 2008. Pourtant, en dépit de ces efforts, le président géorgien refuse de faire le déplacement, signifiant un peu plus son désaccord avec la politique russe.

■ Le « demi-boycott » : symbole de l'évolution du boycott sportif depuis la guerre froide

Les événements sportifs sont donc à double tranchant. Ils sont également l'occasion pour de nombreux pays d'exprimer leurs désaccords à l'égard du régime de V. Poutine en profitant de la tribune offerte par la présence des médias du monde entier. Le refus d'un certain nombre de hauts fonctionnaires occidentaux de participer aux cérémonies officielles revêt une signification particulière. Les absences, entre autres, de François Hollande, le président français, de Barack Obama, le président des États-Unis, ainsi que d'Angela Merkel, la chancelière allemande, sont remarquées. L'objectif ? Profiter du moment pour pointer du doigt le non-respect des droits de l'Homme en Russie en raison de la violation des droits des minorités nationales et sexuelles (LGBTI), la censure dans les médias ou encore la liberté d'expression.

Cette démarche d'afficher son désaccord tout en laissant concourir sa propre équipe nationale est devenue si fréquente à l'égard de la Russie à tel point qu'elle dispose désormais de son propre néologisme en russe : le demi-boycott ou *polouboykot*. Passée dans le langage courant, elle est désormais employée au sein des sciences sociales. En 2018, l'ouvrage *Géopolitique du sport et bases de la diplomatie sportive*, écrit par les politistes russes Natalia Mikhailovna Bogolioubova et Ioulia Vadimovna Nikolaeva, fait mention du *polouboykot*. Selon les autrices, le mot désigne « le refus d'un certain nombre de hauts fonctionnaires d'États occidentaux de participer aux cérémonies officielles des Jeux olympiques de Sotchi » et ce en dépit de « l'appel du président du CIO Thomas Bach à ne pas politiser le sport mondial » (Bogolioubova et Nikolaeva, 2018).

L'apparition de ce néologisme n'est pas due au hasard. En effet, la Russie est l'un des pays les plus exposés au boycott depuis la guerre froide. Du boycott des JO de Moscou en 1980 à ceux de Sotchi en 2014, en passant par son propre boycott des JO de Los Angeles en 1984, elle a pu expérimenter *in situ* l'évolution politique de celui-ci. Si, à l'époque soviétique, un boycott total pouvait être envisagé, aujourd'hui, l'importance économique et symbolique d'un méga-événement sportif est telle que les gouvernements se sont adaptés. Il s'agit désormais de manifester un désaccord avant tout symbolique par l'intermédiaire du boycott diplomatique d'une cérémonie d'ouverture par exemple. En tant que championne du monde de l'organisation d'événements sportifs entre 2000 et 2020, la Russie est régulièrement la cible de ces « demi-boycotts ».

Les lieux des événements sportifs en Russie : un territoire coupé en deux

Enfin, le territoire est un élément primordial du *sport power* lié à un événement sportif en raison du *storytelling* et du *Nation branding* qu'il véhicule. Il suggère en effet des repères visuels à la fois naturels (photos) et abstraits (cartes). Au carrefour de la géographie et l'histoire, il inscrit l'événement dans un cadre immuable, là où il est normalement éphémère. Le territoire a ainsi pour vocation à devenir l'incarnation de la nation pendant la durée de l'événement. Il est *de facto* fondamental dans la construction du *sport power* russe.

Phénomène inhérent au plus grand pays du monde révélé sur la carte ci-après, la Russie est coupée en deux lorsqu'il s'agit d'accueillir des événements sportifs. Le district fédéral central et le district fédéral du nord-ouest concentrent la majeure partie des infrastructures et des événements sportifs, quand la partie asiatique est pratiquement laissée à l'abandon. Elle ne rassemble, il est vrai, que le quart de la population de la Russie. Cette inégalité révèle le déséquilibre structurel du pays, illustré par la Coupe du monde de football 2018. En effet, 10 des 11 villes hôtesses se situent sur le continent européen, seule Iekaterinbourg est au-delà des montagnes de l'Oural.

Carte représentant les principaux territoires du sport en Russie

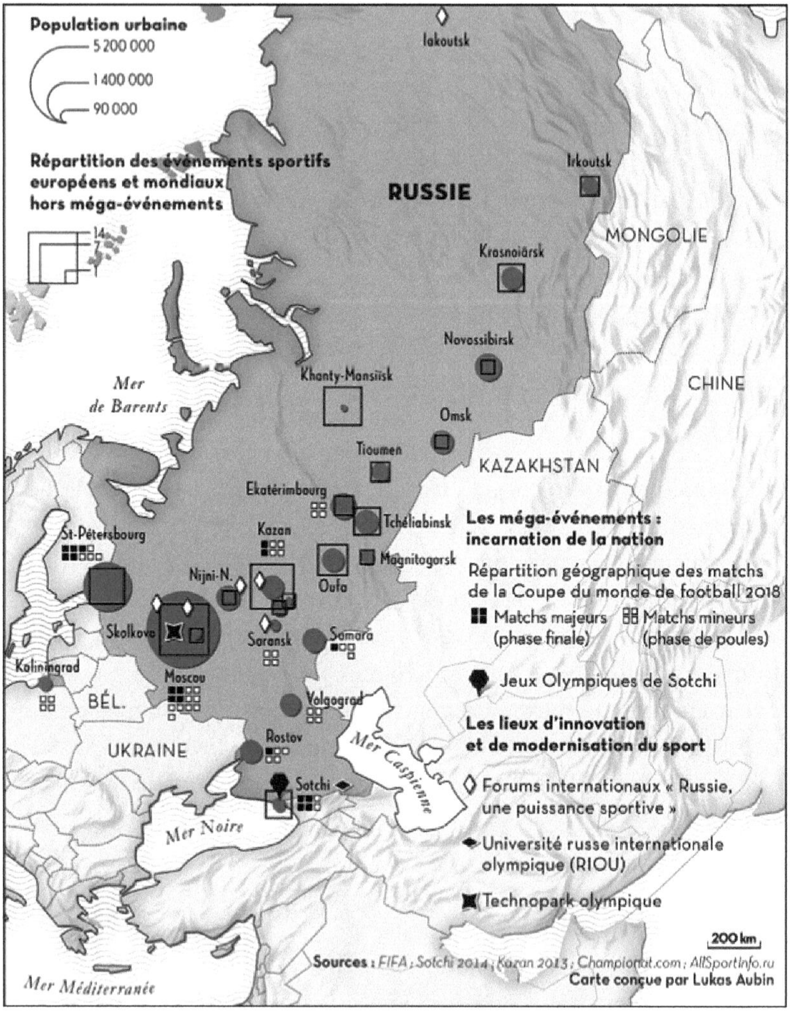

Cette omniprésence de l'évènementiel sportif sur le territoire russe-européen au détriment de la plus grande partie du pays s'explique par des intérêts géopolitiques à 3 échelles : fédérale, post-soviétique et mondiale.

À l'échelle fédérale, la concentration des événements sportifs correspond peu ou prou à la concentration des pouvoirs étatiques et économiques. Les deux villes-mondes que sont Moscou et, dans une moindre mesure, Saint-Pétersbourg rassemblent en effet l'immense majorité des événements sportifs du pays. Sotchi et Kazan font figure d'exception.

À l'échelle du territoire post-soviétique, la Russie utilise le sport comme un vecteur d'influence sur « l'étranger proche », notamment dans les pays baltes, en Ukraine ou au Bélarus. La création en 2008 de la Kontinental hockey league (KHL) en est un exemple puisqu'elle regroupe en son sein des clubs russes, bélarusses, kazakhs, lettons et ukrainiens.

Enfin, à l'échelle mondiale, la projection de la Russie européenne est indispensable car cet espace offre une vision plus moderne du pays et il est couvert par des fuseaux horaires correspondant à ceux de l'Union européenne, ce qui constitue un avantage médiatique non-négligeable.

Limites et perspectives du *sport power* russe

■ Quelle projection pour le *sport power* russe ?

Aujourd'hui, à l'heure du développement des réseaux sociaux, la question de l'impact réel du sport auprès de l'audience internationale se pose. La *timeline* de Twitter durant et concernant les JO 2014 était davantage alimentée par des sujets polémiques liés à la Russie (droits des LGBTI, Pussy Riots, guerre en Ukraine) que par l'événement sportif en lui-même. Finalement, ce *sport power*, qui a pour objectif d'« œuvrer à créer une image positive de la Russie »[69], s'avère être un instrument difficile à maîtriser, car sujet aux aléas de l'actualité internationale. Si la Coupe du monde 2018 s'est mieux déroulée et a permis à la Russie d'augmenter sa popularité à travers le monde, c'est probablement en raison de l'actualité plutôt calme de la politique russe à l'époque.

Cependant, l'impact sur la population locale semble être autrement plus positif. Les Russes ont manifesté à plusieurs reprises leur fierté d'avoir accueilli les JO de Sotchi, 34 ans après le boycott des Olympiades de Moscou en 1980. Ajoutant à cela l'annexion de la Crimée et la guerre en Ukraine, le taux de satisfaction à l'égard du président n'a cessé d'augmenter durant l'événement, atteignant par la suite des records.

On retrouve toujours cette dichotomie entre la perception locale et la perception internationale. Pour une frange médiatico-politique occidentale, les événements sportifs russes sont l'occasion de critiquer vivement le régime de Vladimir Poutine. Alors que l'élite du pouvoir russe n'hésite pas à parler de « complots » ou de « décisions politiques » dès lors qu'une mesure est prise à son encontre (dopage, JO de Rio, etc.).

Une diplomatie à deux vitesses

Depuis 2014, la Russie se referme sur elle-même suite au conflit ukrainien, au retour de la Crimée dans l'espace russe, aux sanctions occidentales et… à l'affaire de dopage russe qui secoue le sport mondial. Sous les projecteurs mondiaux, la Russie, qui s'était exposée volontairement en organisant les plus grands événements sportifs de la planète, voit son *sport power* se retourner contre elle. L'équipe olympique russe peut concourir de justesse aux JO de Rio 2016, mais de nombreux athlètes russes sont sanctionnés pour dopage et le pays termine à la 9e place au classement des médailles. Deux ans plus tard,

---

69 http://www.mid.ru/foreign_policy/official_documents/-/asset_publisher/CptICkB6BZ29/content/id/122186.

la Russie n'est pas autorisée à participer aux JO de Pyeongchang 2018 suite à la décision du CIO. Peu à peu, l'image positive recherchée par le pouvoir russe est ternie par les nombreuses accusations et sanctions émises par les instances internationales du sport (CIO, AMA, TAS, etc.). Paradoxalement, dans un contexte d'isolement, le patriotisme russe augmente en flèche et se cristallise autour des rares victoires des athlètes d'État.

Si la Coupe du monde 2018 de football en Russie est un succès mondial, la potion est amère quand, quelques mois plus tard, le pays est exclu des grandes compétitions mondiales par l'AMA et le TAS. V. Poutine décide alors de prioriser sa stratégie de *sport power* sur l'échelle fédérale. Une stratégie qu'il avait déjà entamée au lendemain des JO de Sotchi lorsqu'il avait rétabli le programme sportif soviétique « Prêt au travail et à la défense » (GTO). Dans cette logique, il lance en 2019 l'ambitieux programme national « Le sport est la norme de la vie » qui prévoit notamment une augmentation à 55 % de la proportion de citoyens russes systématiquement impliqués dans l'éducation physique et les sports dans les prochaines années.

Malgré la tenue d'événements sportifs internationaux de premier plan en pagaille, le *sport power* russe éprouve des difficultés à s'exprimer de façon positive sur la durée à travers le monde. Depuis vingt ans, le Kremlin oscille entre ouverture et fermeture, entre diplomatie sportive à part entière et patriotisme sportif. Autrement dit, entre « gagner » et « participer ». Il a construit un *sport power* hybride qui semble parfois naviguer à vue, entre deux mondes et deux modèles : soviétique et capitaliste. La faute, probablement, à une *sportokratura* dont l'héritage soviétique et l'entrée brutale dans l'économie de marché contribue à favoriser la corruption et le développement d'un dopage massif en Russie.

Ce dernier illustre le caractère hybride de la diplomatie sportive du pays. Niant ces accusations en bloc dans un premier temps, certains officiels adoucissent par la suite leur discours en reconnaissant que la Russie a « un problème avec le dopage »[70]. Quelques mois plus tard, le ministre des Sports russe, Vitali Moutko, quitte ses fonctions. Signal favorable envoyé aux instances du sport mondial ? Pas vraiment. Cette mesure semble n'être en réalité qu'un effet d'annonce, l'ancien ministre étant relégué au rang de vice-premier ministre du… ministère des Sports. Dans la même veine, on peut citer l'exemple de Yelena Isinbayeva. L'ancienne perchiste aux multiples records du monde est nommée à la tête de l'agence antidopage russe RUSADA, alors qu'elle est l'une des personnalités les plus virulentes à l'égard des contempteurs du sport russe. Comme pris la main dans le sac, le Kremlin décide de la limoger quelques semaines plus tard.

Cette diplomatie sportive soufflant le chaud et le froid est caractéristique du *soft power* russe depuis quelques années. L'objectif non-avoué ne semble pas être de chercher à s'opposer frontalement aux instances internationales, mais plutôt de semer le doute et la confusion quant à leur légitimité. Cela révèle la nécessité de repenser le concept de *soft power* avant de pouvoir l'appliquer au modèle russe et, plus largement, aux États autoritaires.

---

70 « "Nous avons un problème avec le dopage", admet un responsable russe », *Eurosport,* 11 novembre 2015, www.eurosport.fr/athletisme/dopage-la-russie-doit-tout-faire-pour-eradiquer-le-probleme-du-dopage-poutine_sto4987586/story.shtml.

CHAPITRE 3

LE SPORT EN RUSSIE : UN INSTRUMENT DE PUISSANCE

Le sport, un support narratif de la puissance russe

Le sport, le pouvoir de la mise en récit

Dans le processus de construction de l'État-nation en Russie, le sport occupe une place de choix. En effet, il est un outil géopolitique à usage interne (*Nation building*) et externe (*Nation branding* et *soft power*), populaire et symbolique de la puissance. Manié efficacement, il devient une représentation positive, conquérante et forte du pays qui permet d'exprimer la « puissance de l'imaginaire » sur les scènes nationale et internationale. À l'heure de la mondialisation où le contrôle de la perception des informations est devenu un enjeu clé à l'échelle mondiale, le sport est un instrument de pouvoir non négligeable qui permet de façonner l'image d'un pays. Au sein des sciences humaines, on parle alors de « *Nation branding* » ou d'« image de marque nationale ». Composante du *soft power*, « le *Nation branding* est un phénomène par lequel le gouvernement engage volontairement des activités pour produire une certaine image de l'État-nation » (Stahlberg et Stahlberg, 2010). Utilisant les codes du marketing contemporain, à savoir la publicité et les médias de masse, il s'agit alors de la carte de visite du pays décidée consciemment par les élites du pouvoir dans le cadre de ce que certains chercheurs appellent une « politique d'identité » (Gorokhov, 2015). C'est-à-dire lorsque les autorités engagent des actions afin de construire, définir, maintenir et projeter une certaine idée de l'État-nation au sein et en dehors d'un territoire. Selon Simon Anholt, « l'image de marque d'une nation est son atout le plus précieux : c'est l'identité nationale rendue solide, tangible et communicable, et – au mieux – rendue utile. » (Anholt, 2011) En Russie, l'immensité du territoire, la diversité des us et coutumes de la nation, la puissance et le retour de la Russie sur le devant de la scène internationale sont par exemple des thématiques régulièrement mises en avant par le pouvoir. Elles servent à structurer une image cohérente et positive du pays par l'intermédiaire de campagnes de communication ciblées. L'objectif n'est pas de transformer les attributs qui constituent une nation mais plutôt de modifier la perception que le public peut en avoir grâce à la déconstruction des stéréotypes négatifs et la construction d'une image de marque positive (Simons, 2019). Afin que cette stratégie soit efficace, il existe un certain nombre de leviers : la manifestation sportive, l'utilisation des médias, l'expérience personnelle des sujets cibles, l'éducation ou encore les discours. En Russie, par exemple, l'organisation d'événements sportifs est l'une des armes du *Nation branding* privilégiée par le pouvoir car elle permet d'occuper l'espace médiatique tout en offrant la possibilité au public étranger de voyager en Russie pendant la durée de l'événement et ainsi de découvrir une certaine image du pays dont la mise en récit est assurée par la *sportokratura*.

Aujourd'hui, plus de trois décennies après la chute l'URSS, les Russes peinent toujours à trouver leur identité. Sous l'Empire des tsars, le triptyque « orthodoxie, autocratie et nationalité »[1] de 1833 a longtemps synthétisé schématiquement la nation russe. Puis s'y est substitué « l'internationalisme » « antinationaliste » et « antipatriote » prôné par Lénine, lui-même supplanté par le « peuple soviétique » sous Staline après la Grande Guerre patriotique. À la chute de l'URSS, la Russie renoue avec l'Église orthodoxe et Vladimir Poutine construit un nationalisme incarné par l'État *via* trois idées fortes : l'altérité de la Russie – justifiée par son histoire, son territoire, sa multiethnicité ou encore son orthodoxie –, sa grande puissance projetée à l'international et ses valeurs conservatrices.

Pour V. Poutine, ces trois éléments constitutifs de la nation russe émanent de l'État qui représente l'union entre le pouvoir, le peuple et le territoire d'un point de vue historique, religieux et même organique. « Une nation, écrivait Ernest Renan, est une âme, un principe

1 Devise russe inventée par le comte Sergueï Ouvarov et adoptée par l'empereur Nicolas Ier au début du XIXe siècle. « Nationalité » – *narodnost* dans la devise originale en russe – peut également être traduit par « esprit national ».

spirituel. » Vladimir Poutine épouse cette définition par le caractère métaphysique qu'il donne à la raison d'être de la Russie. En ce sens, il n'a pas obtenu le pouvoir russe, il est l'émanation de celui-ci.

Dans ce contexte, comment le sport s'inscrit-il dans le processus de (re)construction de l'identité nationale russe ? En quoi la puissance est-elle un élément central de son utilisation ? Comment est-il utilisé afin de construire une certaine image de marque de la nation en Russie et à travers le monde ? De quoi cette image est-elle constituée et quelles sont les valeurs fondamentales véhiculées à travers elle ?

Le sport comme grille de lecture de l'évolution de la puissance russe entre 1991 et 2020

> « Le premier slogan de l'équipe nationale russe (de football) est la puissance (« derjavnost' ») et le patriotisme. »
>
> Valeri Reinhold, Maître de sport de football et ancien attaquant du Spartak Moscou

D'Andreï Kozyrev à Sergueï Lavrov, en passant par Evgueni Primakov, tous les ministres des Affaires étrangères russes font de la puissance (*derjavnost'*) un élément essentiel du discours officiel russe depuis la chute de l'URSS (Deschepper, 2015) (Audinet, 2016). Andreï Kozyrev, le seul à avoir tenté une légère digression à la faveur d'un rapprochement avec les États-Unis, est par la suite surnommé par la presse russe « l'ennemi public n° 2 » derrière... Boris Eltsine. Ce contrat implicite qui fait de la puissance un élément constitutif de la Russie lie les citoyens russes à leurs dirigeants. La Russie se doit « naturellement » de jouer un rôle mondial pivot. Sa situation géographique, son histoire et sa culture au fil des siècles sont censées être les illustrations de ce trait de caractère national.

Pourtant, en 1991, la Fédération de Russie naît d'une Union soviétique en désagrégation sous l'impulsion de Boris Eltsine. « Aucun parti ne sera désormais le maître autoproclamé de la Russie », dit-il au Congrès des Députés du peuple le 18 octobre suite à la première et seule élection au suffrage universel de l'histoire de l'URSS. Plus important encore, quelques semaines plus tard, après 70 années de communisme, l'URSS s'effondre sur elle-même le 21 décembre 1991, suite à la dissolution du PCUS par Mikhaïl Gorbatchev. Pour la première fois depuis les invasions mongoles au XIIIe siècle, la Russie voit son territoire se réduire et être amputé de quelques 5,4 millions de km². Elle qui était une puissance en expansion permanente depuis sept siècles, devient, selon la formule d'un proche conseiller de Boris Eltsine, Sergueï Stankevitch, « une puissance en quête d'elle-même ». Face à ces changements géopolitiques majeurs, le pouvoir russe tâtonne. Le très impopulaire « moment Kozyrev » (1990-1996), qui symbolise le rapprochement entre les États-Unis et la Russie, illustre l'incertitude du plus grand pays du monde. Rapidement, la « doctrine Primakov » (1996-1999) lui succède et renoue avec le « principe cardinal de l'intérêt national » russe (Audinet, 2016) : la puissance. Respectant à la lettre le contrat national, Vladimir Poutine, dans son manifeste publié le 30 décembre 1999 et intitulé *La Russie au tournant du millénaire*, fait de la puissance une des caractéristiques du retour de la Russie sur le devant de la scène mondiale. Désormais, l'intérêt national prime en matière diplomatique. La Russie doit lutter contre l'unilatéralisme américain et l'expansionnisme de l'OTAN. Ce renouveau russe se traduit notamment par le retour d'un État fort, central et vertical dont Vladimir Poutine est la figure de proue.

Calqué sur les temps forts de la politique conduite par le Kremlin, le sport reflète les grands moments de la puissance russe. Durant le « moment Kozyrev » lors du premier mandat de Boris Eltsine, le milieu sportif vit un moment de libération de la parole. Les sportifs et entraîneurs soviétiques dénoncent un système vérolé par le dopage et, avec le soutien du président russe, tentent de normaliser la Russie dans le concert des nations sportives. B. Eltsine utilise alors le sport pour faciliter les relations diplomatiques avec ses homologues occidentaux. Pourtant, cette posture est décriée dans l'opinion russe.

Rapidement, à partir de son second mandat et avec la mise en place de la « doctrine Primakov », l'intérêt national redevient primordial et cette posture de dénonciation est perçue comme une marque de trahison de la part des sportifs russes. Dès lors, le sport est à nouveau un espace de patriotisme et de puissance. Pourtant, le modèle sportif russe peine à se relever et à exister de façon pérenne en raison d'un système corrompu au sein duquel l'intérêt des oligarques prime visiblement sur ceux de la nation.

L'arrivée au pouvoir de Vladimir Poutine marque une rupture. Durant la première moitié des années 2000, le sport est avant tout utilisé par le pouvoir russe pour conformer la Russie sur la scène internationale. Il s'agit d'abord de renouer avec les institutions du sport mondial. La Russie doit devenir une « grande puissance normale » (Tsyganov, 2005). Les oligarques sont mis au pas et utilisés pour redresser le sport afin de pouvoir par la suite le projeter à l'échelle internationale. Durant cette période, la Russie entame un ballet de séduction systématique pour obtenir les plus grands événements sportifs de la planète. Cahin-caha, cette politique d'appropriation de l'espace sportif mondial connaît des débuts mitigés et la Russie essuie de nombreux revers. La faute à des candidatures mal préparées, à des infrastructures sportives insuffisantes ou encore à des examinateurs frileux à l'idée de voir les compétitions sportives se tenir sur un territoire réputé instable.

Concomitamment, plusieurs éléments mettent à mal la stratégie de normalisation de la Russie. Les « révolutions de couleur » qui secouent la Géorgie (2003), l'Ukraine (2004) et le Kirghizistan (2005) sont observées avec circonspection par le Kremlin. Dans le même temps, l'élargissement de l'espace vital de l'OTAN et l'UE aux trois pays baltes (ex-républiques soviétiques) en 2004 est pratiquement considéré comme une déclaration de guerre à la Russie pour V. Poutine. Ces événements sont perçus à Moscou comme les fruits d'une ingérence occidentale au sein de l'espace post-soviétique – « l'étranger proche » – et constituent une mise en danger des intérêts russes. De fait, ils marquent un changement de stratégie de la part de

Vladimir Poutine. Le 10 février 2007, il prononce le discours de Munich dans lequel il dénonce le caractère expansionniste de la politique étrangère américaine et milite pour l'avènement d'un monde multipolaire. La même année, l'obtention des JO de Sotchi suite à une volonté personnelle du chef du Kremlin affirme un peu plus la volonté russe de jouer un rôle primordial dans le concert des nations. C'est durant cette période que la stratégie russe d'appropriation des événements sportifs mute et s'adapte aux standards internationaux. À grands coups de promesses, de dossiers bien ficelés et de milliards de roubles, la Russie donne des gages de réussite, convaincant régulièrement son auditoire de sa capacité à organiser des événements hors du commun.

Cette politique est un succès et le pouvoir ne tarde pas à cueillir les lauriers de ses efforts. La deuxième moitié des années 2000 est marquée en Russie par l'obtention d'un grand nombre d'événements sportifs internationaux de premier plan qui se traduiront par leur tenue lors de la décennie suivante. À défaut de pouvoir concurrencer les États-Unis sur le terrain de la puissance militaire, le pouvoir cherche à la dépasser sur le théâtre de la « puissance de l'imaginaire » et du *soft power*. À ce titre, le sport est un moyen de la puissance fondamental puisqu'il permet de paraître aux yeux du monde comme une nation forte et en bonne santé.

Le mandat de Dmitri Medvedev (2008-2012) est marqué par une tentative de modernisation, mais surtout par la guerre entre la Russie et la Géorgie en août 2008 durant laquelle l'omniprésence de Vladimir Poutine montre les limites de l'alternance démocratique. C'est pendant cette période que la Russie étend son influence sur l'espace post-soviétique en menant la « guerre du gaz » en Ukraine (janvier 2009) et en lançant l'idée de « monde russe » (*Rousski Mir*) au sein duquel la Russie aurait vocation à projeter sa puissance dans l'espace civilisationnel russophone et, aussi, orthodoxe. En Russie, le développement du patriotisme devient un enjeu primordial qui se traduit dans le domaine du sport par la mise en place de nombreux programmes sportifs nationaux destinés à sportiviser la nation russe et à préparer les athlètes de haut niveau aux échéances sportives à venir. En prélude des JO d'été de Londres, Dmitri Medvedev n'hésite pas à déclarer en 2010 : « nous sommes dans notre constitution spirituelle une nation de gagnants »[2]. L'objectif est fixé : remporter les JO de Sotchi 4 ans plus tard.

Le retour de Vladimir Poutine au pouvoir en 2012 symbolise à la fois son virage conservateur en Russie et le succès de sa politique d'influence et de puissance à travers le monde. La « Grande Russie » (*Velikaïa Rossia*) traditionnelle est de retour et elle va le démontrer sur la scène internationale. Pourtant, l'échec relatif de l'équipe nationale russe aux JO d'été de Londres, qui finit quatrième au classement des médailles derrière la Grande-Bretagne, la Chine et les États-Unis, est vécu comme une désillusion par Vladimir Poutine qui déclare alors que « les victoires sportives éclatantes sont nécessaires pour maintenir le courage et les sentiments patriotiques des citoyens, pour renforcer le prestige du pays et pour promouvoir les valeurs d'un mode de vie sain »[3]. Dès lors, son mandat est marqué par de nombreuses démonstrations de puissance : l'intervention diplomatique (2013) puis militaire (dès 2015) en Syrie, l'annexion de la Crimée (2014) et, bien sûr, les JO de Sotchi (2014). Vaste démonstration de puissance, ces derniers sont l'un des points d'orgue de la stratégie russe du « retour ». « La Russie, grande, ouverte, moderne », dit d'ailleurs le slogan de l'événement. Pourtant, l'intérêt recèle bel et bien dans la victoire surprise de l'équipe nationale russe. V. Poutine y voit en effet une réussite sportive due au patriotisme des athlètes et, surtout, au soutien du peuple russe tout entier : « Nous n'avons pas seulement préparé et organisé les meilleurs Jeux olympiques de toute l'Histoire, mais nous les avons également remportés.

2 « Entretien avec les champions et lauréats des XXIes Jeux olympiques d'hiver de 2010 à Vancouver », *Présidence de Russie,* 15 mars 2010, www.kremlin.ru/events/president/transcripts/7105.

3 Poutine Vladimir, « Réunion du Conseil pour le développement de la culture physique et des sports », 6 novembre 2012. Disponible en russe sur le site Internet du Kremlin. Lien URL : http://kremlin.ru/events/president/news/16760

Cette victoire est le mérite de tous les habitants de notre pays : aussi bien des athlètes que des gens qui les ont soutenus »[4], déclare-t-il alors au terme d'une année 2014 décisive.

Pourtant, si le pouvoir russe se renforce à l'échelle nationale, il s'isole à l'échelle internationale. Concomitamment à la guerre en Ukraine dans laquelle le pays joue un rôle décisif, l'affaire du dopage russe secoue le monde du sport comme jamais. Face aux accusations de l'Agence mondiale antidopage (AMA) corroborées par Dmitri Rodchenkov et le couple Stepanov, le Kremlin décide de nier en bloc afin de renforcer son statut de puissance sportive de premier plan. Mais les conséquences de cette politique sont désastreuses. Dans la foulée, l'agence russe antidopage RUSADA et la fédération russe d'athlétisme sont officiellement suspendues. Plus tard, l'équipe nationale russe est exclue des JO d'hiver de Pyeongchang 2018 en Corée du Sud et contrainte de concourir sous bannière neutre. Enfin, en décembre 2020, l'AMA et le TAS décident d'exclure le pays pour deux ans des plus grandes compétitions internationales. Sportivement et diplomatiquement, la Russie (re)devient une puissance solitaire au sein d'un monde multipolaire. À l'instar d'un miroir grossissant, le sport est donc un support narratif de la stratégie de puissance russe et un atout pour se présenter au monde. Conséquemment, il est une grille de lecture pour mieux comprendre les objectifs politiques du pouvoir.

4 Poutine Vladimir, « Discours du Nouvel An adressé à la Nation », 31 décembre 2014. Disponible en russe et en anglais sur le site Internet officiel du Kremlin. Lien URL : http://en.kremlin.ru/events/president/news/47446

Une identité nationale sportive en Russie

> « Le développement du sport de haut niveau et de l'éducation physique de masse sont considérés comme l'une des priorités les plus importantes de la politique de l'État. Les triomphes de nos athlètes aux plus grandes compétitions mondiales constituent une base solide pour l'éducation patriotique des jeunes. »
>
> Vladimir Poutine, le 12 août 2017, lors de la Journée de l'athlète en Russie[5]

La Russie est devenue une méga-puissance sportive ces deux dernières décennies grâce à l'accueil d'événements sportifs de premier plan. Pour les athlètes ainsi que pour les spectateurs, ces manifestations représentent des moments d'intense exaltation patriotique où la nation s'incarne à travers le sportif victorieux, le drapeau, l'hymne, les symboles nationaux ou encore le territoire. Lors de confrontations entre plusieurs États, l'arène sportive devient alors le réceptacle à la fois temporel et intemporel de cette exaltation. Les larmes, les rires, la joie ou encore l'excitation sont autant de sentiments forts générés par le sport qui marquent durablement l'empreinte d'un événement sportif. Tout Français se souvient où il était et ce qu'il faisait le soir de la victoire l'équipe de France de football le 12 juillet 1998 contre le Brésil. Et, l'idéal politique et social « black-blanc-beur », s'il n'a pas duré, est né de l'engouement populaire généré par ce méga-événement sportif de premier plan. En Russie, c'est la même chose. Chaque habitant se souvient ce qu'il faisait le 7 février 2014, soir de la cérémonie d'ouverture des JO de Sotchi. Son évocation ne manque jamais de déclencher des trémolos dans la voix du spectateur qui, politisé ou non, patriote ou non, exprime sa fierté d'être russe. Et ça n'est pas un hasard si V. Poutine a décidé quelques semaines après Sotchi 2014 de rétablir le GTO soviétique. En Russie, peut-être plus qu'ailleurs, la nation s'incarne lors des compétitions sportives qui se déroulent sur

5 « Pour les athlètes, les athlètes, les travailleurs dans le domaine de la culture physique et du sport », *Présidence de Russie,* 12 août 2017, kremlin.ru/events/president/letters/55329.

son territoire. Quelques mois avant les JO 2014, une étude de l'institut de sondage indépendant Levada avait montré que 52 % des Russes interrogés souhaitaient que l'événement augmente le prestige du pays à l'international, 48 % voulaient qu'il développe la pratique sportive en Russie et 26 % espéraient que l'identité nationale en sorte renforcée.

En réalité, la dimension identitaire et prestigieuse du sport se cristallise lors d'une manifestation sportive, car cette dernière dispose d'une fonction « intégrative » (Stevenson, 1979). La présence lors de manifestations sportives sur son propre territoire de populations venues du monde entier permet, d'une part, de renforcer la communion entre les peuples, mais aussi d'accentuer la division entre « eux » et « nous ». Le public s'identifie à « ses » sportifs, il chérit « ses » héros et il supporte « ses » champions. La compétition participe alors à la formation et au renforcement de l'identité nationale. C'est ce qu'on appelle le « nationalisme sportif ». Il se définit comme les idéologies et les sentiments nationaux construits par l'État et diffusés grâce aux méga-événements sportifs. Il repose sur le caractère attractif du sport et des sujets volontaires dont l'attachement national est la plupart du temps déjà existant. Étant donné le grand nombre d'événements sportifs qui se tiennent en Russie ces dernières années, on mesure un peu mieux son impact sur la population. En outre, le nationalisme sportif est particulièrement efficace en Russie en raison de la politique patriotique conduite par V. Poutine depuis une vingtaine d'années, dont l'une des caractéristiques est d'associer sa personne à la grandeur de la Russie. Dès lors, l'événement sportif devient le catalyseur du patriotisme russe incarné par le président lui-même.

De la « femme battue » au *bogatyr'*[6] : la renaissance du peuple russe grâce au sport

Quand Vladimir Poutine prend le pouvoir en 2000, il perçoit la nation russe comme une entité à genoux que l'État, dont il est l'incarnation, doit redresser. Selon lui, l'URSS et les années 1990 ont asservi le peuple par l'entremise du communisme et du capitalisme. Deux idéologies qu'il faut dominer afin de les mettre au service de la Russie et non l'inverse. Ainsi, « sous sa férule protectrice, le peuple russe se relève et se transforme de femme battue en chevalier épique (*bogatyr'*) » (Filler, 2010). Afin de redonner sa stature à la population, V. Poutine décide alors d'utiliser le sport par l'intermédiaire de la *sportokratura*. La culture physique doit permettre à la population de s'éloigner de l'alcool et du tabac, qui font alors des ravages, et la nomination du hockeyeur Viatcheslav Fetissov à la tête de Goskomsport en 2002 est censée donner l'exemple. Les discours des élites russes en faveur d'un mode de vie sain se multiplient et, très vite, le sport devient un élément essentiel de la nouvelle nation russe – à la fois ancestrale et moderne. La réactivation des Spartakiades soviétiques en 2002 à l'échelle nationale est l'illustration de cette volonté de « sportiviser » la masse de la nation russe.

Parallèlement, le sport de haut niveau devient une priorité pour l'État qui souhaite utiliser les événements sportifs, les victoires et le charisme des athlètes comme autant d'arguments destinés à augmenter le patriotisme, à inspirer la population russe et à transformer les corps courbés vers le sol en flèches dressées vers le ciel. Le sport doit devenir un élément de la nation russe. En se modelant, le corps du peuple doit s'éveiller à nouveau.

L'obtention des JO de Sotchi en 2007 fait office de déclencheur de cette mutation du corps de la nation russe. Le journal *Vedomosti* salue la performance du pouvoir russe et y voit l'opportunité de définir une « nouvelle idée nationale », une « renaissance » et un

6 Le *bogatyr* en Russie est un héros ou chevalier épique d'anciens contes moyenâgeux. Il est notamment doté de vertus patriotiques très développées et d'un courage hors-norme.

« retour ». « La victoire de la ville de Sotchi est perçue par le peuple comme un symbole de réussite et de résurrection de la force passée de la Russie ». Pourtant, en 2008, les statistiques officielles de la Fédération de Russie montrent que 85 % de la population russe ne pratiquent pas systématiquement un sport et que 60 % des élèves du secondaire en Russie sont sujets à des problèmes de santé. Pour le pouvoir russe, les deux facteurs sont liés. Il faut que le sport devienne un phénomène global et les problèmes de santé disparaîtront. Dès lors, deux types de mesures sont prises afin d'« attirer la population vers une éducation physique et sportive systématique » :

- la sportivisation du territoire ;
- la sportivisation du peuple.

■ Sportiviser le territoire russe : l'unité dans la diversité

Comme le montrent les deux cartes suivantes, le territoire russe se sportivise depuis une vingtaine d'années. Chaque région dispose désormais de ses stades gigantesques, de ses piscines ultra-modernes et de ses gymnases flambant neufs à tel point qu'en 2020, les infrastructures sportives du pays affichent une capacité d'accueil de 55,5 % de la population totale. Cette dynamique est telle que, dans certaines régions, les infrastructures sportives sont trop nombreuses proportionnellement aux besoins des habitants.

Comment le territoire russe a-t-il été sportivisé en seulement une vingtaine d'années ? La réponse tient en un triple mouvement concomitant :

- les programmes fédéraux de développement des infrastructures sportives ;
- les programmes régionaux et municipaux de développement des infrastructures sportives ;
- les investissements massifs des oligarques dans le développement des infrastructures sportives.

Pour faire du sport un élément à part entière de la nation russe comme du temps de l'URSS, le pouvoir russe met en place plusieurs programmes fédéraux axés sur la construction d'infrastructures sportives dans toute la Russie. Le plus efficace par son ampleur est probablement le programme fédéral de « Développement de la culture physique et des sports dans la Fédération de Russie pour 2006-2015 ». Destiné à redresser le sport russe, il a pour objectif de favoriser et de financer la construction d'infrastructures dans toutes les régions du pays. Il s'accompagne de deux sous-programmes : le sous-programme de « développement du football » et le sous-programme de « construction de centres de fitness ». Ensemble, ils permettent en moins de dix années de construire pas moins de 1 459 infrastructures sportives à travers toute la Russie. Naturellement, ce programme cible davantage les districts les plus peuplés du pays qui sont aussi ceux situés dans la partie européenne de la Russie. C'est pour cette raison que les districts de la Volga (Nijni Novgorod), du Centre (Moscou) et du Nord-Ouest (Saint-Pétersbourg) sont les plus concernés par la construction d'infrastructures sportives.

Cependant, ce phénomène statistique masque une réalité légèrement différente. En effet, il est intéressant de noter que les républiques sont la véritable priorité du pouvoir russe. Les républiques de Mordovie, du Tatarstan et de la Tchouvachie sont les trois régions les plus ciblées par le programme avec respectivement 62, 49 et 44 infrastructures construites grâce au budget fédéral entre 2008 et 2015. En outre, de nombreux programmes fédéraux à destination spécifiquement des républiques voient le jour dans les années 2000. Cette volonté du pouvoir central de développer les infrastructures sportives dans les régions les plus reculées et les plus indépendantes de Russie est révélatrice d'objectifs politiques qui dépassent le simple cadre de la pratique sportive. Le sport russe est un puissant vecteur unificateur de la nation, grâce aux valeurs patriotiques qu'il véhicule. À tel point que les régions les plus éloignées de Moscou d'un point de vue géographique et culturel sont souvent celles qui disposent du plus grand nombre d'infrastructures sportives proportionnellement à la population. Comme du temps de l'URSS, cette politique des grands travaux permet au pays d'uniformiser le territoire tout en tenant compte de ses spécificités régionales.

La capacité d’accueil des installations sportives en Russie par région en 2010

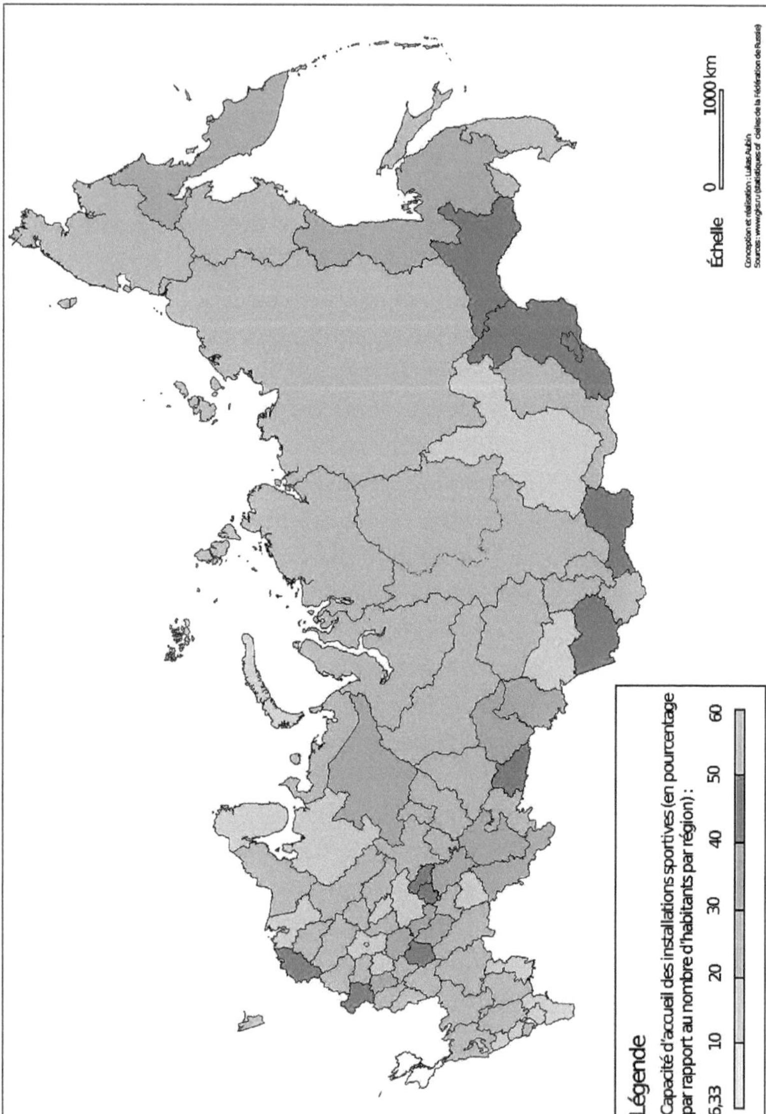

La capacité d’accueil des installations sportives en Russie par région en 2016

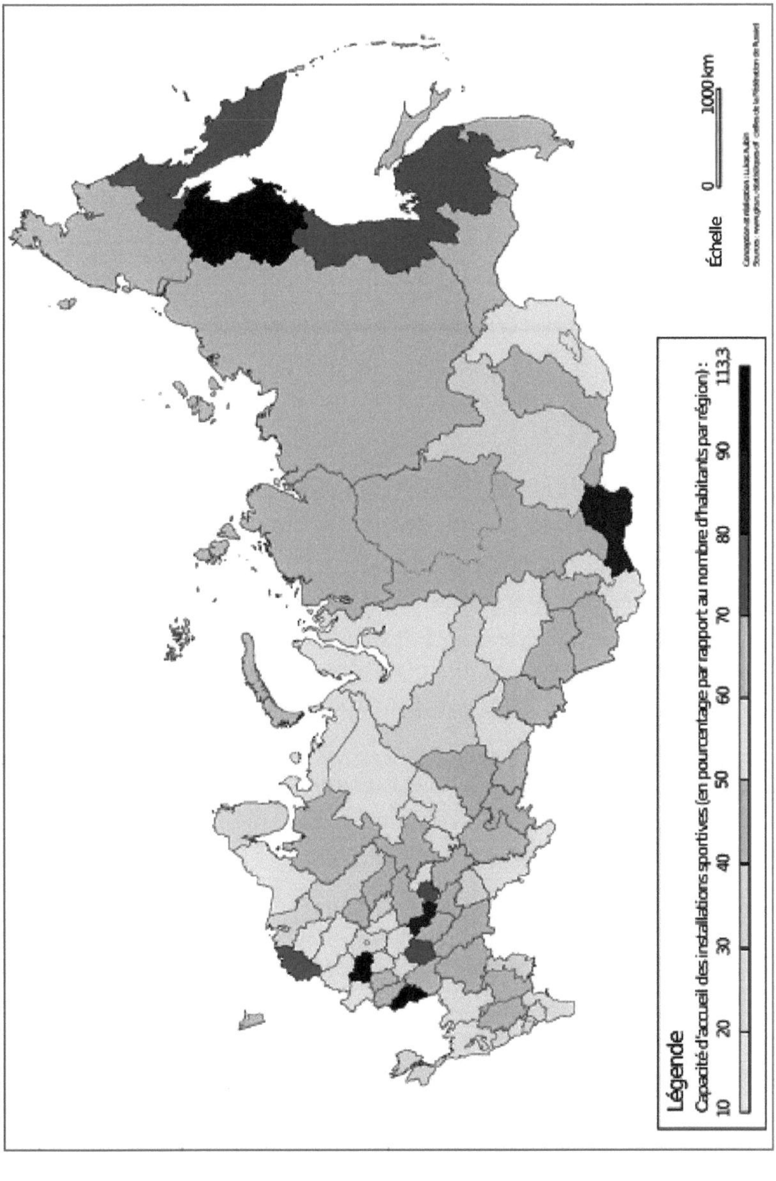

Les 10 régions russes les plus « sportivisées » entre 2008 et 2015[7]

Régions	Nombre d'infrastructures construites (par ordre décroissant)
1 République de Mordovie	62
2 Kraï de Krasnodar	59
3 République du Tatarstan	49
4 République de Tchouvachie	44
5 Oblast de Voronej	38
6 Oblast d'Orenbourg	38
7 Oblast d'Omsk	36
8 Oblast de Penza	36
9 Oblast de Moscou	33
10 République de Sakha	31

Néanmoins, les infrastructures financées par le budget fédéral ne représentent qu'une infime partie du total des infrastructures construites en Russie. Entre 2006 et 2013, plus de 6 000 infrastructures sportives naissent grâce aux bourses régionales, municipales et privées pour un total de 137 000 millions de roubles. Pas moins de 18 régions voient émerger plus de 100 infrastructures en un peu plus de dix ans. Sans surprise, le *kraï* de Krasnodar est en tête du classement des régions les plus productrices de bâtiments sportifs. Deuxième plus grande ville de la région, Sotchi est devenue l'épicentre du sport russe en quelques années après l'obtention des JO en 2007. Ce que les autorités russes qualifient de « victoire » engendre une frénésie constructrice sans commune mesure avec le reste de la Russie. Plus de 600 établissements sportifs sont construits sans utiliser le budget fédéral dans le *kraï* de Krasnodar. L'*oblast* de Saint-Pétersbourg figure également en bonne place (3e) en raison des investissements massifs de Gazprom dans la région. Cependant, si la différence de nombre entre les infrastructures fédérales et les autres est importante, il est

7 Source : site officiel du ministère des Sports de la Fédération de Russie.

nécessaire de noter que les grandes installations sportives, souvent d'envergure internationale, sont financées par le budget fédéral.

Les 10 régions russes les plus « sportivisées » entre 2006 et 2013 sans le soutien du budget fédéral[8]

Régions	Nombre d'infrastructures construites (par ordre décroissant)
1 *Kraï* de Krasnodar	605
2 *Oblast* de Tioumen	425
3 *Oblast* de Saint-Pétersbourg	395
4 République de l'Altaï	360
5 *Oblast* de Tver	205
6 *Oblast* de Vladimir	200
7 *Oblast* d'Ivanovo	190
8 *Oblast* de Tomsk	185
9 District autonome de Iamalo-Nénétsie	170
10 République du Daghestan	165

Parallèlement, les projets privés se multiplient. Gazprom, par exemple, met en place sur tout le territoire un programme national pour le développement du sport auprès des enfants. Suite à la demande de V. Poutine, de nombreux oligarques n'hésitent pas à mettre la main à la poche afin de participer à la reconstruction du sport russe. C'est ainsi que, par exemple, la république du Daghestan se développe très rapidement d'un point de vue sportif dans les années 2000 et 2010 grâce à l'oligarque local Souleiman Kerimov.

En définitive, entre 2008 et 2019, le nombre total d'infrastructures à l'échelle de l'ensemble du territoire de la Fédération de Russie passe de 238 000 à 322 000, soit une augmentation de 35,29 %. Les deux cartes ci-avant illustrent la mutation exceptionnelle du pays depuis deux décennies. À tel point que certaines régions – les *oblasts*

8 Source : site officiel du ministère des Sports de la Fédération de Russie.

de Belgorod, Kalouga et Magadan – disposent de suffisamment d'infrastructures sportives pour faire s'entraîner l'ensemble de leur population en même temps ! Aujourd'hui, il n'est pas hasardeux de dire que le territoire russe est véritablement « sportivisé » aussi bien au fin fond de l'Altaï qu'à Grozny ou encore Novossibirsk.

Comme du temps de l'URSS, les plans successifs de développement du sport, entre 2000 et 2020 en Russie, à l'initiative du pouvoir et avec le concours des pouvoirs régionaux et municipaux, permettent de redresser le pays. L'aide des oligarques, en revanche, est un phénomène nouveau et relativement aléatoire qui offre la possibilité à certaines régions de se développer plus rapidement que d'autres à la faveur d'initiatives privées. Désormais, la Russie est un territoire où la monotonie architecturale des infrastructures sportives ultra-modernes accueille la diversité des peuples russes avec leurs pratiques sportives locales et universelles, spécifiques et communes. En reconstruisant le territoire par le sport, le pouvoir fédéral cherche donc à définir une nation russe unie dans sa diversité où le patriotisme anime les stades et dont les spécificités régionales font la richesse.

■ Sportiviser la nation russe : objectif « sport pour tous »

En parallèle de la sportivisation du territoire grâce à la construction d'infrastructures sportives, l'État fait de la sportivisation de la nation une priorité. Comme le montrent les deux cartes suivantes, la pratique sportive va crescendo dans toute la Fédération de Russie depuis le début des années 2000. En 2010, seuls 18,5 % des citoyens russes pratiquent une activité sportive régulièrement. En 2016, ils sont 34,6 % et, en 2019, plus de 40 %. V. Poutine ne souhaite pas s'arrêter là. Selon le projet de « Stratégie de développement de la culture physique et des sports dans la Fédération de Russie jusqu'en 2030 », l'objectif est que 55 % de la population russe pratiquent un sport d'ici 2024[9] grâce au programme « Le sport est la norme de la vie ». Comment une telle évolution a-t-elle été rendue possible ?

---

9 « Projet de stratégie-2030 », *Ministère des Sports de la Fédération de Russie,* 28 juin 2014, minsport.gov.ru/activities/proekt-strategii-2030.

Afin d'obtenir des résultats aussi probants, le pouvoir russe utilise principalement trois stratégies depuis deux décennies :

- l'organisation d'événements sportifs internationaux, nationaux et régionaux ;
- la mise en place de programmes de remise en forme à l'échelle locale et à l'échelle fédérale ;
- la promotion du sport dans les médias.

Problème, la nation russe n'est pas homogène d'un point de vue culturel. Dans cette fédération aux 85 régions, les sports traditionnels varient en fonction de l'ethnie, de l'histoire et de la culture locales. Conséquemment, le pouvoir russe met en place un double mouvement destiné à valoriser à la fois le caractère universel du sport et ses spécificités régionales.

Faire du sport « la norme de la vie » : un objectif politique et politisé

En 2014, le retour du GTO soviétique entérine l'idée selon laquelle tout citoyen russe doit être « sportivisé » afin d'être sain de corps et d'esprit tout en étant un bon patriote. L'idée est d'unir le peuple russe en créant des objectifs communs à l'ensemble du pays. De nombreux programmes de développement du sport suivront afin de créer une unité de représentations à l'échelle fédérale. Le projet le « Sport pour tous » *(Sport dlâ vseh,* en russe) mené par les gouverneurs des régions à l'initiative de l'État central est devenu le symbole de cette politique sportive. En écho aux représentations soviétiques du sport, il a pour but de créer les conditions favorables afin d'attirer le plus grand nombre de personnes vers un mode de vie sain.

Quelles sont les régions les plus sportives en Russie en 2010 ?

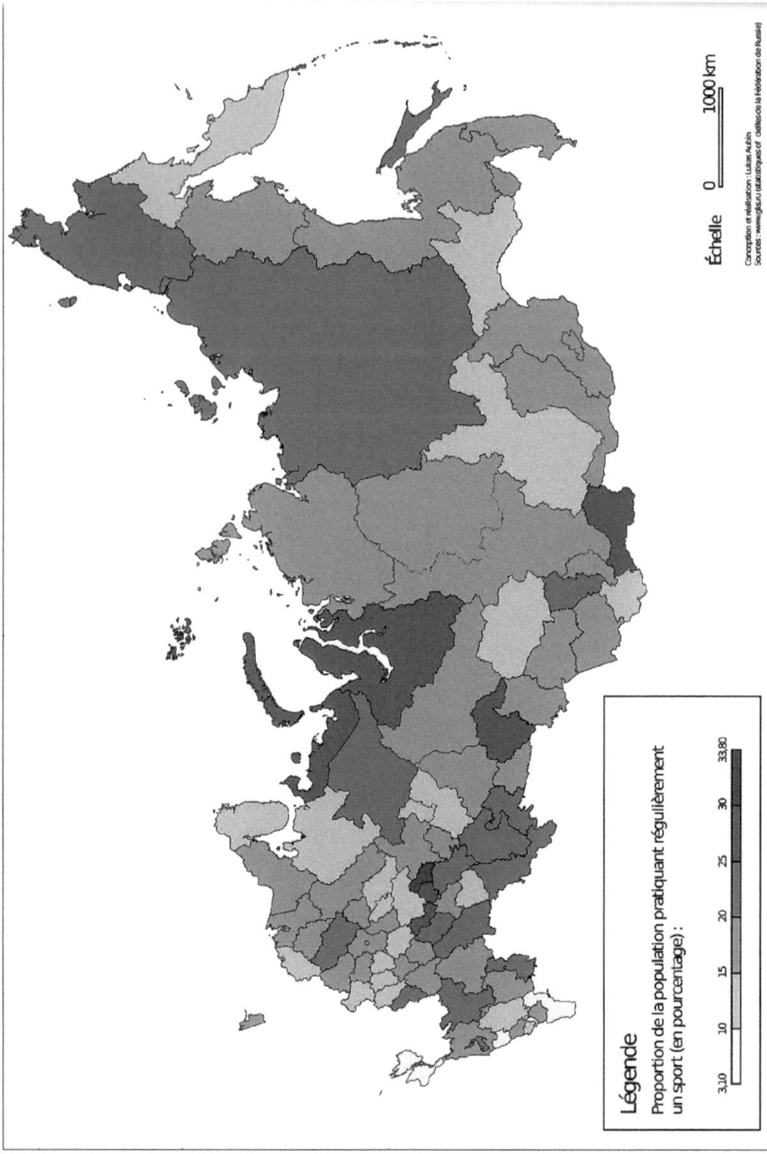

Quelles sont les régions les plus sportives de Russie en 2016 ?

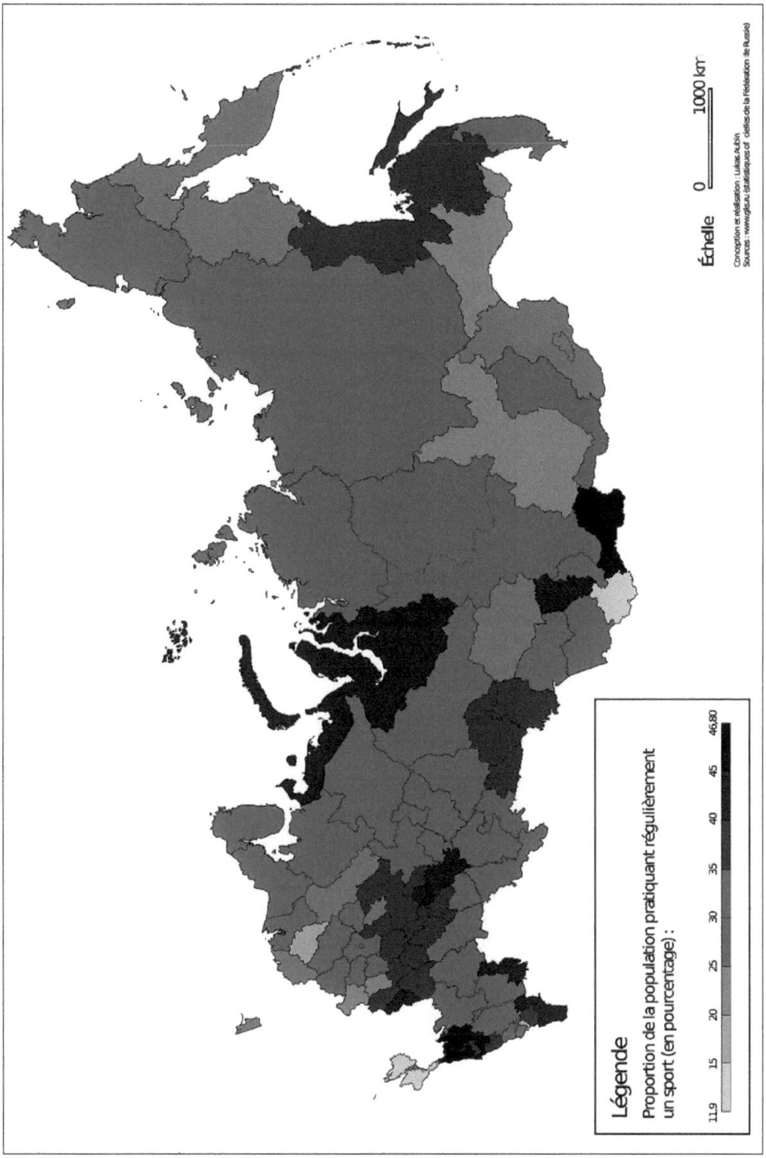

Parmi les multiples initiatives, le colossal projet fédéral intitulé « Le sport est la norme de la vie » est probablement la plus impressionnante. Créé le 1er janvier 2019, il fait partie du projet « Démographie » qui vise à développer le sport à l'échelle fédérale. L'objectif officiel est simple : « D'ici 2024, porter à 55 % la part des citoyens qui sont systématiquement impliqués dans l'éducation physique et les sports » afin de « créer une nouvelle culture et une nouvelle attitude dans la société envers le développement physique et les sports de masse »[10]. Pour ce faire, le projet fédéral déploie un ensemble d'actions destiné à diffuser le sport et sensibiliser un maximum de personnes à la culture physique. Constructions d'infrastructures sportives, création d'événements sportifs ou même conférences, « Le sport est la norme de la vie » est omniprésent en Russie aujourd'hui. Les moyens déployés sont colossaux. Depuis 2019, le projet organise « une campagne d'information et de communication à grande échelle [...] avec une couverture d'au moins 70 % de la population d'ici 2024 [...]. Les principaux canaux de la campagne d'information et de communication sont les médias imprimés et électroniques (niveaux fédéral et régional) et les réseaux sociaux. » Désormais, 260 événements sportifs sont organisés chaque année en Russie afin de toucher annuellement pas moins de 23 millions de personnes. Selon le site officiel du programme, « les gens heureux et en bonne santé sont la base de la prospérité de n'importe quel pays, par conséquent, l'une des tâches de l'État est de vous aider à réaliser vos désirs et vos aspirations, à trouver le type d'activité physique qui vous convient. »[11] En réalité, ce programme est surtout l'occasion pour la *sportokratura* de se déployer sur l'ensemble du territoire afin de valoriser le patriotisme sportif russe incarné par le président. Les manifestations sportives organisées par « Le sport est la norme de la vie » sont souvent le théâtre d'une politisation à l'extrême de la part de membres de Russie unie qui ne manquent pas l'occasion de valoriser V. Poutine et les bienfaits de sa politique

10 « Projet fédéral "Le sport est la norme de la vie" », *ministère du Travail et de la Protection sociale,* mintrud.gov.ru/ministry/programms/demography/5.

11 « À propos du projet », *Sport norme de vie,* norma.sport/about.

sportive. Fruit d'une volonté politique, le projet prévoit la « participation d'athlètes célèbres, de personnalités publiques et de leaders d'opinion qui couvrent tous les sujets de la Fédération de Russie »[12], soit les *sportokraturistes* venus de tout le territoire russe. Quand on sait que l'objectif final du programme est de toucher l'ensemble de la population russe chaque année, on comprend dès lors la portée exceptionnelle de ce projet sur la nation.

■ Utiliser les spécificités régionales pour accroître l'efficacité de « la propagande sportive et patriotique »

Selon le rapport publié en 2020 par le ministère des Sports russe intitulé « Sur les activités des organes exécutifs régionaux sur le développement de l'éducation physique et du sport », « les études montrent que les campagnes sportives ciblées en fonction des besoins des différents groupes ethniques de la population permettent d'accroître l'efficacité patriotique et sportive de la propagande ». Ce constat intervient après une décennie passée par l'État russe à tenter de valoriser les sports dits « nationaux »[13]. Non négligeables, car pratiqués en 2013 par plus de 80 000 personnes à travers le pays, ces sports atypiques représentent la diversité ethnique, culturelle et même religieuse de la Russie. Afin d'aligner la législation sur la pratique existante, la loi fédérale du 23 juin 2014, qui clarifie le statut des sports nationaux et la possibilité de leur développement, est adoptée. L'État décide ainsi d'accorder des subventions à 49 régions dont les 22 républiques, afin de promouvoir les sports traditionnels locaux à travers des compétitions sportives régionales. Il s'agit ici de respecter les différences tout en « sportivisant » l'ensemble de la population russe, au Tatarstan comme en Mordovie ou en Tchétchénie. Par exemple, le premier festival panrusse des sports nationaux et non

---

12 « Projet fédéral "Le sport est la norme de la vie" », *Ministère du Travail et de la Protection sociale,* mintrud.gov.ru/ministry/programms/demography/5.

13 Les sports « nationaux » en Russie sont la plupart du temps les sports pratiqués spécifiquement dans les républiques en raison de la culture, de l'histoire ou encore des traditions locales.

olympiques est organisé à Oulianovsk en 2014. Pas moins de 10 sports traditionnels russes sont représentés parmi lesquels le tir à la corde, le sambo ou encore la lutte korech. Officiellement, le développement des sports régionaux a pour objectif d'éduquer les enfants et les jeunes à des fins militaro-patriotiques. Il permet, selon le pouvoir russe, d'unifier la nation russe dans sa diversité.

Les principaux types de compétitions sportives organisées en Russie entre 2006 et 2014[14]

Années	Sports olympiques d'été	Sports olympiques d'hiver	Sports non olympiques	Sports pour personnes handicapées
2006	113	16	45	2
2007	181	22	109	6
2008	167	23	125	6
2009	193	31	134	8
2010	228	23	125	14
2011	211	31	135	14
2012	217	38	103	6
2013	224	47	161	15
2014	209	45	164	17

C'est pour cette raison qu'entre 2006 et 2014, le nombre de compétitions sportives de sports non olympiques se tenant annuellement sur le territoire russe est passé de 45 à 164. Cette évolution est d'autant plus impressionnante qu'elle dépasse le nombre de compétitions sportives de sports olympiques d'hiver (45 en 2014) et se rapproche du nombre de compétitions de sports olympiques d'été (209 en 2014). Le pouvoir russe mise donc sur les sports internationaux pour exister sur la scène mondiale tout en développant les sports « nationaux » afin de valoriser les cultures locales et ainsi édifier la nation russe dans sa diversité.

14 Source : site Internet officiel du ministère des Sports de la Fédération de Russie.

Du spectateur au pratiquant, quels sont les sports favoris des Russes ?

Depuis 2018, la plupart des enquêtes montrent qu'environ 40 % de la population russe pratiquent régulièrement un sport, que 41 % assistent à des événements sportifs à la télévision ou dans des stades et que, de manière générale, 75 % s'intéressent au sport d'une manière ou d'une autre. Il y a donc véritablement une tendance à la sportivisation de la population. Mais alors, quels sont les sports les plus pratiqués et les plus regardés en Russie ? Y a-t-il une différence entre le pratiquant et le spectateur ? Quels sont les sports favoris des Russes ? Autant de questions dont les réponses manqueront forcément de précision[15], mais qui permettront de donner une tendance. En novembre 2017, l'agence de recherche indépendante russe MAGRAM a réalisé une enquête destinée à définir les sports les plus populaires de Russie[16]. Les résultats ont été mis en forme dans le diagramme suivant.

Les sports les plus pratiqués et les plus regardés par la population russe en Russie en novembre 2017 (en %)

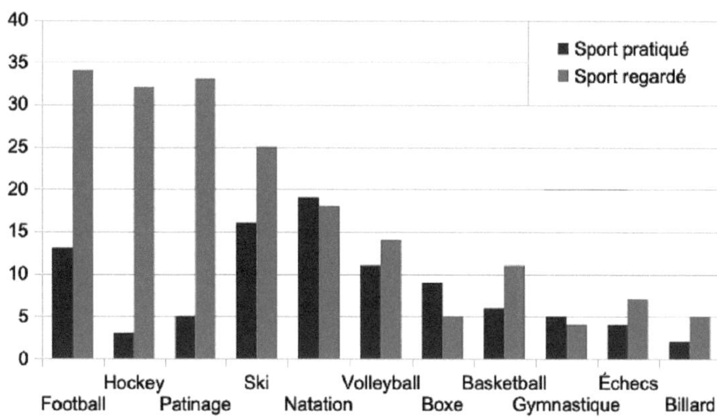

15 Dans un pays de la taille de la Russie, les statistiques offrent forcément un regard biaisé sur la réalité. Elles nous permettront néanmoins de comprendre la tendance globale qui traverse le pays.

16 « Les sports les plus populaires pour les Russes », *MAGRAM Market Research*, www.magram.ru/news/rossiyane_nazvali_samye_populyarNye_vidy_sporta.html. Consulté le 14 novembre 2020.

On remarque plusieurs choses. D'une part, les trois sports les plus populaires en Russie – le football (34 %), le patinage artistique (33 %) et le hockey sur glace (32 %) – ne sont pas les plus pratiqués – natation (19 %), ski (16 %) volleyball (14 %). Cette disparité s'explique en partie, car la pratique du patinage (5 %) et du hockey (3 %) nécessite des moyens financiers plus importants en termes d'équipement. En outre, les Russes interrogés préfèrent davantage pratiquer un sport individuel que collectif. La natation est par exemple le seul sport qui connaît plus de pratiquants (19 %) que de spectateurs (18 %). Le reste de l'étude concernant la pratique sportive en Russie confirme cette tendance :

- ski : 16 % ;
- course à pied : 15 % ;
- fitness / yoga : 14 % ;
- boxe / lutte / arts martiaux : 9 % ;
- exercices à la maison : 6 % ;
- cyclisme : 5 %.

La popularité de la pratique de ces sports s'explique par leur accessibilité. La plupart peuvent être pratiqués facilement et rapidement car ils nécessitent peu de moyens financiers. Il y a donc un écart en Russie entre le spectateur et le pratiquant, entre le fantasme et la réalité. En dépit de la construction massive d'infrastructures sportives ces dernières années, celles-ci sont bien souvent trop coûteuses pour la majorité de la population russe qui préfère pratiquer des sports financièrement accessibles.

■ Une géographie du sport en Russie

On observe également que les sports favoris des Russes varient en fonction des régions. Il est intéressant de noter que les disparités sportives sont souvent liées aux disparités climatiques. Ainsi, une étude des sports favoris en Russie en fonction des régions permet de rendre compte de l'importance de la géographie dans le développement du sport et donc des mentalités. Chaque sport dispose en effet de sa propre philosophie. Une étude conduite par Yandex – le plus grand moteur de recherche Internet russe – en mai 2013 a déterminé les sports les plus populaires dans les différentes régions de Russie en fonction de nombre de recherches Internet effectuées[17].

Il apparaît que le football est particulièrement touché par les variations climatiques du pays. Il est ultra-populaire dans le district fédéral du sud de la Russie (Daghestan, Tchétchénie, Ingouchie, Ossétie du Nord, Kabardino-Balkarie, Kalmoukie et Rostov-sur-le-Don) alors qu'il est délaissé dans les régions du nord-est les plus éloignées de Moscou (*kraï* du Kamchatka, région autonome de la Tchoukotka, république de Sakha, *oblast* d'Irkoutsk, *oblast* de Magadan, *kraï* de Transbaïkalie ou encore *kraï* du Primorié). En Tchétchénie, où le climat est plus adapté, le football est 14 fois plus populaire que le hockey sur glace.

Logiquement, la popularité du hockey sur glace est également liée au climat. Elle est particulièrement élevée dans le district fédéral de la Volga et du Nord-Ouest (république du Tatarstan, *oblast* de Tcheliabinsk, *oblast* de Kirov, la république de Bachkirie, *oblast* de Iaroslavl, *oblast* de Vologda, *oblast* de Nijni Novgorod) ainsi qu'à l'extrême est dans le *kraï* de Khabarovsk. À Tcheliabinsk, le hockey est quatre fois plus populaire que le football par exemple. De manière générale, le hockey est plus populaire que le football au-delà de l'Oural et vice-versa. En outre, l'impact climatique apparaît très clairement dans une bonne partie du district fédéral du sud de la Russie où le hockey sur glace est le sport le moins apprécié.

---

17 « Sports populaires dans différentes régions de Russie », *Recherche Yandex*, yandex.ru/company/researches/2013/ya_sport.

La popularité du football dans les différentes régions russes[18]

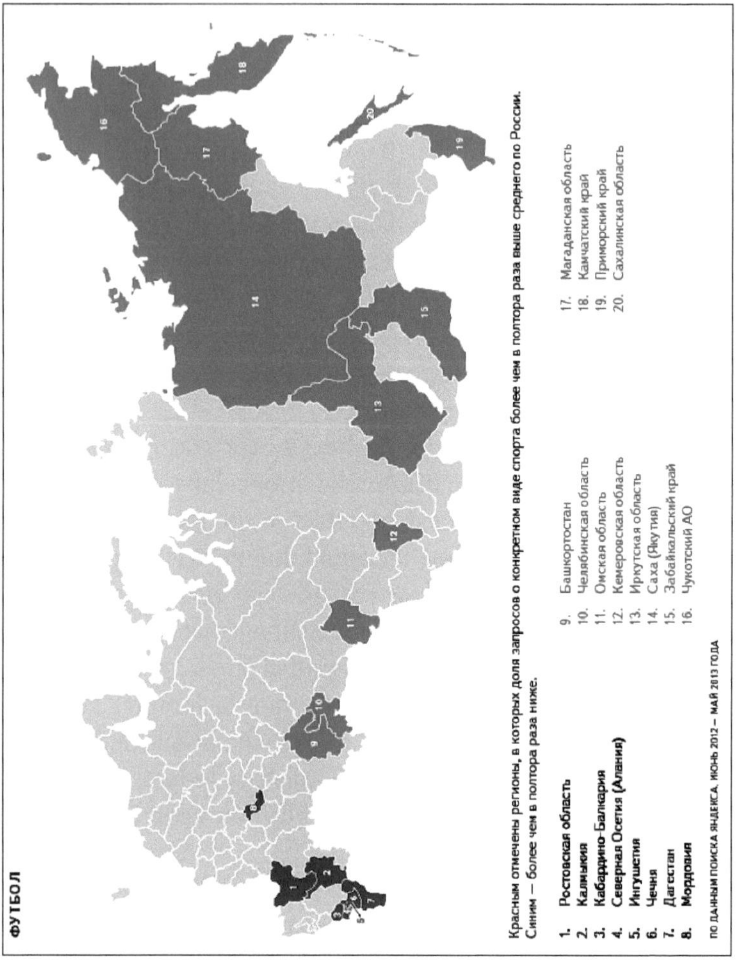

18 En noir, les régions où l'intérêt pour le football est 1,5 fois supérieur à la moyenne nationale. En gris foncé, les régions où l'intérêt pour le football est 1,5 fois inférieur à la moyenne nationale. Source : yandex.ru

La popularité du hockey sur glace dans les différentes régions russes[19]

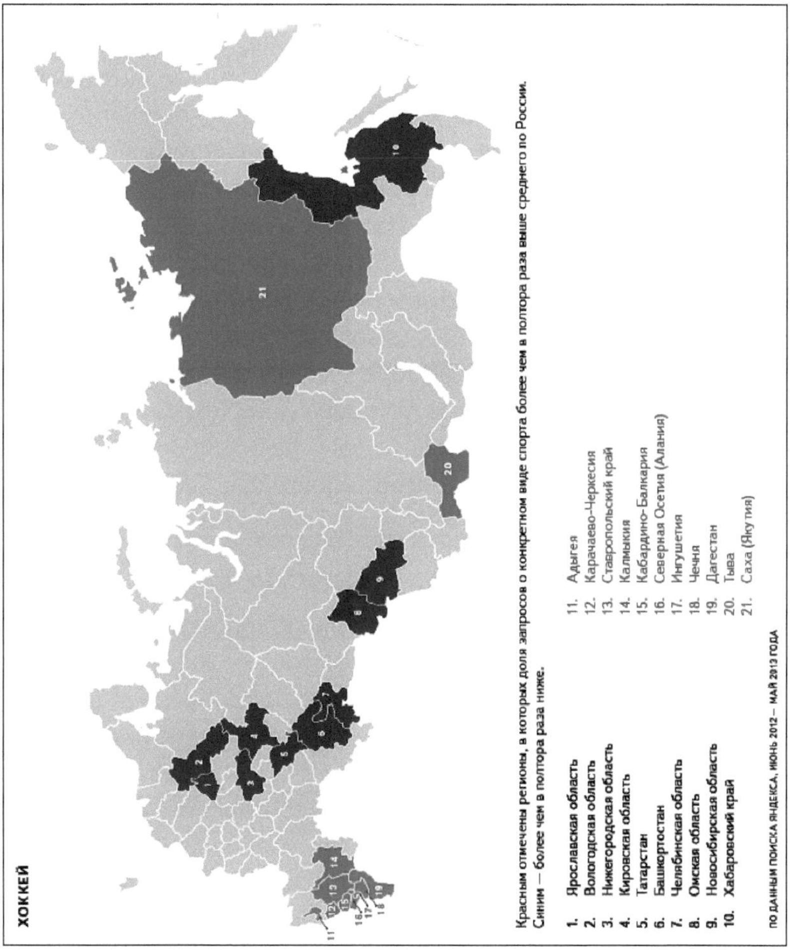

19 En noir, les régions où l'intérêt pour le hockey sur glace est 1,5 fois supérieur à la moyenne nationale. En gris foncé, les régions où l'intérêt pour le hockey sur glace est 1,5 fois inférieur à la moyenne nationale. Source : yandex.ru

La popularité de la boxe est particulièrement visible dans certaines républiques où les traditions locales sont souvent fortes et liées aux sports de combat : en Ingouchétie, en Tchétchénie, au Daghestan et en Bouriatie. Bien entendu, le sport le plus marqué géographiquement est le biathlon. Sport d'hiver par excellence, il est impopulaire dans toutes les régions du sud de la Russie alors que la grande majorité des régions du nord en fait son sport favori (*oblast* de Pskov, république de Karélie, *oblast* de Vologda, *oblast* d'Arkhangelsk, république des Komis, *oblast* de Kirov, république d'Oudmourtie, *kraï* de Perm, district autonome des Khantys-Mansis). Certains sports comme les échecs sont pratiqués dans des régions aux climats disparates. Leur pratique est alors davantage liée à l'histoire locale. On peut penser à la Kalmoukie, à l'*oblast* de Pskov et aux républiques de l'Altaï et de Touva, où les échecs sont un sport dont la popularité historique perdure encore aujourd'hui.

■ Les médias nationaux : sensibiliser, ordonner et homogénéiser la masse des sportifs russes

Enfin, le Kremlin accorde de plus en plus d'importance aux médias pour véhiculer le patriotisme sportif partout en Russie. C'est pour cette raison que la stratégie d'État pour le développement du sport fait passer de 2 % en 2013 à 10 % en 2020 le nombre de programmes de sensibilisation qui visent à promouvoir la culture physique et les sports dans le volume total des émissions sportives de la Compagnie d'État panrusse de télévision et de radiodiffusion (VGTRK). Aujourd'hui, pas moins de 15 programmes télévisés sportifs réguliers accompagnés de documentaires sont destinés à promouvoir la nation russe grâce à l'exercice physique. Il y en a pour tous les âges et pour tous les goûts : pour les enfants, – « Je choisis un sport ! » (*Ya vybirayu sport!*)–, pour les adultes qui souhaitent pratiquer la gymnastique hygiénique le matin, – « Exercice avec le champion » (*Zaryadka s chempionom*) – ou encore pour les sports d'hiver – « De la masse à la maîtrise » (*Ot massovosti – k masterstvu*). De Vladivostok à Kaliningrad, de Sotchi à Tcheliabinsk, la télévision russe incite la population russe à pratiquer une activité physique régulière. Afin d'être efficaces, les programmes varient parfois en fonction des régions afin de s'adapter aux spécificités sportives locales.

Ce développement du sport à des fins patriotiques en Russie est tel ces dernières années que le 10 août 2019, lors de la Journée russe du sport et du fitness, V. Poutine n'hésite pas à déclarer : « De nombreuses générations d'athlètes de renom ont commencé leur carrière dans le sport de masse et ont apporté une contribution remarquable à l'histoire de notre patrie. Leurs victoires impressionnantes sont extrêmement importantes pour promouvoir le patriotisme auprès de la jeune génération. [...] La Russie a été et sera toujours une grande nation sportive. »[20]

La victoire à tout prix ?

> « Nous sommes un peuple victorieux ! C'est dans nos gènes, dans notre code génétique ! »[21]
>
> Vladimir Poutine, durant la campagne présidentielle de 2012

Pour cette «grande nation sportive» qu'est la Russie, l'impératif de victoires est ordonné par l'État à deux niveaux : organisationnel et sportif. L'objectif est à la fois d'organiser et de remporter les meilleurs compétitions sportives possibles. Dans les deux cas, de grands moyens étatiques, financiers et humains sont utilisés. Trait caractéristique de l'État-nation russe selon V. Poutine, le sport est un moyen de construire l'homme russe de telle façon qu'il puisse prouver la bonne tenue physique et morale de son peuple par rapport aux nations rivales. Pour cette raison, lorsque le combattant russe de MMA (arts martiaux mixtes) Khabib Nourmagomedov remporte une

20 « *Greetings on Sports and Fitness Day* », *Présidence de Russie,* 10 août 2019, en.kremlin.ru/events/president/news/61290.

21 Barry Ellen, « *Putin Rallies Supporters Ahead of Presidential Vote* », *The New York Times,* 24 février 2012, www.nytimes.com/2012/02/24/world/europe/putin-rallies-supporters-ahead-of-vote.html.

victoire contre l'Irlandais Conor McGregor entachée d'une bagarre générale, V. Poutine fait la leçon au combattant à la télévision russe : « C'est un sport et certaines règles doivent être respectées, non seulement sportives, mais aussi morales ». La victoire oui, mais pas à n'importe quel prix ?

■ Organiser et remporter les plus grands événements sportifs

> « Nous sommes dans notre constitution spirituelle une nation de gagnants. »[22]
>
> Dmitri Medvedev, président de la Fédération de Russie, en 2010

Pour le pouvoir russe, il est primordial d'organiser les événements comme jamais auparavant afin de marquer les esprits. En 2013, Claude-Louis Gallien, le président de la Fédération internationale du sport universitaire (FISU), s'exprime à propos des Universiades de Kazan : « On ne peut pas dire «c'est peut-être la meilleure Universiade de tous les temps», car c'est effectivement la meilleure Universiade jamais organisée »[23]. Quelques années plus tard, le 13 juillet 2018, à deux jours de la finale de la Coupe du monde de football 2018, le président de la FIFA est dithyrambique : « Je peux le dire aujourd'hui avec conviction : il s'agit de la meilleure Coupe du monde de tous les temps »[24]. Les exemples sont légion. S'il serait trop long de tous les énumérer, ils dénotent une volonté du pouvoir russe de prouver l'altérité nationale russe à travers des organisations sportives spectaculaires et jamais vues.

---

22 « Entretien avec les champions et lauréats des XXIes Jeux olympiques d'hiver de 2010 à Vancouver », *Présidence de Russie,* 15 mars 2010, www.kremlin.ru/events/president/transcripts/7105.

23 Sobolev Ilya, « Kazan 2013 : compte-rendu de la plus grande Universiade de l'histoire », *Russia Beyond FR,* 18 juillet 2013, fr.rbth.com/sport/2013/07/18/kazan_2013_compte_rendu_de_la_plus_grande_universiade_de_lhistoire_24719.

24 « "La meilleure Coupe du monde de tous les temps" pour le patron de la Fifa », *L'Express.fr,* 15 novembre 2020, www.lexpress.fr/actualite/sport/football/la-meilleure-coupe-du-monde-de-tous-les-temps-pour-le-patron-de-la-fifa_2025249.html.

Les ambitions de la Russie en tant que nation et puissance sportives se situent aussi dans sa capacité à prouver sa supériorité dans la pratique des sports concernés. L'étude des discours politiques russes avant les JO de Sotchi révèle par exemple que la victoire est un impératif politique et même spirituel qui se dessine à mesure que l'événement approche. Lors d'une réunion en 2010 consacrée aux JO, Vladimir Poutine, alors Premier ministre, déclare : « La Russie à Sotchi devra être parmi les leaders ». Échaudé par les mauvais résultats de l'équipe olympique russe, Vladimir Poutine craint alors d'être la risée du monde entier. Parallèlement, Vitali Moutko, le ministre des Sports, déclare officiellement que la Russie se fixe un certain nombre de médailles d'or pour être championne olympique au classement général. La même année, Dmitri Medvedev est plus loquace face aux athlètes russes des Jeux d'hiver de Vancouver qui viennent de finir 11e au classement des médailles, soit le pire résultat de l'histoire russe : « Pour nous, le sport est plus que du sport, et c'est pourquoi nous sommes tellement affectés par la performance de notre équipe. Dans d'autres pays, les gens regardent la télévision, l'éteignent et se détendent, mais nous, nous discutons et angoissons pendant un mois : qui a été bon, qui ne l'a pas été, qui est à blâmer, comment devraient-ils être punis, etc. J'ai beaucoup lu et en général, les gens sont très émus à ce sujet. Mais en même temps, ce n'est pas mauvais, car cela montre que nous sommes – excusez-moi pour le pathos – dans notre constitution spirituelle une nation de gagnants. »[25] Deux ans plus tard, lors des JO de Londres, Alexandre Joukov, le vice-premier ministre de la Russie s'exprime à son tour en déclarant à propos de Sotchi 2014 : « Nous avons une tâche à réaliser : atteindre la première place. Ce sera difficile à faire, ce sera incroyable, le niveau sera très élevé ! ». La même année, la « stratégie pour le développement de l'éducation physique et des

---

25 « Entretien avec les champions et lauréats des XXIes Jeux olympiques d'hiver de 2010 à Vancouver », *Présidence de Russie*, 15 mars 2010, www.kremlin.ru/events/president/transcripts/7105.

sports dans la Fédération de Russie jusqu'en 2020 » fait de la victoire de l'équipe olympique russe aux Universiades 2013 et aux JO 2014 une nécessité politique. L'introduction du thème de la victoire dans les discours officiels est importante, car celui-ci dispose d'un fort potentiel de construction de l'identité nationale. Pour le peuple russe, il fait référence à la grandeur passée de l'URSS durant la guerre froide. Une période qui est souvent perçue avec nostalgie comme un moment charnière durant lequel les soviétiques ont remporté un grand nombre de médailles olympiques dans les sports russes dits traditionnels. En réalité, l'impact émotionnel engendré par une victoire dépend grandement du sport en question. Une victoire en hockey sur glace de l'équipe russe aura par exemple autrement plus d'impact qu'une victoire en 110 mètres haies.

Naturaliser les athlètes étrangers pour briller dans les sports mondiaux non traditionnels

C'est précisément sur ce point que la stratégie du pouvoir russe révèle son caractère multidirectionnel, à la fois interne et externe : *Nation building* et *Nation branding*. Le premier sert les intérêts du second et *vice-versa*. Pour les dirigeants russes, une victoire permet de montrer la grandeur du pays à l'étranger et ce, qu'importe le sport. Afin de rendre cette stratégie efficace, ils n'hésitent pas à développer les sports les moins populaires en Russie. L'objectif ? Conquérir des territoires sportifs vierges, variés et disponibles. Pour ce faire, tous les moyens sont bons. Il s'agit par exemple d'être à l'avant-garde des nouvelles pratiques sportives tel le cybersport. Et, lorsque la nation n'est pas au niveau, le Kremlin mise sur la naturalisation des sportifs étrangers en masse afin de pouvoir remporter des médailles là où traditionnellement le pays n'excelle pas. Si cette stratégie ne contribue pas nécessairement au développement durable du pays, il permet néanmoins d'exister sur la scène sportive mondiale et contribue à accroître la notoriété de la Russie à l'étranger. Depuis une quinzaine d'années, l'État russe procède ainsi régulièrement à la naturalisation d'athlètes étrangers de haut niveau provenant principalement de l'espace post-soviétique et parlant souvent couramment le russe. Néanmoins, signe de l'importance de Sotchi 2014 pour le pouvoir, la période pré-olympique a été marquée par de nombreuses naturalisations d'athlètes venus du monde entier.

Les athlètes naturalisés russes pendant la période pré-olympique, qui ont participé aux JO 2014

Athlète	Pays d'origine	Année de naturalisation	Sport pratiqué	Médaille(s) obtenue(s) aux JO de Sotchi 2014
Vic Wilde	États-Unis	2011	Snowboard	2 médailles d'or
Viktor Ahn	Corée du Sud	2011	Patinage de vitesse sur piste courte	3 médailles d'or et 1 médaille de bronze
Alex Glebov	Slovénie	2011	Ski alpin	0
Tatiana Volosozhar	Ukraine	2010	Patinage artistique	2 médailles d'or
Assoli Slivets	Bélarus	2011	Ski acrobatique	0

Parmi les plus grands succès de cette politique aux JO de Sotchi, on peut citer le snowboardeur américain Vic Wilde, devenu russe en 2011, qui a remporté 2 médailles d'or, le patineur sur piste courte sud-coréen Viktor Ahn, naturalisé en 2011, qui a remporté 4 médailles dont 3 en or et, enfin, l'Ukrainienne Tatiana Volosozhar, double championne olympique de patinage artistique. Au total, ces trois athlètes ont remporté pas moins de 7 médailles d'or et 1 médaille de bronze à Sotchi. La Russie, première au classement grâce à ses 11 médailles d'or, aurait fini à la 8e place sans eux. Le succès est donc indéniable. Conséquence, la population est extrêmement tolérante et accueillante à l'égard de ces sportifs étrangers devenus Russes qui permettent au pays de briller sportivement. En 2017, une étude réalisée auprès de la population russe par le centre indépendant Levada indique que pas moins de 49 % des sondés se félicitent de l'octroi de la nationalité russe à des athlètes étrangers quand seulement 15 % perçoivent cela de façon négative[26]. Le champ sportif offre alors à la nation russe une tolérance inhabituelle pour un pays dont il est généralement très difficile d'obtenir la nationalité. Cet afflux d'étrangers dans le domaine du sport ne se limite pas aux athlètes. Il concerne également le personnel qualifié, les entraîneurs, les managers et les spécialistes du sport qui viennent du monde entier pour apporter leur savoir-faire à la Russie sans pour autant être naturalisés. Le poste de sélectionneur de l'équipe nationale de football russe est ainsi régulièrement occupé par une personnalité internationale du football en échange de ponts d'or financés par le budget fédéral : les Néerlandais Guus Hiddink (2006-2010) et Dick Advocaat (2010-2012), puis l'Italien Fabio Capello (2012-2015). Néanmoins, les résultats sont parfois mitigés. Dans le cadre de la préparation de la Coupe du monde de football 2014 et 2018, la *sportokratura* tente en effet d'améliorer le niveau de jeu de la *sbornaïa*[27] en nommant à sa tête l'entraîneur italien Fabio Capello en 2012. Trois années et 30 millions d'euros de salaire plus tard, le voilà licencié, car les résultats sportifs ne sont pas à la hauteur aux yeux des supporters et des autorités.

Le pouvoir russe fait donc face à une contradiction. Lui qui exalte la supériorité sportive intrinsèque de la nation connaît le succès grâce à des talents venus du monde entier. Cette tendance n'est toutefois pas réservée à la Russie : la mondialisation du sport au cours des dernières décennies a vu le marché mondial s'ouvrir aussi bien au matériel sportif qu'aux athlètes eux-mêmes. À ce titre, le Qatar est probablement le pays champion du monde des naturalisations liées au sport.

26 « *Poll shows half of Russians welcome granting citizenship to foreign actors and athletes* », *TASS*, 10 janvier 2017, tass.com/society/924180.

27 Surnom donné à l'équipe nationale de football russe.

Privatiser les victoires sportives soviétiques

« Le passé de la Russie est imprévisible », écrit l'historien russe Andreï Gratchev. L'expression est connue. Elle est d'autant plus vraie depuis le virage conservateur opéré en 2012. À partir de cette période, le poutinisme fait de la mémoire et de l'histoire des outils essentiels de légitimation politique dont le président est le narrateur principal. « Nous avons besoin d'une version canonique de notre histoire », déclare-t-il ainsi le 29 mars 2013 lors du Congrès du Front populaire panrusse. Conséquence, aujourd'hui, l'État russe transforme, adapte et/ou s'approprie certaines parties de l'histoire de l'URSS : ses figures les plus célèbres, ses campagnes militaires les plus belles et ses victoires sportives les plus grandes. Le but ? Narrer un récit historique unifié positif et cohérent afin d'édifier et de consolider la nation russe en développant le patriotisme. Entre amnésie et hypermnésie, l'histoire russe devient alors un objet politique malléable modelé par les autorités.

L'un des pans particulièrement visibles de cette stratégie politique est la tendance de l'État russe à « privatiser » les grands moments de l'histoire soviétique en les adaptant à la réalité russe d'aujourd'hui (Kastoueva-Jean, 2020). Concrètement, « la rhétorique officielle s'appuie, dans la continuité de l'histoire soviétique d'après-1945, sur le socle mémoriel de la «grande victoire de 1945» », nous explique Jean-Robert Raviot (Raviot, 2018). C'est pour cette raison que le centenaire de la révolution de 1917 a par exemple été peu commémoré – amnésie – en raison de son caractère potentiellement explosif. Par opposition, les défilés militaires annuels liés à la Grande Guerre patriotique sont toujours l'occasion de grands discours et d'événements politiques – hypermnésie – durant lesquels le président russe ne cesse de rappeler que 70 % des pertes humaines soviétiques proviennent de la Russie tout en valorisant le rôle de Staline. Par ce double procédé, amnésie/hypermnésie, V. Poutine met la Russie en position de dépositaire légal et héréditaire de l'histoire soviétique. Cette posture de grand frère irrite les républiques de l'ex-URSS comme la Lettonie, le Bélarus ou encore l'Ukraine qui accusent la Russie de vouloir s'approprier le legs soviétique. Alexandre Loukachenko, le président bélarusse est même allé jusqu'à parler de « séparatisme historique » pour qualifier le mode opératoire du pouvoir russe à l'égard de la Grande Guerre patriotique.

Cet atavisme historique russe n'est pas uniquement réservé aux grands exploits guerriers de l'URSS. Dans le domaine du sport, certains chercheurs russes, comme l'historien Simon Telavi[28], parlent en effet de « privatisation des victoires sportives soviétiques par les hommes politiques russes au pouvoir » au profit du poutinisme. Dans les médias, au cinéma ou encore durant les événements sportifs organisés sur le territoire russe, ce phénomène est visible de façon récurrente dans la Russie de Vladimir Poutine à tel point qu'on peut parler d'appropriation de l'histoire soviétique du sport.

En réalité, cette « privatisation » ne date pas du virage conservateur de 2012. Il faut remonter beaucoup plus loin. « Dans les représentations, le pouvoir russe se voit comme le successeur des victoires sportives de l'URSS. En 1988, certains journaux russes écrivaient déjà "Pays-Bas *vs* Russie" et non "Pays-Bas *vs* URSS". », explique l'historien russe Simon Telavi.

Néanmoins, cette tendance est devenue plus visible ces dernières années en Russie par l'intermédiaire des stratégies de communication qui entourent les JO d'hiver 2014 et la Coupe du monde de football 2018. En effet, les symboles soviétiques y sont présents partout. La mascotte des JO de 1980, Michka, est de retour pour Sotchi 2014. La cérémonie d'ouverture montre des moments clés de l'histoire soviétique valorisés et adaptés à l'histoire russe. Quatre ans plus tard, c'est le ballon de football de la Coupe du monde 2018 qui est grimé en satellite soviétique Spoutnik, alors que l'affiche officielle de l'événement représente le légendaire gardien de but soviétique et ballon d'or Lev Yachine.

Depuis une dizaine d'années, le cinéma joue également un rôle très important en tant que véhicule des représentations russes. À ce

28 Entretien avec l'auteur en janvier 2017.

titre, le film biographique et sportif *Le Légendaire n°17* sorti en 2013 est un bon exemple. Réalisé par Nikolaï Lebedev, grâce aux fonds de trois compagnies de production financées par l'État russe – le Fond fédéral pour le soutien social et économique de la cinématographie nationale, la chaîne de télévision nationale russe Rossiya-1 et l'association de création et de production TRITE –, il romance l'histoire du célèbre hockeyeur soviétique Valeri Kharlamov. Énorme succès en Russie, il obtient le prix l'Aigle d'or du meilleur film dans la foulée. Loin d'être anecdotique, cette récompense créée et décernée par Nikita Mikhalkov – un réalisateur, acteur et producteur de film russe proche de Vladimir Poutine et créateur… du studio TRITE qui a coproduit le film – depuis 2002 consacre les films dont la ligne politique, historique et sociale épouse celle du pouvoir russe. En outre, le site officiel du film est également sponsorisé par la Kontinental Hockey Ligue, construite et contrôlée par la *sportokratura*.

Idem à propos du drame sportif russe *Trois secondes*. Film le plus rentable de l'histoire du cinéma en Russie, il relate l'histoire de la victoire de l'URSS sur les États-Unis en basketball lors des JO de 1972 et devient rapidement un véritable phénomène. Vladimir Poutine lui-même félicite publiquement l'acteur principal. Pourtant, le film est critiqué notamment à l'étranger, au sein de l'espace post-soviétique. Le capitaine de l'équipe est dépeint comme un nationaliste lituanien antisoviétique alors qu'il était, au contraire, un farouche défenseur de l'URSS. De plus, le fait que les acteurs qui jouent les membres de l'équipe de basketball soviétique soient tous Russes est également jugé problématique car l'équipe originelle était un véritable melting-pot composé d'un Ukrainien, d'un Lituanien, d'un Ouzbek, d'un Bélarusse, de trois Géorgiens et de cinq Russes. À nouveau, ce film promeut une certaine vision du sport soviétique dont les représentations sont en phase avec celles du pouvoir russe. Ses six récompenses aux Aigles d'or en 2017 en attestent.

De manière générale, ces films sportifs à succès venus de Russie ces dernières années sont les conséquences de la politique mémorielle mise en place par Moscou. Ils ne sont pas ou peu critiques à l'égard du régime soviétique et ils sont au contraire souvent nostalgiques. Le fait qu'ils soient tournés en langue russe avec des acteurs et des réalisateurs russes contribue à cette sensation d'appropriation symbolique et culturelle des succès sportifs soviétiques au profit du Kremlin.

Influer sur les stéréotypes à l'égard de la Russie grâce au sport : développer le « patriotisme quotidien »

Le sport est également utilisé par le pouvoir russe afin d'améliorer la réputation du pays à l'international. Si chaque État dispose de sa propre image de marque dans le monde, celle de la Russie est généralement mauvaise. Alcool, hooliganisme, terrorisme, guerres, climat, ou encore communisme, les stéréotypes négatifs ne manquent pas. La Russie dispose d'une image qui repousse plus qu'elle n'attire.

Pour faire face à cela, les autorités n'hésitent pas à employer les grands moyens afin de transformer et d'améliorer l'image du pays en mettant en place une véritable stratégie politique dont l'objectif est clairement établi depuis la fin des années 2000 : être le gardien des valeurs traditionnelles. Pour Vladimir Medinski, le ministre russe de la Culture entre 2012 et 2020, l'image de la Russie à l'international est un véritable cheval de bataille. Entre 2007 et 2015, il publie une succession de livres intitulés *Mythes à l'égard de la Russie* (« *Mify o Rossii* »), dans lesquels il tente de déconstruire les stéréotypes négatifs qui entourent le pays. Son œuvre se veut une sorte de mode d'emploi pour être un bon citoyen russe sous Vladimir Poutine. Très critiqué par l'opposition libérale, V. Medinski est régulièrement accusé de falsifier les travaux des historiens afin de s'arranger avec la vérité pour arriver à ses fins politico-patriotiques. En effet, selon lui, « les faits seuls ne signifient pas grand-chose [...]. Tout commence non pas par des faits mais par des interprétations. Si vous aimez votre patrie, votre peuple, alors l'histoire que vous écrivez sera toujours positive ». Dans cette logique, il souhaite notamment promouvoir une politique culturelle patriotique centrée sur la Russie, son histoire, ses valeurs et ses traditions. Il est préférable de soutenir les sports de combats nationaux au Hatha-Yoga ou au Feng Shui, n'hésite-t-il pas à déclarer en substance.

Conséquemment, un véritable « patriotisme quotidien » (Blackburn, 2020) se développe en Russie. Les élites politiques locales encouragent vivement la population à mettre en valeur le pays par leurs attitudes et leurs prises de positions pour correspondre à l'idéal de l'homme russe contemporain. Dans ce contexte, le sport apparaît comme un puissant outil politique pour transformer les idées reçues à l'égard de la Russie, car il permet, par ricochet, de développer le patriotisme et l'hygiénisme. En d'autres termes, le nouvel homme russe sera sain et sportif ou ne sera pas.

Le sport pour transformer les stéréotypes négatifs à l'égard de la Russie

Stéréotypes	Changement par le sport
La Russie est un pays rongé par l'alcoolisme.	L'alcoolisme a baissé de 43 % entre 2003 et 2016[29] selon l'OMS grâce, entre autres, à la politique d'« hygiénisation » de la société russe par le sport.
La Russie est un pays froid.	Les JO d'hiver 2014 se sont tenus dans une station balnéaire au climat subtropical humide.
Les Russes sont des gens fermés et inhospitaliers.	L'hospitalité est une des caractéristiques les plus appréciées par les touristes lors des événements sportifs qui se tiennent en Russie.

Comme le montre le tableau ci-dessus, le sport et les événements sportifs en Russie sont utilisés pour faire évoluer principalement trois idées reçues négatives sur le pays : l'alcoolisme, le froid et l'inhospitalité. En vingt ans, les manifestations sportives internationales qui se tiennent par centaines sur le territoire russe et la politique d'« hygiénisation » conduite par V. Poutine font peu à peu muter son peuple en le sportivisant et en offrant au monde entier la possibilité

29 Barluet Alain, « Les Russes boivent de moins en moins d'alcool », *Le Figaro*, 2 octobre 2019, www.lefigaro.fr/international/les-russes-boivent-de-moins-en-moins-d-alcool-20191002.

d'assister à ces transformations. Il est intéressant de noter que la création et/ou la reproduction de « mythes positifs » à l'égard de la Russie sur le citoyen russe fait de ce dernier un réceptacle actif du discours patriotique. Il « devient » littéralement l'incarnation de la nation imaginée par le pouvoir. En outre, le choix de Sotchi pour les JO 2014 n'est pas dû au hasard. Sa géographie et son climat uniques entre mer et montagnes renvoie à une image d'Épinal qui était jusqu'alors méconnue en dehors de l'espace post-soviétique.

Ces tentatives de modification de la perception étrangère du pays prennent différentes formes. Le très net recul de l'alcoolisme et du tabagisme en Russie ces quinze dernières années est le symbole du succès de cette politique hygiéniste et sportive. L'Organisation mondiale de la santé (OMS) et la ministre russe de la Santé, Veronika Skvortsova, font toutes deux état de statistiques impressionnantes à cet égard. Entre 2003 et 2016, les études montrent que les Russes ont globalement réduit leur consommation d'alcool de 43 %, plaçant la population russe au même niveau que la population française par exemple. « La Fédération de Russie a longtemps été considérée comme l'un des pays où l'on boit le plus au monde. Ces dernières années, cette tendance s'est inversée », déclare à l'occasion le rapport officiel de l'OMS. Relayées par les médias du monde entier, ces informations sont le symbole d'une stratégie politique efficace. Par exemple, lorsque le journal *Le Monde* parle de « révolution culturelle » pour qualifier la baisse de la consommation d'alcool en Russie, les médias russes ne manquent pas de reprendre l'expression[30], créant ainsi un cercle informationnel vertueux.

Pourtant, le sport est un instrument de *soft power* difficilement contrôlable et il se retourne parfois contre son utilisateur. L'affaire de dopage en Russie depuis fin 2014 contribue grandement à créer et/ou renforcer des stéréotypes négatifs à l'égard du pays. Un sondage

30 « *Le Monde* a qualifié la réduction de la consommation d'alcool en Russie de révolution », *RBC.ru,* 01 décembre 2019, https://www.rbc.ru/rbcfreenews/5de3bf6d9a794797b9ea7624.

réalisé par *L'Ours Magazine* en juin 2020 intitulé « L'image de la Russie en France » montre que 9,4 % des Français associent la Russie au dopage[31]. La représentation de l'homme-machine soviétique liée à la Russie refait surface ces dernières années à la faveur de l'actualité. En outre, la volonté du pouvoir de faire de la victoire sportive un impératif politique contribue à renforcer le stéréotype selon lequel la Russie serait une puissance agressive.

Difficile à maîtriser, le sport n'en reste pas moins un outil très efficace pour lutter contre les images négatives dont la Russie souffre à l'étranger. Il est la résultante d'une véritable stratégie politique dont les hommes et les femmes politiques sont les initiateurs et les athlètes les fers de lance. Les impacts à la fois négatifs et positifs des JO 2014 et de la Coupe du monde de football 2018 auprès des populations du monde entier sont l'illustration des conséquences aléatoires de cette politique de « patriotisme quotidien » destiné à transformer l'image des Russes et de la Russie dans le monde.

Sotchi 2014, un roman russe

> « Nous avons non seulement organisé et accueilli les meilleurs Jeux olympiques d'hiver de tous les temps, mais nous les avons également gagnés. »
>
> Vladimir Poutine, discours rituel du Nouvel An à la nation, 31 décembre 2014

■ Remporter un événement sportif : un objectif politique

Par cette phrase, Vladimir Poutine confirme que les JO de Sotchi 2014 étaient un outil politique destiné à prouver la supériorité russe sur le reste du monde. Aujourd'hui, le sport est l'un des éléments les plus importants du *soft power* et en même temps un facteur majeur de construction et de renforcement de l'identité nationale. On l'a vu, une compétition internationale ne revêt pas seulement un caractère

31 Leboulanger Paul, « Que pensent les Français de la Russie ? », *L'Ours Magazine*, 25 juin 2020, oursmagazine.fr/etude/etude-image-russie.

sportif. Un méga-événement comme les Jeux olympiques a la capacité de toucher plus de trois milliards de personnes simultanément. Pour un pays hôte, cela devient *de facto* une opportunité d'améliorer et de renforcer l'édification de sa nation et son image de marque nationale en utilisant le sport comme instrument de projection de puissance.

Avec le recul, les Jeux olympiques d'hiver de 2014 à Sotchi sont un *topo* du récit national construit par le pouvoir russe. V. Poutine a saisi l'opportunité pour modifier, fixer ou encore oublier certains éléments du passé afin de transformer le présent. Il a réécrit l'histoire russe par l'intermédiaire de l'utilisation politique de sites, symboles et discours aux représentations géopolitiques puissantes. Dans ce contexte, comment et pourquoi le pouvoir russe a-t-il modelé l'imaginaire historique, national, culturel et mémoriel russe à travers les JO de Sotchi 2014 ? Comment l'événement des JO de Sotchi a-t-il été utilisé par le pouvoir comme « un appareil idéologique d'état » à des fins de symbolique de la puissance à la fois dans une perspective de *Nation branding* (internationale) et de *Nation building* (nationale) ? Pourquoi et comment l'image de marque de la nation russe à travers « Sotchi 2014 » a-t-elle été sujette à un double phénomène de rejet de la part de la communauté internationale et d'acceptation – voire d'exaltation – de la part de la population locale ?

■ La genèse des JO de Sotchi 2014

L'origine des JO d'hiver de Sotchi remonte à 2005. À l'époque, la Russie ne dispose pas encore des méga-événements sportifs qui feront sa renommée future. Le pouvoir tente depuis quelques années d'obtenir des manifestations sportives de premier plan, mais il échoue régulièrement. L'oligarque Vladimir Potanine se plaît à skier à Krasnaïa Poliana, non loin de Sotchi. Il aime tellement la région qu'il y possède une maison et qu'il décide d'agrandir la petite station de ski de Rosa Khutor. Fort de ce développement, il commence à imaginer organiser les JO d'hiver ici. La mer et la montagne, le ski et la natation, les sapins et les palmiers, Sotchi dispose des moyens pour faire rêver n'importe quel membre du CIO. Il soumet l'idée à

Viatcheslav Fetissov, le ministre des Sports, qui est emballé. Il faut désormais convaincre V. Poutine. Les deux hommes contactent Dmitri Peskov, l'adjoint de l'attaché de presse de la présidence, avec qui ils créent un comité de candidature afin de soumettre le projet. La campagne intitulée « les Jeux que nous désirons » est basée sur la figure du président russe. Ce dernier juge l'idée excellente. Rapidement, le pouvoir monte un dossier exhaustif avec un budget quasi-illimité. Les membres du CIO acceptent la candidature russe non sans avoir été dupés lors de leur visite dans la station balnéaire. En effet, le pouvoir avait décidé de mettre toutes les chances de son côté en faisant de Sotchi un « village Potemkine » quelques heures durant. Restaurants éphémères, figurants, palmiers plantés au dernier moment : tout est fait pour que la visite soit la plus convaincante et agréable possible. À cette époque, Sotchi est une station balnéaire post-soviétique en décrépitude. La voilà lustrée le temps d'une journée.

Quelques mois plus tard, le 4 juillet 2007, le CIO se réunit en grande pompe à Ciudad au Guatemala pour décider de la ville qui accueillera les JO d'hiver 2014. En lice ? Salzbourg en Autriche, Pyeongchang en Corée du Sud et Sotchi en Russie. Bien décidé à remporter l'événement, Vladimir Poutine en personne se déplace, ramenant dans ses bagages de la neige de Sotchi par avion et ayant pris soin au préalable de faire construire et d'offrir la première et seule patinoire du Guatemala grâce aux fonds fédéraux. Fort de ces démonstrations de force, il donne alors, à la surprise générale, un discours de cinq minutes en anglais dans lequel il expose le projet olympique russe. Le champ lexical de la mythologie est de circonstance : « les Grecs anciens ont vécu dans les environs de Sotchi. J'y ai vu le rocher près de Sotchi sur lequel, selon la légende, Prométhée était enchaîné. Prométhée qui donna le feu aux hommes, le feu qui en définitive est la flamme olympique »[32]. Puis, il n'hésite pas à exalter

32 « *Speech at the 119th International Olympic Committee session* », *Présidence de Russie*, 4 juillet 2007, en.kremlin.ru/events/president/transcripts/24402.

la puissance russe : « Vous devez savoir que la Russie transforme les compétitions sportives en de spectaculaires événements. Ces 25 dernières années, nous avons accueilli plus de 100 compétitions majeures »[33]. Pour convaincre un peu plus l'auditoire, il annonce que 12 milliards de dollars sont d'ores et déjà alloués à la future compétition. Vladimir Poutine repart sans attendre le résultat. À l'unanimité, le projet olympique 2014 est confié à la Russie. Sotchi va accueillir les premiers JO dans un pays post-soviétique depuis la chute de l'URSS. Rapidement, la politique prend le pas sur le sport. Pour Boris Gryzlov, président de la Douma de l'époque, remporter l'organisation d'une édition olympique est « la confirmation que le monde n'est pas unipolaire » et que la Russie « est une fois de plus en train de devenir un leader mondial »[34]. Le ton est donné.

Dès lors, la préparation des JO dure cinq années pendant lesquelles la ville de Sotchi se métamorphose littéralement à grands coups de dizaines de milliards d'euros. Pour V. Poutine, la Russie est investie d'une mission. Selon lui, cette candidature réussie est un mètre-étalon afin de mesurer le « pouvoir et la puissance de la Russie, notre désir de gagner. »[35] Le projet est pharaonique et le pouvoir est bien décidé à faire de Sotchi une vitrine du retour de la grande Russie sur le devant de la scène internationale.

En parallèle de la préparation des Jeux, la situation se tend entre la Russie et l'Occident. En 2008, la couverture médiatique américaine et européenne de la guerre entre la Russie et la Géorgie surprend le Premier ministre Vladimir Poutine. En juillet 2012, au lendemain de son retour à la tête de l'État, il centralise un peu plus son pouvoir. Selon lui, il devient impératif de maîtriser davantage l'image du pays de l'intérieur pour la projeter ensuite vers l'extérieur.[36] Conséquence, il réorganise les médias. L'information est davantage contrôlée afin

---

33 *Ibid.*

34 Chang, Gordon, « *The Sochi Effect – Gordon G. Chang* », *Commentary Magazine*, 18 juin 2015, www.commentarymagazine.com/gordon-g-chang/the-sochi-effect.

35 *Ibid.*

36 Vladimir Poutine, cité dans Brown, 2018.

d'être diffusée plus efficacement à l'étranger. RIA Novosti, l'agence de presse internationale officielle de la Russie, est dissoute par décret présidentiel le 9 décembre 2013, car elle est jugée trop libérale et anti-russe. Elle est remplacée par l'agence de presse Sputnik quelques mois plus tard et, dans le même temps, la chaîne russe RT se développe partout dans le monde. Coup sur coup, le pouvoir russe se dote de deux nouvelles armes dans la guerre informationnelle. Dans ce contexte, quoi de mieux qu'un méga-événement sportif planétaire comme les JO d'hiver pour « expliquer » la position russe ?

Le parcours de la flamme olympique : du *Nation branding* au *Nation building*

Il est rapidement décidé par les autorités que le *Nation branding* des JO de Sotchi célébrera le retour de la grande Russie. Chaque élément de marketing est alors pensé dans ce but comme le proclame le slogan officiel créé pour l'occasion : « Une Russie grande, moderne et ouverte ». Alors que les chantiers à Sotchi et ses environs se comptent par centaines, la torche olympique est présentée au public le 14 janvier 2013. Élément fondateur de l'image de marque de l'événement, la torche est l'un des symboles les plus importants d'une édition olympique et celle conçue pour Sotchi ne fait pas exception. Elle a été créée par les artistes russes Vladimir Pirjkov et Andreï Vodyanik suite à un concours organisé en mai 2011 et remporté par le Centre de design AstraRossa. Elle est chromée rouge argenté et représente la plume d'un phénix qui, selon les organisateurs, est « l'oiseau de feu symbole de chance et de bonheur qui occupe une place importante dans le folklore russe. Le phénix est la principale source d'inspiration de cette torche qui prend la forme d'une plume en rappel à l'oiseau légendaire qui renaît des cendres. »[37] Le message est limpide : la torche olympique symbolise

37 « Présentation de la torche olympique de Sotchi 2014 – Actualité olympique », *International Olympic Committee,* 8 novembre 2020, www.olympic.org/fr/news/presentation-de-la-torche-olympique-de-sotchi-2014.

la résurrection de la nation russe des cendres de l'URSS. Les JO seront donc la renaissance de la Russie, son retour sur le devant de la scène internationale.

Quelques mois plus tard, le 6 octobre 2013, le second départ du relais de la flamme olympique est lancé sur la place Rouge de Moscou[38] par Vladimir Poutine. Il donne alors un discours au ton épique : « Ce relais sera vraiment unique. La flamme olympique va traverser 65 000 km, passer à travers toutes les régions du pays et montrer au monde la Russie que nous connaissons et que nous aimons, sa diversité, sa taille, son originalité, sa beauté, ses richesses naturelles, sa culture unique, et les réalisations de notre peuple multi-ethnique, uni par des buts communs et la fierté de notre patrie. Le monde va voir l'unicité de notre peuple. »[39] La foule applaudit. Puis, le président reprend la parole et renoue alors avec la dialectique du mythe, voire même de l'onirisme : « Les JO de Sotchi sont devenus notre cause commune et notre rêve commun. Nous sommes en train de les rendre réel ! »[40] Enfin, il conclut par une envolée lyrique aux accents patriotiques : « Je suis sûr que ce relais va allumer une flamme dans les cœurs de millions de gens, et la torche olympique, qui prend son inspiration dans le phénix enchanté va apporter joie et bonne fortune à des millions de gens de notre peuple. »[41] Le président confie alors la torche aux jeunes athlètes Lina Fedorova et Maxim Mirochkin qui lancent le relais.

D'un point de vue des représentations géopolitiques, le parcours du relais de la flamme olympique est un sujet d'étude passionnant pour comprendre la façon dont le pouvoir russe se représente et cherche à représenter le territoire de la Russie.

---

38 Le premier départ de la flamme a été traditionnellement lancé quelques jours plus tôt, le 29 septembre 2013.

39 « *Vladimir Putin launched the Olympic flame's relay across Russia* », *Présidence de Russie*, 6 octobre 2013, en.kremlin.ru/events/president/news/19373.

40 *Ibid.*

41 *Ibid.*

123 jours de course, 65 000 km parcourus et 14 000 porteurs qui suent sang et eau - parfois jusqu'à en perdre la vie[42] - 24 heures sur 24, par toutes les conditions météorologiques, à pied, à cheval, en traîneau, en fusée, en tank, en ski ou encore à dos de chameau pour embraser la vasque de Sotchi et éclairer un tracé démesuré riche en symboles. Destiné à donner la possibilité à plus de 90 % de la population russe de célébrer son passage, le tracé de la torche est conçu pour parcourir la Fédération de Russie de bout en bout. Aucune république n'est oubliée et plus de 2 900 agglomérations sont traversées. Elle monte sur le toit de l'Europe, le mont Elbrouz, avant de descendre dans les profondeurs du Lac Baïkal, d'aller pour la première fois au pôle Nord grâce au brise-glace à propulsion nucléaire « 50 ans de la victoire », pour finalement s'envoler dans l'espace grâce à la Station spatiale internationale (ISS). Jamais parcours de la flamme olympique n'avait été plus ambitieux. Par son gigantisme et ses prouesses techniques et humaines, il confine au mythe herculéen. C'est littéralement le relais de tous les records. Plus long tracé de l'histoire olympique, il a été conçu pour que 130 millions de Russes (sur 143) puissent se trouver au moins une fois à 1 heure de route maximum de la flamme. Ces prouesses, retransmises partout sur la planète, véhiculent trois représentations principales : l'immensité du territoire, la diversité ethnique et culturelle du peuple russe et sa capacité à réaliser l'incroyable. Trois caractéristiques que V. Poutine met régulièrement en avant dans ses discours lorsqu'il s'agit de signifier l'altérité russe, sa voie spécifique.

Enfin, une quatrième caractéristique du régime russe apparaît le 7 février 2014 : son organisation politique verticale et centralisatrice. Ce jour-là, la flamme olympique arrive à Sotchi sous les regards des populations du monde entier. Et quand elle rentre dans le stade Ficht, c'est pour clôturer une cérémonie d'ouverture grandiose où

---

42 L'ancien entraîneur russe de lutte gréco-romaine Vadim Gorbenko est en effet décédé le 15 décembre 2013 des suites d'une crise cardiaque alors qu'il participait au relais de la flamme olympique à Kourgan.

ont été évoqués les grandes heures et les grands hommes de l'histoire russe. Tolstoï, Tchaïkovski, Pierre le Grand, la révolution de 1917, la faucille et le marteau, rien n'a été oublié et l'événement sportif se transforme alors en vecteur unificateur de la nation et en vitrine de la Russie à l'international. Les médaillés olympiques proches du pouvoir – Maria Sharapova, Ielena Isinbaieva, Alexandr Karelin et Alina Kabaeva – se passent la torche. L'émotion est palpable dans les gradins. Les 40 000 personnes présentes oscillent entre émotion, cris et applaudissements quand, finalement, portée par Vladislav Tretiak et Irina Rodnina – véritables légendes vivantes du sport soviétique –, la flamme est acheminée jusqu'à la vasque olympique afin de l'allumer. Les deux sportifs accomplissent l'honneur qui leur a été fait d'être les derniers relayeurs d'un événement historique. Fait notable qui ne doit rien au hasard, tous deux sont députés affiliés au parti Russie unie, celui du président, Vladimir Poutine. En Russie, la *sportokratura* n'est jamais très loin. Elle n'a d'ailleurs probablement jamais été aussi visible que durant l'organisation et la tenue des JO 2014.

■ L'organisation des JO : le mythe de la puissance de la nation russe

L'une des caractéristiques principales du *Nation branding* des JO de Sotchi est son emprunt au registre du mythe. Dans les discours politiques, dans les slogans, dans les mascottes, et même dans les couleurs, le mythe revient toujours. Selon V. Poutine, les terres qui entourent Sotchi ont un caractère légendaire. Et si personne ne sait vraiment où se situe le rocher où fut enchaîné Prométhée, l'histoire, elle, est lourde de sens à l'aune de la situation politique en Russie à l'époque. Il suffit de se remémorer l'histoire : Prométhée, pour avoir osé ébranler la « verticale du pouvoir » en offrant lui-même le feu aux Hommes, est condamné par son cousin Zeus à être le premier prisonnier politique de l'histoire, en étant enchaîné au sommet du mont Caucase (non loin de Sotchi donc) et en se faisant dévorer le foie chaque jour par un aigle. La connaissance du mythe s'arrête bien souvent là, pourtant la fin est autrement plus savoureuse dans le contexte russe. La colère de Zeus retombée, il faut libérer Prométhée sans perdre la face. Le Dieu de l'Olympe fait ainsi appel à Héraclès pour convaincre Prométhée de cesser toute activité politique en échange de sa libération. Ce dernier accepte et quitte la Scythie pour rejoindre l'Europe, cessant par la même d'importuner le plus haut des dirigeants de l'Olympe. Comme un clin d'œil au mythe grec, le 20 décembre 2013, deux mois avant l'ouverture des JO, V. Poutine, dans une volonté d'apaisement international, gracie l'oligarque Mikhaïl Khodorkovski après dix années d'emprisonnement en lui faisant reconnaître sa faute. Coïncidence ? Pas tout à fait.

En réalité, tout au long de l'événement – de sa genèse à sa conclusion –, la rhétorique du mythe est de mise. Par le choix du lieu d'abord : une station balnéaire au climat subtropical destinée à accueillir une Olympiade hivernale. Durant le parcours de la flamme olympique ensuite, qui voit la torche brûler aussi bien sous l'eau que dans l'espace. À travers les symboles véhiculés par les cérémonies d'ouverture et de clôture, mélangeant onirisme et poésie *via* le personnage central de Lioubov (« Amour », en russe). Du fait que, déjouant tous les pronostics, les athlètes russes réussissent à se dépasser et à remporter la compétition au classement des médailles. Et, surtout, dans la réthorique des discours politiques russes.

L'étude du *Nation branding* qui entoure les JO d'hiver de Sotchi révèle cette volonté constante du pouvoir de célébrer la nation russe sous le signe du mythe de la puissance. En Russie, la question de la grandeur nationale intemporelle et inhérente au pays est un « mythe politique » (Persson et Petersson, 2014) étroitement lié à son État-nation : il est une croyance partagée par l'ensemble de la société et utilisée par tous les hommes qui ont été au pouvoir. S'il est respecté, ce mythe confère à tous les présidents russes en exercice une légitimité populaire. Par exemple, Boris Eltsine souffre d'une image extrêmement négative en Russie, car, selon la croyance populaire, il aurait affaibli le pays au profit des puissances occidentales. Il n'aurait donc pas honoré le mythe politique originel de la puissance russe intemporelle. Ainsi la forme est-elle plus importante que le fond. Et le mythe de la grande puissance plus importante que la réalité des difficultés économiques de la Russie par exemple. C'est précisément sur ce point que le *Nation branding* mis en place par le pouvoir russe durant les JO n'a pas fonctionné à travers le monde. Il était en réalité calqué à maints égards sur le *Nation building*. En faisant de la puissance russe l'un des éléments fondamentaux de son *Nation branding*, le pouvoir est parti d'un principe simple : soit le monde entier partage ce mythe, soit il faut changer leur perception. Normalisé en Russie, et à l'abri de tout esprit critique, car inhérent à la culture locale, le mythe de la grande puissance intemporelle n'a pas échappé aux regards étrangers qui, face à cette « étrangeté », ont pour la plupart réagi par la critique quand ça n'était pas la moquerie. La plupart des observateurs internationaux qualifie la Russie de « puissance pauvre » (Dubien, 2016) et le discours traditionnel occidental à son égard est souvent éloigné de la réalité des perceptions russes. Si pour la Russie et son peuple, les JO étaient perçus comme un moyen logique de célébrer la puissance russe qui, finalement, n'avait été affaiblie qu'une petite quinzaine d'années, pour le reste de la population mondiale, il était avant tout un moment de sport et de partage. En exaltant le mythe politique de la grande puissance intemporelle, Vladimir Poutine continue donc une mise en récit débutée quelques quatorze années auparavant lors de sa première investiture. C'est en partie pour cette raison que les JO lui confèrent à l'échelle nationale une aura positive inversement proportionnelle à son impact à l'échelle internationale.

■ L'*anti-branding* des JO de Sotchi : des Jeux contestés partout dans le monde

> « Il y a des tentatives de discréditer le déroulement des futurs Jeux olympiques, et malheureusement nous voyons que ces tentatives viennent en particulier des États-Unis. »[43]
>
> Vladimir Poutine, 4 septembre 2013, sur Perviy Kanal

Cette rhétorique victorieuse est donc contestée. Un peu à l'intérieur du pays, beaucoup à l'extérieur. À mesure que les JO approchent, ils deviennent une plateforme d'expression pour les opposants à la Russie de tous bords dont le point commun est leur attachement à la Déclaration universelle des droits de l'Homme. Les ONG écologistes du monde entier alertent sur « le désastre » qu'est la préparation des Jeux. La Ligue des droits de l'Homme appelle à libérer les Pussy Riots emprisonnées. Les associations LGBTI demandent le boycott de l'événement en raison d'une loi jugée homophobe. La diaspora circassienne se mobilise sur Internet pour dénoncer le génocide de leur peuple commis quelques 150 années auparavant sur le territoire de Sotchi. Même la Fondation 30 millions d'amis dénonce la façon dont sont traités les chiens errants sur le site olympique.

À ces critiques, l'État russe joue le feu et la glace. Il répond par des amnisties (Mikhaïl Khodorkovski, membres des Pussy Riots) et des lois répressives à l'égard des « agents de l'étranger » ou des homosexuels (loi interdisant « la propagande homosexuelle »). Rapidement, la Russie se retrouve alors prise dans l'étau des critiques venues principalement du monde occidental. Le fil d'actualité Twitter lié aux JO est bien souvent accompagné d'un hashtag négatif en anglais destiné à dénoncer pêle-mêle la catastrophe écologique, les droits des minorités LGBTI, la liberté d'expression ou encore les dysfonctionnements liés à l'organisation des Jeux.

---

43 « Poutine promet des JO de Sotchi sans discrimination ». *Le Monde,* 6 décembre 2013, www.lemonde.fr/europe/article/2013/09/04/poutine-promet-des-jo-de-sotchi-sans-discrimination_3471125_3214.html.

En outre, la préparation et la tenue des JO de Sotchi coïncident avec de grands bouleversements géopolitiques. La guerre en Syrie bat son plein et Vladimir Poutine affirme peu à peu son soutien stratégique à Bachar el-Assad contre l'avis des puissances occidentales, ce qui contribue à isoler la Russie.

Mais le point d'orgue de cette critique globalisée va venir d'un pays voisin, l'Ukraine. Sous la pression du Kremlin, qui menace de réclamer la dette économique du pays, Viktor Ianoukovitch, le président ukrainien, refuse de signer l'accord du projet d'intégration à l'Union européenne le 28 novembre 2013. Il déclare alors à Angela Merkel qu'il est « tout seul » et qu'il se « retrouve face à face avec une Russie trop forte » qu'il « n'affronte pas à armes égales ». Le lendemain, la révolution du Maïdan en Ukraine commence. Les manifestants déferlent jour après jour dans les rues des villes de l'Ouest ukrainien, Kiev en tête. Viktor Ianoukovitch dispose néanmoins du soutien sans faille de V. Poutine. Le 17 décembre, les deux hommes signent un plan d'action qui vise à accroître les relations entre l'Ukraine et la Russie. Ils sont alors persuadés que la crise va se calmer et les manifestants rentrer chez eux. Pourtant, les protestations s'intensifient. Le 22 janvier, les premières victimes tombent sous les balles et les coups des forces de l'ordre. La suite sera sanglante.

C'est dans ce contexte que s'ouvrent les JO de Sotchi le 7 février 2014. La Russie est sous le feu des critiques occidentales. Chacun y va de sa remontrance à l'égard du régime russe. Sur Twitter, la journée de la cérémonie d'ouverture est marquée par de nombreux sujets polémiques, dont :

- les droits des LGBTI en Russie (51 000 tweets) ;
- Poutine, le symbole d'une Russie en perte de vitesse (28 000 tweets) ;
- les problèmes liées à l'organisation des Jeux (432 000 tweets) (Hambrick et Pegaro, 2014).

Et, peu à peu, les JO semblent se retourner contre le pouvoir. V. Poutine rêvait d'un événement qui reflèterait le retour de la grande

Russie ? En Europe, cela est perçu comme une provocation. De tribune, les JO deviennent un tribunal pour dénoncer les exactions russes supposées. Le site Internet nosochi2014.com, destiné à faire valoir les droits des Circassiens, est l'un des premiers sites qui apparaît en cherchant « Sochi 2014 » sur Google.

■ Être ou ne pas être à la cérémonie d'ouverture

Pour toutes ces raisons, de nombreux États tiers et personnalités profitent de la cérémonie d'ouverture pour signifier une intention à la fois envers la Russie et le reste du monde. Au total, seuls 40 leaders politiques décident de faire le déplacement – contre 80 aux JO de Pékin par exemple. Certains répondent favorablement à l'invitation dans un but politique « positif » à l'égard du régime russe. Viktor Ianoukovitch se déplace dans le but de montrer au monde que la crise politique que connaît l'Ukraine est sous contrôle et qu'il réaffirme son soutien au président Poutine. Le dirigeant chinois Xi Jinping est probablement l'invité dont la présence est la plus remarquée. Positionné aux côtés du président russe durant la cérémonie, les deux hommes symbolisent l'avénement d'un nouvel ordre mondial multipolaire au sein duquel les cartes sont redistribuées. Enfin, les dirigeants turque et bélarusse – souvent jugés autoritaires en Occident –, Recep Tayyip Erdogan et Alexandre Loukachenko, prennent part à l'événement en affichant ouvertement à nouveau leur soutien à V. Poutine.

Parmi les présidents qui déclinent l'invitation dans un but politique « négatif » à l'égard de la Russie, une majorité d'Occidentaux parmi lesquels : Barack Obama, le président américain, David Cameron, le Premier ministre britannique, François Hollande, le président français ou encore Angela Merkel, la chancelière allemande. Afin que ce « demi-boycott » soit plus efficace, certains leaders décident d'utiliser la cérémonie comme une plateforme politique. B. Obama nomine par exemple Billie Jean King, la star lesbienne du tennis féminin, à la tête de la délégation américaine[44]. Le but est de présenter une équipe américaine qui pourrait potentiellement être accusée par la loi russe de « propagande homosexuelle » afin de marquer un désaccord.

Enfin, Ban Ki-moon, le secrétaire général des Nations unies, décide quant à lui de faire le déplacement en signifiant à demi-mot son désaccord avec le régime russe tout en expliquant que la trêve olympique doit être respectée.

L'*anti-branding* occidental pour répondre au *Nation branding* russe ?

Face à ces critiques, la Russie subit alors ce que plusieurs chercheurs appellent désormais un *anti-branding*. L'*anti-branding* , selon le chercheur James D. Brown, est « une campagne délibérée d'un acteur étatique pour ternir l'image internationale d'un rival, sapant ainsi le *soft power* de ce pays » (Brown, 2018). Le terme n'est pas nouveau et certains en Russie le préfèrent même à l'expression « russophobie » qui suppose une peur du peuple russe. En 2012, Konstantin Kosachev, ancien directeur de Rossotrudnichestvo (l'Agence fédérale russe pour la Communauté des États indépendants et les compatriotes vivant à l'étranger et la coopération humanitaire internationale) et actuel président du Comité des affaires étrangères du Conseil de la Fédération de Russie, déclare que l'*anti-branding* est « l'image d'un État […] qui est délibérément formée dans l'esprit des gens par des adversaires ou des rivaux de cet État. Dans les temps modernes, le recours au *hard power* affecte négativement l'image de l'État, donc la création d'un *anti-branding* pour discréditer les États adverses, leur politique étrangère et intérieure, leur économie, leur histoire, leur culture et leur éducation devient un instrument politique plutôt efficace. » (Kosachev, 2012) Selon K. Kosachev, il existerait une volonté étatique de nombreux

44 Celle-ci n'a finalement pas pu venir en raison de la grave maladie d'un membre de sa famille.

pays occidentaux d'influer sur les médias de masse afin de transmettre une image négative de la Russie. Durant la préparation des JO, Vladimir Poutine et Vitali Moutko se plaignent régulièrement de la volonté délibérée des Occidentaux à nuire à la Russie par l'intermédiaire des Jeux. Selon le pouvoir russe, cette guerre informationnelle venue de l'Ouest contre la Russie existe en réalité depuis très longtemps et les JO 2014 en sont simplement la face émergée de l'iceberg.

Afin d'y voir plus clair, James D. Brown décide de conduire une étude dans laquelle il recense la teneur des 1 567 articles écrits au sujet de l'Olympiade entre le 1er juillet 2007 et le 28 février 2014 dans *USA Today*, le *Wall Street Journal* et le *New York Time*.

L'opinion journalistique américaine à l'égard des JO de Sotchi 2014[45]

	USA Today	*Wall Street Journal*	*New York Times*
Articles négatifs	106 (25 %)	145 (35 %)	161 (22 %)
Articles positifs	12 (3 %)	9 (2 %)	17 (2 %)
Articles neutres	304 (72 %)	256 (62 %)	557 (76 %)
Total	422 (100 %)	410 (100 %)	735 (100 %)

Le résultat est édifiant. Le tableau ci-dessus montre que les trois médias américains traitent de façon négative l'événement à la hauteur de 25 % pour *USA Today*, 35 % pour le *Wall Street Journal* et 22 % pour le *New York Time.* Si ces statistiques peuvent sembler basses, elles le sont moins si l'on prend en compte le fait que la grande majorité des articles est liée uniquement au sport (des résultats sportifs, par exemple).

45 Source : Brown, 2018.

Les thèmes abordés par les journaux américains à l'égard des JO de Sotchi 2014[46]

USA Today	*Wall Street Journal*	*New York Times*
Sport (230)	Sport (149)	Sport (354)
Couverture TV (53)	V. Poutine (35)	Loi « anti-gay » (82)
Loi « anti-gay » (51)	Loi « anti-gay » (35)	V. Poutine (78)
Sécurité (39)	Sécurité (30)	CIO (77)
CIO (26)	Coût excessif (28)	Sécurité (51)
Coût excessif (24)	Corruption (21)	Couverture TV (48)
V. Poutine (24)	Démocratie (20)	Droits de l'Homme (47)
Professionnel (20)	Infrastructure (18)	Professionnel (33)
Sécurité des athlètes (15)	Affaires (16)	Troubles dans le nord du Caucase (30)
Droits de l'Homme (13)	Politique intérieure russe (16)	Boycott (25)
Problèmes liés au manque de neige (13)	Droits de l'Homme (15)	Problèmes liés au manque de neige (24)
Installations sportives (13)	CIO (15)	Coût excessif (23)
Problèmes d'hôtels (11)	Problèmes d'hôtels (15)	Relations américano-russes (23)
Chiens errants (10)	Problèmes liés au manque de neige (14)	Sécurité des athlètes (21)
Infrastructures (10)	Troubles dans le nord du Caucase (14)	Corruption (19)
Offres olympiques (10)	Relations américano-russes (14)	Préoccupations environnementales (19)
Toilettes (8)	Géorgie (13)	Politique intérieure russe (19)
	Couverture TV (12)	Infrastructure (19)
		Ukraine (18)
		Géorgie (17)

46 Source : Brown, 2018.

En dehors du thème du sport, les problématiques liées à la loi contre la propagande homosexuelle, la sécurité, V. Poutine, les coûts excessifs de l'événement, les problèmes d'insécurité liés au terrorisme dans le nord-Caucase, les droits de l'Homme et… le manque de neige lié au climat obtiennent la palme des sujets les plus abordés dans ces trois médias américains. Le message est clair. Il s'agit avant tout de créer la polémique à l'égard de la Russie.

Néanmoins, comme le démontre l'étude, aucune preuve n'existe à propos d'une campagne de communication anti-russe dirigée directement par le pouvoir américain comme le suggèrent les dirigeants russes. Dans ce contexte, il est plus probable d'en déduire que c'est le *Nation branding* russe préexistant aux JO et les représentations américaines historiquement négatives à l'égard de la Russie qui ont engendrés cette guerre informationnelle.

Du *Nation-branding* au *Nation-building* : la création d'un *anti-branding* inédit

Chaque pays est soumis à sa propre image et à ses propres stéréotypes à travers le monde, contrôlés ou incontrôlés. Pour certains, ils sont naturellement positifs. Pour d'autres, ils sont politiquement négatifs. La Russie fait partie de la deuxième catégorie. Elle est l'un des pays qui dispose de l'image la plus négative de la planète, notamment en Occident. Durant les JO, le Kremlin a tenté une stratégie de *Nation branding* à deux visages qui n'a pas fonctionné. En proie aux critiques venues de toutes parts, le gouvernement russe a cherché à riposter et est grossièrement tombé dans le piège tendu par l'intelligentsia occidentale. En ce sens, elle a perdu la guerre de l'image. Les efforts pour présenter une Russie « grande, ouverte et moderne » ont été réduits à néant par la loi contre la propagande homosexuelle, le conflit ukrainien ou encore l'emprisonnement de certains membres des Pussy Riots. Confortée dans ses propres stéréotypes à l'égard de la Russie, l'opinion occidentale s'est délectée d'une succession de clichés venus de Sotchi. Soumis à son propre mythe intemporel et conservateur de puissance, le pouvoir russe n'a pas su capitaliser sur l'obtention des JO 2014.

Quelques mois avant l'événement, les chercheurs Persson et Petersson l'écrivaient déjà : « Si les personnes au pouvoir ne livrent pas ce qu'elles se sont engagées à faire, agissant comme des imitateurs autoproclamés du mythe, les mythes politiques légitimant initialement leur mandat pourraient bien se retourner contre leurs maîtres politiques. Cela vaut certainement aussi pour le mythe de la grande puissance russe. » (Persson et Petersson, 2014) Le 28 février, seulement 5 jours après la cérémonie de clôture, V. Poutine ordonne aux « petits hommes verts »[47] (*zelenyye chelovechki*) d'aller sécuriser la Crimée et d'organiser un référendum afin de rattacher la région au territoire russe. À cet instant précis, le mythe de la puissance russe devient réalité et Vladimir Poutine grimpe dans les sondages d'opinion en Russie comme jamais auparavant (88 % !). Le contrat entre le président russe et sa population est rempli. En revanche, celui avec ses homologues internationaux est sérieusement endommagé. À qui perd gagne ?

La Coupe du monde de football 2018 en Russie : l'anti-Sotchi 2014 ?

> « Il s'agit de la meilleure Coupe du monde de tous les temps. »
> Gianni Infantino, président de la FIFA, le 13 juillet 2018

De l'*anti-branding* à l'anti-Sotchi

Quatre années plus tard, la situation est tout à fait différente. Le 13 juillet 2018, à deux jours de la finale entre la France et la Croatie, c'est déjà l'heure de faire le bilan du mondial de football pour le président de la FIFA, Ginani Infantino. « Il s'agit de la meilleure Coupe du monde de tous les temps », déclare-t-il, dithyrambique. « Je veux

47 Surnom donné aux troupes de l'armée fédérale russe sans insignes, « non identifiés ».

remercier le gouvernement de Vladimir Poutine. La Russie a changé. La Russie est devenue un véritable pays du football, pas simplement avec la Coupe du monde organisée au plus haut niveau, mais le football fait aussi partie maintenant de l'ADN du pays, grâce aux performances de l'équipe nationale, à tout le travail réalisé, aux infrastructures, tout est magnifique et très efficace. [...] Ce qui a changé, c'est la perception de la Russie, près d'un million de visiteurs se sont rendu compte qu'ils arrivaient dans un beau pays, accueillant, dans un pays prêt à montrer au monde que la réalité n'est pas celle qu'on pense connaître. C'est un pays riche de culture, d'histoire, de l'histoire de l'humanité. »[48] Soulagement côté russe : la stratégie a payé. V. Poutine avait été obligé de s'auto-congratuler quatre ans auparavant ? Cette fois, c'est le président de la FIFA lui-même qui le fait. Le retournement est spectaculaire. Si les JO de Sotchi avaient été le théâtre d'un *anti-branding* – positif sur l'audience domestique, mais négatif à l'international – la Coupe du monde semble être au contraire la célébration d'un *sport power* fonctionnel positif et attractif. Onze villes, douze stades, un territoire « sportivisé » de Kaliningrad à Ekaterinbourg, de Samara à Saransk, 12 millions d'euros dépensés, et aucun incident majeur à déplorer. La Coupe du monde 2018 en Russie est un succès, là où les JO de Sotchi ont été une victoire au goût amer. Pourquoi ? En quoi la stratégie de la *sportokratura* a-t-elle été différente ? Peut-on parler d'anti-Sotchi pour qualifier la Coupe du monde 2018 ?

La Coupe du monde 2018 pour la Russie : un enjeu géopolitique

Ce 2 décembre 2010, Vitali Moutko s'exprime dans un anglais laborieux afin de convaincre un parterre d'officiels de la FIFA qu'organiser une Coupe du monde en Russie serait une chance unique. Derrière lui, un powerpoint où se succèdent des images de fans et de joueurs de football en liesse. Soudain, une carte apparaît. Elle représente l'Europe

48 « Infantino : "La meilleure Coupe du Monde de l'histoire" », www.fifa.com, 13 juillet 2018, fr.fifa.com/worldcup/news/conference-de-presse-de-cloture.

coupée en deux par un trait rouge qui sépare l'Est et l'Ouest. La légende bien que peu académique est sans ambiguïté :

- l'Europe de l'Ouest : 25 pays, 410 millions d'habitants, 10 Coupes du monde ;
- l'Europe de l'Est : 25 pays, 433 millions d'habitants, 0 Coupe du monde.

« Mes amis », explique-t-il, « vous pouvez le voir sur la carte, l'Europe de l'Ouest a accueilli la Coupe du monde à de nombreuses reprises. L'Europe de l'Est n'a jamais eu cette chance. Il y a quelques années, le mur de Berlin était détruit. Une ère nouvelle s'ouvrait. Aujourd'hui, nous pouvons briser un nouveau mur, symbolique. Et ouvrir une nouvelle ère du football ensemble. »[49] Quelques heures plus tard, le pays obtient gain de cause au nez et à la barbe de l'Angleterre et des candidatures conjointes de l'Espagne et du Portugal ainsi que de la Belgique et des Pays-Bas. Vitali Moutko, lui, devient la risée d'Internet en raison de son fort accent russe lorsqu'il parle anglais. Mais qu'importe, l'aspect géopolitique conféré à la candidature russe et la comparaison osée avec le mur de Berlin ont produit leur effet : pour la première fois de l'Histoire, la Coupe du monde de football se tiendra dans un pays dit « de l'Est » : en Russie.

Lorsque la Russie obtient la Coupe du monde de football en 2010, le monde est bien différent de celui de 2018. Dmitri Medvedev est au pouvoir. La guerre en Syrie n'a pas encore commencé. La révolution du Maïdan en Ukraine non plus. La Crimée n'est pas retournée à la Russie. Et les sanctions économiques occidentales qui en ont découlé n'existent pas encore. La Russie est alors dans une dynamique positive à l'égard de ses homologues occidentaux. Elle s'approprie depuis plusieurs années les plus grands événements sportifs de la planète et les utilise afin d'envoyer un message attractif : la Russie est de retour sur la scène internationale et elle a de bonnes intentions.

---

49 La vidéo du discours de Vitali Moutko est visible à cette adresse (30 juin 2020) : « Vitaly Mutko, de Heath Hart », *YouTube,* téléchargé par sallamiss, 3 décembre 2010, www.youtube.com/watch?v=Pah2rhneNeQ.

La géopolitique du football selon Vitali Moutko : capture d'écran de la carte projetée aux officiels de la FIFA, le 2 décembre 2010

Pourtant, lorsque les JO de Sotchi 2014 arrivent, la roue géopolitique tourne. Les deux semaines des Olympiades deviennent en effet une plateforme politique où s'opposent pro et anti-russes par l'intermédiaire des médias et des réseaux sociaux. « Boycott », « Pussy Riots », « SochiFails », « Ukraine », « Maïdan », ou encore « droits des LGBTI » sont les hashtags les plus associés aux JO.

Quatre ans plus tard, à l'aube de *sa* Coupe du monde, la situation empire. La Russie devient l'épicentre mondial de la politisation du sport. Le pays enchaîne les polémiques et, si le spectre de l'Ukraine s'est quelque peu éloigné, celui du dopage l'a remplacé[50]. Les deux rapports McLaren, violemment contestés par les politiques russes, engendrent des conséquences jamais vues dans l'histoire du sport. Des dizaines d'athlètes russes sont exclus rétroactivement des compétitions auxquelles ils ont participé, les championnats du monde de bobsleigh 2017 sont retirés à la Russie et, enfin, le pays est

50 À ce sujet, lire la partie : « L'affaire du dopage en Russie : anatomie d'une diplomatie sportive bipolaire ».

officiellement exclu des JO d'hiver 2018 à Pyeongchang, en Corée du Sud. En outre, les relations entre la Russie et le monde occidental ne se sont pas améliorées. En mars 2018, l'affaire Skripal, du nom d'un ancien membre du GRU[51] dans les années 1990 et de sa fille, probablement empoisonnés dans les rues de Londres par les services secrets russes, provoque une escalade des tensions. Les dirigeants de l'Allemagne, des États-Unis, de la France, et du Royaume-Uni condamnent fermement la Russie. Dans la foulée, Theresa May, la Première ministre britannique, et Andrzej Duda, le président polonais, annoncent leur décision de boycotter la Coupe du monde en n'envoyant aucun représentant en Russie durant l'événement. L'Islande et le Danemark disent réfléchir à des sanctions également. Redevenue centrale, la question du boycott s'étend à 60 députés européens qui encouragent les personnalités politiques de l'UE à ne pas se déplacer en Russie pendant le mondial prétextant vouloir faire rempart à « la voie autoritaire et anti-occidentale du président russe ».

À mesure que l'événement se rapproche, les critiques se font de plus en plus vives. Le rapport du Conseil des droits de l'Homme de la FIFA publié en septembre 2017 décrit une situation difficile pour les travailleurs présents sur les chantiers liés à la Coupe du monde. Environ 12 000 ouvriers, dont la moitié est immigrée, seraient confrontés régulièrement à des risques pesant sur leur santé et leur sécurité.

La question des droits des animaux est – comme pour les JO de Sotchi – au centre des débats. Des milliers de chiens errants seraient assassinés afin de « nettoyer » les rues des villes hôtesses. La Fondation 30 millions d'amis et plusieurs associations locales russes alertent Vladimir Poutine pour que cela cesse.

En outre, l'inquiétude grandit à l'égard du racisme, du hooliganisme et de l'insécurité qui régneraient en Russie. De nombreux médias et associations pointent du doigt le fait que le plus grand

51 GRU : Direction générale des renseignements de l'État-Major russe.

pays du monde est un « pays à risques » et déconseillent parfois aux supporters de faire le déplacement.

Enfin, les associations LGBTI et les associations anti-racistes ne manquent pas une occasion de rappeler les manquements du pouvoir russe à l'égard des minorités et s'inquiètent des débordements potentiels à l'intérieur et à l'extérieur des stades.

Cette défiance occidentale médiatique et politique à l'égard la Russie est désormais une habitude. Déjà, pour les JO de Sotchi 2014, les mêmes arguments étaient avancés afin de décrédibiliser le pays sur la scène internationale et d'alerter l'opinion publique sur la situation en Russie. À nouveau, l'événement sportif semble se retourner contre son pays hôte qui ne peut que subir les assauts médiatiques. Dans ce contexte, tous les signaux semblent donc au rouge et le Kremlin est au pied du mur.

■ Quelle identité pour la Coupe du monde de football 2018 en Russie ?

Pourtant, presque paradoxalement, les médias internationaux semblent moins concernés par la préparation de la Coupe du monde en elle-même. Et pour cause, comparé à Sotchi 2014, le mondial 2018 fait pâle figure. Les chiffres ne sont pas astronomiques – 11,6 milliards de dollars contre 50 milliards pour les JO – et les chantiers moins extravagants. Sotchi avait été fastueuse, grandiose, démesurée ? La préparation de la Coupe du monde est placée sous le signe de la rigueur budgétaire. La crise économique fait rage en Russie, la population subit les sanctions occidentales et Moscou décide de resserrer les cordons de la bourse. Comme pour les JO, sous couvert d'une pluralité d'acteurs et d'institutions disposant d'un pouvoir décisionnel de façade, Vladimir Poutine centralise la prépotence de quelques individus membres de Russie unie. L'objectif ? Utiliser la *sportokratura* afin de construire un événement selon les canons politiques du pouvoir.

Le 29 octobre 2014, le logo officiel de la Coupe du monde 2018 est dévoilé en grande pompe aux yeux du monde entier depuis la station spatiale internationale. Trois cosmonautes russes – Alexandre Samokoutiaev, Elena Serova et Maxime Souraev – donnent une conférence à suspense. Il ont le sourire facile quoiqu'un peu crispé. Après une petite minute de discours en apesanteur, ils décident de lever le voile sur ce qui sera l'identité visuelle de l'événement pour les années à venir après un court décompte. Quelques centaines de kilomètres plus bas, au même moment, le logo est projeté sur la façade du théâtre Bolchoï de Moscou. La cérémonie est retransmise en direct sur Perviy Kanal. Le monde entier découvre un logo représentant un croisement entre un ballon de football et le satellite Spoutnik aux couleurs rouge, bleu, noir et or des arts ancestraux de la Russie.

Logo de la Coupe du monde de football en Russie en 2018

Les représentations que suggère ce logo et le processus cérémoniel qui l'entoure sont autant de symboles que le pouvoir central cherche à transmettre. Le logo représente un ballon avec trois hublots qui symbolisent le satellite soviétique Spoutnik[52]. Il est

52 « Décryptage de l'identité de la Coupe du monde 2018 en Russie », *Site de l'agence de marketing brandiacentral.com,* www.brandiacentral.com/uk/news/russia-2018-world-cup-identity-references-sputnik-and-russian-icon-art.

destiné à exalter le « rôle pionnier (de la Russie) dans la conquête de l'espace »[53], remontant à l'URSS. Il est également l'illustration de la privatisation par le pouvoir russe des grands succès soviétiques. C'est typiquement pour cette raison qu'il a été dévoilé depuis la station spatiale internationale. De plus, les couleurs utilisées – rouge, noir, bleu et or – sont autant de références aux « techniques ancestrales de l'art russe depuis les premières peintures d'icônes » et les œufs de Fabergé. C'est pour cette raison qu'il a été projeté sur le théâtre du Bolchoï. Ce syncrétisme historique et culturel concilie finalement deux idées de la Russie contemporaine très en vogue depuis le début du troisième mandat de Vladimir Poutine : les traditions et le modernisme. Plus encore qu'un symbole, le logo est l'identité de la compétition et même l'identité du pays.

Créé par l'agence de conseil en stratégie de marque Brandia Central basée à Lisbonne, il constitue l'un des piliers du *Nation branding* de la compétition sportive en étant le vecteur principal de son identité. Il est présent partout, avant, pendant et même après l'événement : dans les médias, dans les stades, dans les aéroports ou encore les gares. Pour Miguel Viana, le directeur de création de Brandia Central, l'idée du logo leur est venue des représentations qu'ils avaient du pays : « la Russie est le pays de la magie. Une culture centenaire, une architecture de contes de fée, l'âme de son peuple, connue pour sa détermination et par les réalisations qui en découlent. [...] D'une manière générale, il y a [dans ce logo] un sentiment d'élévation, d'ascension, comme un vaisseau spatial. Ce mouvement ascendant est renforcé par les éléments humains du symbole, également inspirés par l'ambition de l'humanité d'atteindre les étoiles [...]. L'élément supérieur nous rappelle un ballon de football avec la forme du spoutnik [...], les couleurs [...] reflètent les techniques séculaires de l'art russe de renommée mondiale

53 « Emblème officiel de Qatar 2022 », *www.fifa.com,* 29 août 2019, fr.fifa.com/worldcup/organisation/official-emblem.

remontant aux premières peintures d'icônes. Cette marque célèbre la magie de la Russie et les rêves du monde entier. »[54]

Néanmoins, contrairement aux déclarations de son directeur artistique, la décision définitive concernant l'emblème n'est pas revenue à l'agence. La sélection de la proposition de conception finale a été faite par un jury composé de dix membres « de haut niveau »[55] provenant d'horizons divers. Il comprenait Vitali Moutko, Jerome Valcke et des experts des mondes du sport, de la culture et du gouvernement russe, à savoir Igor Chouvalov, Alexeï Sorokin, Fabio Capello, Igor Akinfeev, Oleg Dobrodeev, Denis Matsuev, Valery Gergiev et Choulpan Khamatova. Une sélection qui montre l'influence politique de la *sportokratura* sur l'identité visuelle de l'événement.

Autre élément important du *Nation branding*, l'affiche officielle de l'événement au style très soviétique dévoilée le 28 novembre 2017. Elle représente le gardien de but de l'URSS Lev Yachine – surnommé « l'araignée noire » – en train de plonger. Sur l'affiche, il est dessiné sous sa forme traditionnelle – un maillot à manches longues et un short noirs, un bandage jusqu'aux genoux, ainsi que la célèbre casquette. Le gardien de but semble s'envoler et atteindre le ballon en même temps que onze rayons de soleil qui représentent les onze villes hôtesses. Le ballon symbolise à la fois un ballon de football de l'époque soviétique et la planète Terre sur laquelle est visible le territoire russe. La conquête soviétique de l'espace est donc à nouveau à l'honneur. L'affiche a été réalisée par l'artiste russe Igor Gourovitch et ce dernier assume parfaitement son choix en déclarant notamment que : « sa stylistique soviétique post-constructiviste des années 1920-1930, son langage graphique unique, sa nouvelle poésie fraîche d'images plastiques sont devenues l'un des codes culturels russes les plus importants et les plus vénérés du monde. »

---

54 « *FIFA world cup russia 2018 logo by Brandia central* », *designboom architecture & design magazine*, 29 octobre 2014, www.designboom.com/design/fifa-world-cup-russia -2018-logo-by-brandia-central-10-29-2014.

55 Selon le communiqué officiel de la FIFA.

Lev Yachine est le seul gardien de l'histoire à avoir obtenu le Ballon d'or, et l'utilisation de son image confirme la tendance selon laquelle le pouvoir russe privatise régulièrement les figures et exploits sportifs de l'URSS. Dans la foulée de la présentation, Vitali Moutko – alors encore président du Comité d'organisation Russie-2018 – va dans ce sens en s'appropriant définitivement l'œuvre et surtout le sportif soviétique : « Il était très important pour nous de refléter la Russie sur l'affiche officielle en tant que pays hôte du tournoi. C'est pourquoi notre héros était Lev Yachine, un gardien de but exceptionnel, personnifiant le football national. »[56] Le pouvoir russe fait sien les exploits de l'URSS. Enfin, cette dynamique est renforcée par le clip de présentation de l'affiche officielle où apparaissent le Spoutnik, Iouri Gagarine – le premier homme dans l'espace – et, enfin, Lev Yachine. L'utilisation de ces symboles forts permet de mieux appréhender le caractère glorieux de la puissance russe véhiculé durant l'événement. La conquête des terrains de football passe visiblement par celle des étoiles et, surtout, par celle du passé soviétique.

La stratégie politique russe durant la Coupe du monde 2018 : l'anti-Sotchi ?

Du 14 juin au 15 juillet 2018, la Coupe du monde se tient finalement sur le territoire russe. La communication est à dominante soviétique et agrémentée de particularismes régionaux offerts par chacune des onze villes qui accueillent l'événement. Comme lors des JO de Sotchi, aucun incident majeur n'est à déplorer durant l'événement et aucune des craintes étrangères – racisme, hooliganisme, attentats – ne se concrétise. Le monde entier félicite alors la Russie pour avoir accueilli « la meilleure Coupe du monde de tous les temps », dixit Gianni Infantino, le président de la FIFA.

---

56 « La FIFA a publié l'affiche officielle de la Coupe du monde 2018 », *novayagazeta.ru,* novayagazeta.ru/news/2017/11/28/137432-fifa-opublikovala-ofitsialnyy-plakat-chm-2018.

L'étude comparée des JO 2014 et du Mondial 2018 est passionnante car les deux manifestations sportives représentent les deux faces d'une même pièce. Les JO de Sotchi devaient être remportés par l'équipe olympique russe par tous les moyens ? L'objectif politique et sportif de l'équipe nationale russe de football est seulement d'arriver en huitième de finale. Les JO de Sotchi ont augmenté le patriotisme russe de façon importante ? De nombreuses manifestations contre les retraites en Russie suivent le Mondial 2018. Sotchi 2014 était critiquée en permanence à l'étranger ? La Coupe du monde 2018 reçoit une pluie de louanges venues de toute la planète. Le *Nation building* des JO de Sotchi était plus efficace que son *Nation branding* ? Le *Nation branding* de la Coupe du monde est un succès monstre comparé à son *Nation building*. Bref, à l'heure du constat, les deux événements produisent, semble-t-il, deux effets totalement différents. Quelles sont les raisons qui peuvent expliquer cette antinomie ?

■ Le faste des JO de Sotchi 2014 contre la sobriété du Mondial 2018

La première tient probablement aux dépenses. L'enjeu des JO de Sotchi 2014 était d'abord d'affirmer le retour de la puissance russe. Le pouvoir avait donc mis les bouchées doubles afin de créer un événement grandiose aux symboles politiques clairs. Reconstruction d'une ville entière, mythification de la Russie ou encore résurrection : les thèmes et les faits ont contribué à donner une impression fastueuse mais prétentieuse, voire menaçante. Conséquences : le *sport power* des JO de Sotchi s'est retourné contre ses instigateurs. Parallèlement, le patriotisme russe a crû à mesure que le pays s'est retrouvé isolé.

À l'inverse, la Coupe du monde de football est auréolée d'une aura positive. « Seulement » 9,2 milliards d'euros sont dépensés pour sa préparation[57] alors que, cette fois, onze villes et douze stades sont concernés. Les critiques avant la tenue de l'événement sont nombreuses ? La communication sobre de la part des autorités russes contribue à dépolitiser l'événement. Vladimir Poutine est uniquement présent lors des matchs d'ouverture et de clôture, délégant son rôle à Dmitri Medvedev pour les rencontres importantes. Le sport est au centre du Mondial un mois durant. L'ambiance est détendue et festive. Les autorités reçoivent des consignes de la part du pouvoir afin de laisser les supporters s'amuser librement. Il est alors possible d'assister à des scènes de liesse populaire où l'alcool coule à flots dans les rues de Russie. Aujourd'hui encore, la Coupe du monde conserve cette image positive alors que celle des JO est mitigée.

La Coupe du monde 2018 : une vraie ouverture sur le monde

Une autre explication à cette différence de perception tient à l'ouverture réelle ou supposée du pays durant ces deux manifestations.

L'objectif des JO 2014 était d'ouvrir la Russie au monde. Si tout fut mis en œuvre pour faire venir les touristes du monde entier à Sotchi, la réalité était autrement plus complexe. Premièrement, il fallait obtenir un visa, acheter un billet pour la compétition et faire une demande auprès de l'ambassade ou du consulat de Russie. Si cette procédure est classique pour le voyageur russophile, pour les néophytes elle semble souvent bien fastidieuse. Deuxièmement, ce visa permettait de visiter Sotchi pendant une durée de deux semaines, soit le temps de l'Olympiade. Il n'offrait pas la possibilité de voyager en dehors de la ville et de ses environs[58].

57 Ce qui en fait tout de même la Coupe du monde la plus chère de l'histoire, devant celle du Brésil en 2014 avec un coût de 8 milliards d'euros.

58 Dans la pratique, c'était faisable, mais les autorités se réservaient alors le droit d'arrêter le touriste aventureux.

À ce titre, la Coupe du monde de football est l'antithèse des JO. Pour la première fois de l'histoire de la Russie, le pouvoir opte pour une ouverture quasi-totale des frontièress aux étrangers, sans visa. La Fan ID ou le Passeport du supporter obtenu après l'achat d'un ticket pour un match suffisent pour passer les frontières du plus grand pays du monde. En outre, la Fan ID permet aux supporters de relier une ville à l'autre grâce à des trains gratuits mis à leur disposition. Ce dispositif hors du commun, souvent minimisé dans les médias, reflète pourtant une réelle volonté politique d'ouverture. Jamais la Russie n'a été aussi accessible que pendant ce mois de Mondial, durant lequel la liberté de circuler était totale. Fort de ce succès, Vladimir Poutine annonce au lendemain de la finale entre la France et la Croatie allonger la durée du séjour promue par la Fan ID jusqu'au 31 décembre 2018. Quiconque voyage régulièrement en Russie sait combien il est difficile d'obtenir un visa de 6 mois. Le Mondial 2018 permet à des centaines de milliers de supporters venus du monde entier d'en obtenir un. « Notre objectif », déclare V. Poutine le 14 juin 2018, « c'est de faire en sorte que tous nos invités – des stars du football aux fans ordinaires – ressentent l'hospitalité et la bienveillance de notre peuple, soient fascinés par la culture multinationale authentique et la nature unique de la Russie pour leur donner envie de revenir ici. »

■ La politique de dépolitisation de l'événement sportif

Alors que les autorités russes craignaient le pire, finalement, seuls quatre pays « demi-boycottent » le Mondial russe : l'Ukraine, le Royaume-Uni, l'Islande et l'Australie. Étant donné que l'Ukraine ne participe pas à la compétition, la décision de son président Petro Porochenko est uniquement symbolique et impacte peu l'événement. Kiev revendique néanmoins le retour de la Crimée en Ukraine, la libération du prisonnier politique ukrainien Oleg Sentsov alors en grève de la faim ou encore la vérité sur le crash du Boeing MH17 dans le Donbass en 2014. Theresa May décide quant à elle de ne finalement pas faire le déplacement en Russie en raison de l'affaire

Skripal. L'Islande et l'Australie se montrent solidaires en faisant de même. Pourtant, aussi importantes soient ces décisions, elles semblent minimes comparées à l'isolationnisme politique que connaît la Russie à la veille du Mondial. Et la *sportokratura* est bien décidée à faire de la manifestation un vrai instrument de *soft power.*

La stratégie politique de la Russie est donc de dépolitiser l'événement au maximum en éloignant les risques potentiels de débordements en tous genres. Dans les discours, dans les représentations et jusque dans les consignes données aux bénévoles, le maître mot est le sport. « Le Mondial ne doit pas être un lieu d'expression politique », explique un bénévole d'une vingtaine d'années qui a choisi de rester anonyme, « nous le savons et nous avons des techniques pour éviter de parler de Poutine, du dopage, de l'Ukraine ou des États-Unis »[59]. Afin d'ajouter de l'épaisseur à cette stratégie politique, le pouvoir prend la décision de limiter au maximum les apparitions du président russe pendant un mois et de réduire au strict minimum ses interactions avec ses homologues étrangers. Une façon d'éviter de répéter le précédent de Sotchi. Les JO étaient un tribunal médiatique ? Le Mondial sera une fête du sport.

Durant l'Euro 2016 en France, les hooligans russes avaient participé à faire du centre de Marseille une zone de non-droit durant un après-midi. Vladimir Poutine avait à l'époque ironisé en déclarant qu'il ne comprenait pas « comment deux cents supporteurs russes avaient pu passer à tabac plusieurs milliers d'anglais ». Afin d'éviter qu'une telle situation ne se répète, le Mondial russe est placé sous le signe de la sécurité à outrance. Les hooligans sont mis à l'écart par les autorités le temps de l'événement. Certains ont l'interdiction de venir dans les villes hôtesses, d'autres sont assignés à résidence, d'autres encore sont mis en prison durant un mois.

Si quelques débordements émaillent l'événement, ils sont à chaque fois maîtrisés et minimisés afin d'éviter tout bruissement médiatique. Peu de personnes se souviennent qu'une membre des

---

59 Entretien anonymisé avec l'auteur en juin 2018 à Nijni Novgorod.

Pussy Riots a fait irruption sur le terrain du stade Loujniki durant la finale. Alors que Sotchi 2014 s'était retourné contre son utilisateur, le Mondial 2018 est finalement ce qui se rapproche le plus d'une stratégie de *soft power* classique, réussie et contrôlée. La *sportokratura* semble avoir appris de ses erreurs passées.

■ Sotchi 2014 et la Coupe du monde 2018 : les deux faces d'une même pièce

La Coupe du monde 2018 en Russie est donc l'anti-Sotchi. En 2014, la situation géopolitique s'était dégradée entre une Russie victorieuse et ses homologues occidentaux. Dans le même temps, le patriotisme à l'ère Poutine n'avait jamais été aussi élevé. En 2018, l'heure est à l'isolement pour une Russie qui, au pied du mur, met de l'eau dans son vin d'un point de vue organisationnel et sportif et réussit à tirer parti de la situation. Pendant un mois, la Russie est le théâtre d'une fête des peuples dont le succès est quasi-total auprès des supporters et des observateurs du monde entier. À tel point que l'agence russe antidopage réintègre l'AMA le 20 septembre 2018, trois ans après les premières sanctions prises à son encontre. Parallèlement, forte de cette expérience ultra-libérale, la population russe n'hésite pas à se retourner contre le pouvoir quelques semaines plus tard lors de manifestations contre la réforme des retraites. Pourrait-on alors parler d'*anti-building* ?

Il n'est pas hasardeux de déclarer que les JO 2014 et la Coupe du monde 2018 sont les deux faces d'une même pièce :

- pile, les Jeux de Sotchi au *Nation building* particulièrement efficace et au *Nation branding* défaillant puisqu'il se retourne contre son utilisateur (*anti-branding*) ;
- face, la Coupe du monde de football au *Nation branding* réussi à travers l'ensemble de la planète football, mais au *Nation building* moins efficace pour le pouvoir (*anti-building*).

Les raisons de ce basculement sont multiples et riches en enseignements. Ces deux événements ont un point commun : tous deux se déroulent dans un contexte de crise géopolitique entre la Russie et la plupart des pays occidentaux. C'est donc que le changement d'image s'est opéré ailleurs. Mais où ?

Primo, les deux événements sont abordés de deux façons parfaitement opposées par le pouvoir. En 2014, les autorités sont vivement critiquées pour les dépenses faramineuses (50 milliards d'euros) engendrées par la reconstruction de Sotchi. Pour la Coupe du monde 2018, les dirigeants russes sont contraints par la crise économique de limiter les dépenses de l'État au maximum ce qui contribue à éloigner le spectre d'une Coupe du monde ultra-coûteuse.

Secundo, en 2014, l'objectif affiché du pouvoir est de remporter d'un point de vue sportif et organisationnel[60] l'Olympiade pour montrer au monde le retour de la puissance russe, ce qui contribue à alimenter les critiques étrangères tout en ravivant la flamme du patriotisme. En 2018, les autorités affichent des ambitions sportives modérées et sont avares en superlatifs concernant l'organisation, ce qui produit l'effet inverse.

Tertio, en 2014, la politique est omniprésente avant, pendant et après l'événement. Les semaines qui précèdent les Jeux sont marquées par de nombreuses décisions politiques russes controversées jugées réactionnaires par une partie de la doxa occidentale. En 2018, le pouvoir russe met un point d'honneur à éloigner la politique de l'événement en se faisant discret.

Quarto, les JO offrent une impression mitigée pour les observateurs étrangers en raison du contrôle total et brutal des forces de l'ordre pendant les deux semaines que dure la manifestation sportive. Les consignes données par les autorités russes en matière de sécurité pendant la Coupe du monde sont plus laxistes. Moins de gardes à vue prolongées et moins de manifestations physiques et brutales du bras armé de l'État sur les supporters et les opposants au régime.

Enfin, symptômatique de ce basculement, en 2014, c'est Vladimir Poutine qui déclare que la Russie a organisé les meilleurs JO de

60 Les autorités russes ont répété à plusieurs reprises leur volonté d'organiser la meilleure édition des JO de tous les temps.

l'Histoire alors qu'en 2018, c'est Gianni Infantino, le président de la FIFA, qui se charge d'exprimer la même opinion à propos de la Coupe du monde de football. Le revirement est spectaculaire.

À l'heure du bilan, le constat est donc positif pour la *sportokratura* qui a su tirer les leçons des JO et maîtriser le Mondial afin d'en faire un véritable instrument de *soft power* alors que l'Olympiade s'apparentait davantage à un outil de *smart power*[61]. Paradoxalement, les Jeux 2014 ont exalté le patriotisme et renforcé le Kremlin alors que le Mondial a affaibli Poutine auprès de sa population. Conclusion ? Un événement sportif international est un instrument à double tranchant dont il est difficile de maîtriser tous les paramètres. Hors de contrôle, il peut se retourner contre son utilisateur.

L'affaire du dopage en Russie : vers une nouvelle guerre froide du sport ?

Si la *sportokratura* semble en bonne santé à bien des égards, elle subit également depuis quelques années une grave crise. Désormais, lorsque le sport en Russie est évoqué, impossible de ne pas penser à l'affaire de dopage qui secoue le pays depuis septembre 2014. Plus gros scandale de l'histoire du sport pour les uns, complot géopolitique américain et/ou occidental pour les autres, cette affaire a eu pour effet de polariser la planète en deux camps : les pro-russes et les anti-russes. Comment en est-on arrivé là ?

---

61 Le *smart power* (ou « puissance intelligente ») dans le domaine des relations internationales désigne la combinaison de l'usage pour un État du *hard power* et du *soft power*.

Chronologie de l'affaire de dopage en Russie (2014-2020)

Décembre 2014 : la chaîne allemande ARD diffuse le documentaire « Le dopage secret : comment la Russie fabrique ses champions ». Il repose principalement sur les témoignages du couple Stepanov qui décrit l'existence d'un système de dopage d'État en Russie depuis 2009.

9 novembre 2015 : l'AMA publie un premier rapport de l'enquête qu'elle a commandée 11 mois auparavant. Il statue sur l'existence d'un dopage généralisé en Russie.

10 novembre 2015 : l'AMA suspend le Centre antidopage russe (RUSADA).

13 novembre 2015 : la Fédération sportive internationale d'athlétisme (IAAF) suspend la Fédération russe d'athlétisme (ARAF) et la Russie est interdite d'organiser et de participer à plusieurs événements sportifs.

14 janvier 2016 : l'AMA publie le second rapport de l'enquête.

Février 2016 : Vyacheslav SiNyev et Nikita Kamaev, deux anciens directeurs de RUSADA, décèdent à quelques jours d'intervalle. Dans la foulée, Grigori Rodchenkov, un directeur de laboratoire antidopage russe, est remercié par les autorités russes et il fuit aux États-Unis. Sous protection des témoins, il se confie au cinéaste Bryan Fogel qui réalise le documentaire *Icarus*.

19 mai 2016 : Richard McLaren est nommé par l'AMA pour mener l'enquête concernant le dopage russe lors des JO de Sotchi 2014.

Juin 2016 : l'AMA déclare que ses agents de contrôle du dopage (ACD) n'ont pas pu faire correctement leur travail en Russie en raison d'intimidations de la part d'agents du FSB et du manque de coopération de la part de nombreux athlètes russes.

3 août 2016 : la Fédération internationale d'haltérophilie (IWF) suspend la Russie pour un an. Le CIO ratifie cette décision et exclut l'équipe nationale russe d'haltérophilie des JO de d'été de 2016.

18 juillet 2016 : Richard McLaren remet son premier rapport à l'AMA et conclut à un système de dopage institutionnel en Russie entre fin 2011 et août 2015. L'AMA recommande d'exclure l'équipe nationale russe des JO d'été de Rio 2016.

24 juillet 2016 : le CIO refuse la recommandation de l'AMA et autorise l'équipe nationale russe à participer aux JO d'été de Rio 2016.

7 août 2016 : le Comité international paralympique (CIP) décide d'exclure totalement l'équipe paralympique russe des JO d'été de Rio 2016 en raison de son incapacité à faire respecter le code mondial antidopage suite à la révélation de nouveaux tests positifs datant des JO paralympiques de Sotchi 2014.

2 décembre 2017 : le CIO déclare que 43 athlètes russes étaient dopés lors des JO d'hiver 2014 de Sotchi. La Russie perd sa première place au classement des médailles.

5 décembre 2017 : le CIO exclut l'équipe nationale russe et le comité olympique russe des JO d'hiver de PyeongChang 2018. Les athlètes jugés propres pourront toutefois concourir sous drapeau neutre sous l'appellation « Athlètes olympiques de Russie » (OAR).

1er février 2018 : le TAS blanchit 28 des 43 athlètes russes accusés de dopage aux JO de Sotchi par le CIO. La Russie récupère sa première place au classement des médailles.

20 septembre 2018 : l'AMA décide de rétablir l'Agence antidopage russe (RUSADA). La Fédération internationale d'athlétisme ne tient pas compte de cette décision et refuse de réintégrer la Russie à ses compétitions.

10 janvier 2019 : l'AMA obtient, avec 10 jours de retard sur le calendrier initial, l'accès complet au laboratoire antidopage de Moscou.

21 septembre 2019 : il est dorénavant de notoriété publique que de nombreuses données du laboratoire de Moscou auraient été falsifiées.

9 décembre 2019 : l'AMA décide d'exclure la Russie de la scène sportive internationale pour une durée de 4 ans avec l'interdiction d'organiser des compétitions sportives internationales sur son sol. Les athlètes « propres » pourront toutefois concourir sous bannière neutre. Le CIO accepte les décisions de l'AMA.

Janvier 2020 : la Russie fait appel de cette décision auprès du TAS.

28 août 2020 : Iouri Ganous, le directeur de l'agence antidopage russe RUSADA, est limogé par le Comité olympique et paralympique russe. Il aurait commis des infractions administratives et financières à répétition. Il était réputé pour être l'un des seuls à défendre une position très critique à l'égard des autorités russes du sport.

17 décembre 2020 : le Tribunal arbitral du sport (TAS) confirme mais réduit la décision de l'AMA à deux ans d'exclusion au lieu de quatre.

■ La Russie exclue pour deux ans du sport mondial par le TAS : une décision historique

Le verdict fait l'effet d'une douche froide. Le 9 décembre 2019, l'Agence mondiale antidopage (AMA) soutenue par le Comité international olympique (CIO) prend la décision d'exclure la Russie de l'ensemble des institutions et compétitions sportives internationales pour quatre ans. L'instance accuse les autorités russes d'avoir expurgé et manipulé la base de données des tests antidopages qu'elle lui a fournie. « Il y a eu des milliers de changements, c'est très grave », a même convenu Iouri Ganous, le directeur de l'agence antidopage russe RUSADA, le 15 octobre 2019, quelques semaines avant la décision de l'AMA. « Nous avons été trahis, c'est une sorte de complot », a-t-il déclaré à l'agence Interfax. Déboussolé, il pointe la responsabilité des services secrets, le FSB, qui auraient, selon lui, cherché à protéger des sportifs bien introduits dans les cercles de pouvoir. Quelques mois plus tard, le 17 décembre 2020, le Tribunal arbitral du sport (TAS) confirme, mais réduit en appel, la décision de l'AMA à deux ans.

Si la décision semble catégorique, la réalité est plus complexe. L'équipe nationale russe peut, par exemple, participer à l'Euro 2020 – reporté à 2021 en raison de la Covid-19 – car il s'agit « d'une compétition continentale qui ne concerne qu'un seul sport ». En outre, les sportifs russes « propres » peuvent concourir sous drapeau neutre. Cette mesure, inédite par son ampleur, engendre donc cinq principales conséquences :

1. Les responsables du gouvernement russe ne peuvent ni siéger au sein d'une instance signataire du code mondial antidopage, ni assister aux événements sportifs internationaux majeurs pendant une période de deux ans.
2. La Russie ne peut ni accueillir ni candidater à une grande manifestation sportive pendant une période de deux ans.
3. Le drapeau de la Russie ne peut être arboré lors d'aucune grande manifestation organisée au cours de la période de quatre ans.
4. Les manifestations sportives prévues en Russie durant les deux prochaines années doivent être révoquées sauf si cela est impossible d'un point de vue pratique et/ou juridique.
5. Les sportifs russes peuvent participer aux compétitions sportives internationales s'ils remplissent tous les critères de la lutte antidopage et sans aucun signe distinctif russe.

Énième péripétie d'une affaire qui dure depuis la fin de l'année 2014 (voir Chronologie de l'affaire de dopage en pages 293-294), cette décision menace toutefois de réduire à néant les efforts que Moscou a consentis depuis le milieu des années 2000 pour se hisser à nouveau parmi les grandes nations sportives. En effet, c'est l'une des plus sévères sanctions sportives jamais prononcées à l'égard d'un pays. Depuis la fin de la Seconde Guerre mondiale, seules l'Afrique du Sud et la Yougoslavie ont subi des mises au ban si rigoureuses. Exclue du football mondial en 1964, interdite de Jeux olympiques en 1974, l'Afrique du Sud a réintégré les compétitions internationales en 1992, un an après l'abolition de l'apartheid. Quant à la Yougoslavie, elle fut exclue des compétitions mondiales suite à une résolution des Nations unies de mai 1992 qui entendait punir Belgrade alors en guerre avec la Bosnie-Herzégovine. Ses athlètes purent toutefois concourir à titre personnel aux Jeux olympiques de Barcelone de la même année. Dans ces deux cas, ces sanctions étaient prononcées pour punir un régime jugé odieux.

Concernant la Russie, c'est déjà la deuxième fois qu'un scandale de dopage motive une exclusion collective plutôt que des sanctions individuelles après le précédent des JO de PyeongChang en 2018. Face à l'importance historique de ce jugement, la réaction de Moscou ne s'est pas faite attendre. Le Premier ministre Dmitri Medvedev qualifie la décision de l'AMA de « poursuite d'une hystérie anti-russe devenue chronique ». Même son de cloche pour Vladimir Poutine qui invoque la « loi romaine » en expliquant qu'« une sanction doit être individualisée et en rapport avec ce qu'a fait le coupable. [...] Choisir une sanction collective, ce n'est pas œuvrer pour le bien global du sport, c'est une décision politique [...]. » Parallèlement, la plupart des représentants des pays occidentaux se félicitent d'une décision jugée exemplaire, voire insuffisante pour certains. Beckie Scott, la présidente sortante du comité des athlètes de l'AMA, indique que « les sanctions auraient pu être plus strictes encore et empêcher tous les athlètes russes d'aller aux Jeux olympiques ». L'AMA justifie sa sévérité par l'existence d'un système de dopage généralisé que le pouvoir russe s'acharnerait à camoufler depuis les révélations de 2014, au lendemain des JO de Sotchi.

De ce conflit de représentations naissent plusieurs questions. Quelle est la réelle nature du dopage en Russie ? Les décisions des instances internationales de la lutte antidopage sont-elles légitimes ? Et si, finalement, la gestion de la crise du dopage en Russie était en réalité révélatrice d'un pays en pleine mutation en quête d'apaisement diplomatique ? Cette affaire serait-elle également symptômatique d'un système antidopage international faillible ? Aujourd'hui, les contempteurs de la Russie voient dans la décision de l'AMA et du TAS d'exclure la Russie du concert des nations du sport pour deux ans une énième preuve de la mauvaise foi de Moscou. Pourtant, une analyse de sa diplomatie sportive révèle une réalité différente. En proie à ses propres démons, la *sportokratura* semble tiraillée entre une réelle quête d'apaisement et un système dont elle n'a plus le contrôle. Fruit d'un passé soviétique autoritaire et d'un présent libéral difficilement contrôlable, la Russie est une chimère hybride aux mutations inédites. Anatomie d'une diplomatie sportive russe schizophrène dans un contexte de crise sans précédent.

L'expression « dopage d'État », révélatrice d'un conflit géopolitique de représentations

Depuis l'annonce des sanctions de l'AMA et du TAS, le pouvoir russe tremble. Le sport est un élément central de son *soft power.* En être privé pour deux ans revient à être amputé d'une partie de sa diplomatie. En effet, en prenant la décision d'exclure la Russie, les instances internationales de la lutte antidopage font du territoire russe un fantôme sur l'échiquier du sport mondial pour deux ans et tente de frapper là où ça fait mal : en annihilant son *sport power.* S'il ne fait guère de doute qu'il existe un système généralisé de dopage en Russie, rien ne permet jusqu'à présent d'établir que son centre de contrôle se situe entre les murs du Kremlin. « La Russie n'a jamais créé – c'est absolument impossible – un système de dopage géré par l'État »[62], déclare pour la énième fois Vladimir Poutine lors de sa conférence annuelle du 23 décembre 2016. Pourtant, l'expression « dopage d'État » est presque passée dans le langage courant pour évoquer le sport en Russie. Employée pour la première fois fin 2014 dans le documentaire diffusé par la chaîne allemande ARD, elle décrit alors l'existence « d'un dopage systématique des athlètes russes parrainé par l'État russe »[63] au sein de la Fédération russe d'athlétisme (ARAF) par l'intermédiaire de trois témoins clés : le couple Stepanov (une athlète russe dopée et un employé de l'agence russe antidopage) et Grigory Rodchenkov (le directeur du laboratoire antidopage russe de Moscou). Dès lors, l'expression est reprise *ad libitum* dans la plupart des grands médias occidentaux. Pourtant, en décembre 2015, elle est minorée par les rapports McLaren[64] eux-mêmes, commandés par l'AMA suite au documentaire allemand. Les experts statuent en effet sur « l'évidence d'une «culture systémique» du dopage dans le sport russe »[65] et non sur un dopage piloté par Moscou. Un point sur lequel s'accordent en décembre 2017 les États membres de l'Unesco présents lors de la sixième Convention internationale contre le dopage dans le sport : « Il convient cependant de noter que la Fédération de Russie n'a jamais eu de système institutionnalisé, opéré par le gouvernement,

62 « *Vladimir Putin's annual news conference* », *Présidence de Russie*, 23 décembre 2016, en.kremlin.ru/events/president/news/53573.

63 Résumé officiel du documentaire *Geheimsache Doping – Wie Russland seine Sieger macht* (« Le dopage secret : comment la Russie fabrique ses champions ») disponible ici : Seppelt Hajo, « *Top-Secret Doping : How Russia Makes its Winners* », *Autentic Distribution*, www.autentic-distribution.com/72/pid/594/Top-Secret-Doping:-How-Russia-Makes-its-Winners.htm.

64 Les deux rapports MacLaren, du nom de l'avocat canadien Richard MacLaren, sont les conclusions de plusieurs enquêtes indépendantes menées par ce dernier. La première partie paraît le 18 juillet 2016 après seulement 57 jours d'enquêtes et tente de démontrer l'organisation du dopage systémique en Russie. La seconde partie paraît le 9 décembre 2016 et révèle que plus de 1 000 sportifs russes ont bu bénéficier de ce système.

65 « *Systemic Culture of Doping in Russian Sport* » dans la version originale. Source : The Independent Commission Report #1, Final Report, November 9, 2015, p. 22.

destiné à manipuler les procédures de contrôle du dopage »[66], relate le rapport.

Néanmoins, si le Kremlin n'est pas officiellement impliqué dans l'affaire, certains responsables russes chargés de la lutte antidopage reconnaissent à demi-mot « une conspiration institutionnelle »[67], comme le confie au *New York Times* fin 2016 Anna Antseliovich, directrice générale de l'Agence russe de lutte antidopage (RUSADA) entre décembre 2015 et mars 2017. En réalité, ce dopage massif d'athlètes russes entre 2009 et 2015 révèle plutôt – faute de preuves supplémentaires – les conséquences d'une pression institutionnelle de la part de l'État sur le système sportif russe.

Au regard des faits, il apparaît difficile de statuer sur l'aspect décisionnaire du pouvoir russe dans cette affaire. V. Poutine a-t-il commandité le dopage russe ? V. Poutine savait-il que de nombreux athlètes se dopaient ? Impossible de le déterminer. Alors, pourquoi l'expression « dopage d'État » persiste-t-elle ?

Les représentations historiques du dopage en Russie

L'affaire de dopage est en réalité l'illustration d'un conflit géopolitique de représentations du sport russe à l'étranger. Durant la guerre froide déjà, le dopage est un enjeu géopolitique majeur car le sport occupe une place centrale dans le conflit qui oppose l'Union soviétique et les États-Unis. Pour l'URSS, les victoires sportives soviétiques ont comme objectif de prouver la supériorité du modèle communiste sur le modèle capitaliste. Pour les États-Unis, au contraire, ces performances hors du commun sont le symbole d'un système vérolé par le dopage de masse. Par conséquent, il est essentiel pour l'un et l'autre de contrôler les organes de régulation

66 Sixième session de la conférence des parties à la Convention internationale contre le dopage dans le sport organisée à Paris au Siège de l'UNESCO, Salle XI, 25-26 septembre 2017 : ICDS/6CP/Doc.86 septembre 2017, p. 62.

67 « Des responsables russes reconnaissent l'existence d'un système de dopage des sportifs », *Le Monde*, 28 décembre 2016, www.lemonde.fr/athletisme/article/2016/12/28/les-russes-admettent-avoir-dope-leurs-athletes_5054636_1616 661.html.

du dopage mondial représentés essentiellement par le CIO à l'époque. Les deux blocs se renvoient la balle en s'accusant mutuellement de tentatives d'influence au sein du Comité olympique. En 1984, par exemple, les organisateurs américains des JO de Los Angeles font pression afin de ralentir les contrôles antidopage pour favoriser l'essor économique de la compétition. Dans le même temps, Moscou se vante de n'avoir aucun cas de dopage avéré lors de ses « Jeux de l'amitié » la même année.

Après la chute de l'URSS, la faiblesse de l'État conjuguée à son désintérêt pour le sport dans les années 1990 engendre une libération de la parole. Les nouveaux dirigeants du sport russe – qui sont également les anciens dirigeants du sport soviétique – perçoivent le champ sportif comme une opportunité pour normaliser l'image de la Russie dans le concert des nations. Durant les années 1990, lorsque certains athlètes et entraîneurs déclarent avoir été encouragés par l'État soviétique à prendre des produits dopants, l'État russe ne dément pas et, au contraire, encourage ces révélations. Par exemple, selon Vassili Alekseev, l'entraîneur de l'équipe national d'haltérophilie entre 1989 et 1992, le Goskomsport, le comité soviétique des sports, n'hésitait pas à financer la prise d'anabolisants et à protéger les athlètes soviétiques coûte que coûte auprès des instances antidopages. En dépit de ces révélations, la pratique du dopage ne cesse pas pour autant en Russie. Lâchés par les autorités, certains athlètes se dopent d'eux-mêmes quand ils en ont les moyens. Face à cela, les autorités russes du sport n'hésitent pas au contraire à dénoncer le dopage systémique en Russie afin de se faire bien voir auprès des autorités occidentales.

Parallèlement, cette période correspond au moment où les instances de régulation de la lutte antidopage accentuent leur contrôle sur les athlètes post-soviétiques. Un engrenage qui a pour effet de révéler de nombreux cas russes positifs dans la première moitié des années 1990. Les instances sportives russes – le comité olympique russe et les fédérations sportives appropriées – s'illustrent alors par leur passivité. À tel point que les chercheurs spécialistes du dopage, Kidd, Edelman et Brownell n'hésitent pas à écrire : « Il est correct de dire qu'entre 1992 et 1996, il n'y avait pas de politique antidopage en Russie » (Kidd, Edelman, Brownell, 2000).

À partir des JO de 1996, le Kremlin change son fusil d'épaule. Il ne s'agit déjà plus de plaire aux Occidentaux. La multiplication des tests antidopages contre les sportifs russes est soudain perçue comme une menace. En effet, l'électorat russe commence à être sensible au discours selon lequel l'Ouest asservit la Russie et, en pleine campagne pour sa réélection, Boris Eltsine en tient compte. Désormais, les autorités russes du sport défendront bec et ongles leurs athlètes accusés de dopage en usant des scénarios bien connus aujourd'hui, tels que celui du complot antirusse ou de la vengeance par produit dopant dans un verre d'eau lors d'une affaire de mœurs (l'affaire Alexeï Petrov en est l'exemple). Ce revirement est le point de départ de la défiance des autorités russes à l'égard des instances antidopages internationales.

Trente ans après la chute de l'Union soviétique, la question du dopage n'est toujours pas réglée et une « nouvelle guerre froide » du sport – multipolaire et polysémique – se joue actuellement.

Les « Fancy Bears » : quand des hackers défendent le sport russe sur internet

Dans ce contexte, la guerre informationnelle opposant la Russie et ses contempteurs prend une nouvelle dimension. Le groupe de hackers russes « Fancy Bears » – considéré comme sous le contrôle du GRU (principale unité de renseignement militaire russe) par le renseignement américain, bien que démenti par V. Poutine – décide de passer à l'action. Entre 2015 et 2018, les pirates informatiques revendiquent pas moins de quatre cyberattaques majeures contre l'AMA (2015), l'IAAF (2017), le CIO et le Comité olympique américain (10 janvier 2018). Certains e-mails piratés échangés entre cadres de l'IAAF montrent l'hypocrisie qui règne dans un milieu sportif où chaque organisation est soucieuse de sa réputation, au détriment, parfois, de la lutte antidopage. Les hackers, qui déclarent lutter pour

« les valeurs du fair play et du sport propre », quand ils ne soutiennent pas la campagne de Donald Trump ou n'attaquent pas celle d'Emmanuel Macron, pointent également du doigt le fait que la plupart des organigrammes des instances de la lutte antidopage sont composés de personnalités occidentales.

Plus important, ces attaques révèlent également des tests positifs correspondant à des sportifs non sanctionnés en raison d'une AUT (Autorisation d'usage à des fins thérapeutiques). Introduite en 2004, la pratique d'octroi des AUT coïncide avec la publication de la première liste des substances et méthodes interdites dans le milieu sportif mondial. Puis, l'année suivante, l'adoption du Standard international pour les dérogations à des fins thérapeutiques (ISTUE) offre officiellement la possibilité à chaque État d'attribuer une AUT aux sportifs sous sa responsabilité. Aujourd'hui, un athlète peut se voir accorder une AUT s'il remplit l'une des quatre conditions suivantes :

- le sportif présenterait d'importants problèmes de santé si la substance ou la méthode n'était pas administrée ;
- l'usage thérapeutique de la substance ne produirait pas une amélioration importante de la performance du sportif ;
- il n'existe aucune alternative thérapeutique raisonnable pouvant se substituer à la substance ou à la méthode interdite ;
- la nécessité d'utiliser la substance ou la méthode n'est pas une conséquence de l'utilisation antérieure, sans AUT, d'une substance ou méthode qui était interdite au moment de son utilisation.[68]

Aussi étonnant que cela puisse paraître, l'AMA ne dispose plus de droit de regard à ce stade. Chaque fédération et/ou pays est libre de prescrire des produits dopants à ses athlètes de haut niveau à condition de fournir une autorisation médicale au préalable. Dès lors, une étude géopolitique des AUT à l'échelle de la planète révèle des inégalités flagrantes.

---

68 « Autorisation d'usage à des fins thérapeutiques (AUT) », *Agence mondiale antidopage,* 23 décembre 2016, www.wada-ama.org/fr/questions-reponses/autorisation-dusage-a-des-fins-therapeutiques-aut#item-1127.

Le cycliste Chris Froome a, par exemple, bénéficié d'un traitement à base de prednisolone – un produit officiellement interdit – pour soigner son asthme lors de compétitions officielles. Il avait par la suite reconnu sur Twitter que « les AUT sont la porte ouverte aux abus ». Or, les documents révélés par les Fancy Bears montrent que les États-Unis sont les champions du monde de la prescription par opposition à la Russie qui les distille avec parcimonie[69]. Si toutes les agences antidopages de la planète peuvent techniquement autoriser les dérogations thérapeutiques, l'Agence américaine antidopage (USADA) est l'organisation qui en autorise le plus. En 2016, elle a approuvé 80 % des demandes d'athlètes américains pour un total de 398 athlètes. La même année, la Russie était loin derrière avec 78 applications – soit 6 de moins par rapport aux États-Unis – pour 15 autorisations.

Les Autorisations d'usage à fins thérapeutiques (AUT) dans le monde en 2016[70]

Pays	Nombre de demandes d'AUT soumises en 2016	Nombre de demandes d'AUT autorisées en 2016	Pourcentage de demandes approuvées
États-Unis	494	398	80,56 %
Italie	700	372	53,14 %
France	Non disponible	370	Non disponible
Australie	299	170	56,86 %
Pays-Bas	Non disponible	97	Non disponible
Canada	228	79	34,65 %
Allemagne	Non disponible	75	Non disponible
Russie	78	15	19,23 %

69 En effet, 10 % des joueurs de la ligue américaine de base-ball disposent d'autorisations thérapeutiques afin de soigner leurs troubles de l'attention. En France, la plupart des demandes sont refusées.

70 Sources : sites Internet officiels des agences antidopages des pays en question.

Très enclines à autoriser l'utilisation de substances interdites, USADA est vivement critiquée par Moscou qui en profite pour détourner l'attention de la communauté internationale. « Certains pays fournissent à l'avance des certificats attestant qu'un athlète particulier doit prendre tel ou tel médicament prescrit par un médecin », explique Isaak Valitsky, directeur du palais des glaces « Iceberg » du site olympique de Sotchi. « Pourquoi l'AMA l'accepte-t-elle ? Le médecin l'a autorisé. S'il est malade, faites-le soigner et qu'il ne fasse pas de sport ! »[71] Ce discours est le produit d'une stratégie mise au point par les autorités russes depuis une dizaine d'années : le *sharp power.* Selon les chercheurs Jessica Ludwig et Christopher Walker, le *sharp power* ou « pouvoir pointu, piquant, tranchant » décrit « un pouvoir qui perce, pénètre et perfore l'environnement politique et informationnel des pays cibles ». Dans le cadre d'actions informationnelles précises, le gouvernement russe cherche donc à manipuler l'information au sein même de puissances tierces pour la retourner en sa faveur. De cette façon, si la Russie ne ressort pas nécessairement gagnante, personne ne l'est. Toutes les informations se valent et, du coup, plus aucune n'a de valeur.

Les institutions internationales de la lutte antidopage face à leurs contradictions

Avec l'aide des « Fancy Bears », le Kremlin fait des dysfonctionnements des instances internationales de la lutte antidopage son cheval de bataille afin de créer la confusion. En décembre 2017, le Comité international olympique (CIO) déclare que pas moins de 43 athlètes russes étaient dopés lors des JO d'hiver 2014 de Sotchi. Le coup est rude pour la Russie qui se voit privée de treize médailles et perd ainsi sa première place au classement général. Fait rarement mis en exergue dans la presse occidentale, le 1er février 2018, le Tribunal arbitral du sport (TAS) retoque la décision jugée hâtive et blanchit 28 athlètes russes. Conséquences ? La Russie repasse devant

71 Entretien avec l'auteur.

et peut à nouveau se vanter d'avoir remporté « ses » JO. Pour V. Poutine, cette décision est l'expression de l'incompétence des instances internationales de la lutte antidopage. Pour Thomas Bach, président du CIO, ce jugement est en revanche « extrêmement décevant et surprenant ».

Cette « affaire dans l'affaire » est l'illustration des difficultés et des contradictions auxquelles font face les différentes instances internationales de la lutte antidopage (CIO, TAS, AMA, Convention internationale contre le dopage dans le sport, fédérations sportives internationales, etc.). Tour à tour juges et partie, à l'exception du TAS, elles formulent des prises de position là où elles font également office de tribunal. Le cas russe est un révélateur des difficultés à statuer et à enquêter sur le dopage à l'échelle internationale.

L'AMA est une institution privée de droit suisse à la légitimité *de facto* contestable qui agit officiellement « de concert, au niveau international »[72] avec la Convention internationale contre le dopage dans le sport adoptée par l'UNESCO. En tentant d'exclure la Russie de la scène sportive internationale pour quatre ans, l'AMA a pris une décision historique. Pourtant, « le Conseil de fondation, composé de 38 membres, est l'instance décisionnelle suprême de l'AMA »[73], déclare l'agence sur son site Internet. Or, la Russie n'est pas représentée quand une grande partie des pays occidentaux le sont (États-Unis, France, Italie, Belgique, etc.). De plus, c'est le Comité de révision de la conformité (CRC), officiellement « apolitique » et « indépendant », qui a recommandé l'exclusion de la Russie auprès de l'AMA. Celui-ci est composé de six membres dont cinq sont occidentaux (Royaume-Uni, Canada, Belgique, Suisse, et Danemark)[74]. Un mode de fonctionnement difficilement compréhensible par Moscou.

---

72 « Dopage sportif », *L'Unesco,* www.unesco.org/new/fr/social-and-human-sciences/themes/anti-doping/unesco-and-wada.

73 « Conseil de fondation », *Agence mondiale antidopage,* 5 novembre 2020, www.wada-ama.org/fr/a-propos/gouvernance/conseil-de-fondation.

74 « Comité de révision de la conformité », *Agence mondiale antidopage,* 7 août 2020, www.wada-ama.org/fr/a-propos/gouvernance/comite-de-revision-de-la-conformite.

Par ailleurs, on observe régulièrement un conflit de légitimité entre l'AMA et le CIO depuis le début de l'affaire. Le premier accuse régulièrement le second de soutenir Moscou plus que de raison. Officiellement, le CIO « est […] l'autorité suprême du mouvement olympique »[75], c'est-à-dire qu'il est le juge absolu concernant l'organisation des événements sportifs dont il a la tutelle. Il est libre de décider quel pays participe ou non à « ses » JO. Conséquemment, lorsque l'AMA prend une décision, le CIO peut l'accepter ou la refuser. En août 2016, l'AMA avait par exemple convenu d'exclure la Russie des JO de Rio, mais le CIO avait refusé. Néanmoins, ce dernier avait décidé d'interdire « sans justification factuelle »[76] à l'équipe paralympique russe de participer aux JO paralympiques de Rio, créant un imbroglio incompréhensible. Plus tard, en décembre 2019, afin d'éviter que cette situation ne se reproduise, la vice-présidente de l'AMA, Linda Helleland, avait fait pression auprès du CIO en appelant publiquement ce dernier à « soutenir cette fois le sport propre plutôt que la Russie ». Le Comité avait alors accepté. Plus généralement, l'organisation du CIO est très opaque. En 2018, lorsqu'il avait finalement exclu la Russie des JO de PyeonChang, la décision avait été prise lors d'un huis clos composé de quinze membres dont aucun n'était russe ou allié de la Russie sur la scène internationale. Quatre russes composaient pourtant l'organigramme du CIO, mais ils n'avaient pas été consultés. Ce manque de transparence conduit régulièrement la Russie et la communauté internationale à s'interroger sur sa légitimité.

Au milieu de ce capharnaüm, le Tribunal arbitral du sport (TAS) apparaît comme l'organisation la plus équilibrée. « Institution indépendante basée à Lausanne qui participe à la résolution des litiges dans le domaine du sport »[77], le TAS connaît depuis quelques

75 « Le CIO – Comité international olympique », *International Olympic Committee*, 9 novembre 2020, www.olympic.org/fr/le-cio/que-faisons-nous.

76 Conférence des parties à la Convention internationale contre le dopage dans le sport, Sixième session, Paris, Siège de l'UNESCO, Salle XI, 25-26 septembre 2017 ICDS/6CP/Doc.86 septembre 2017, p. 62.

77 *Court of Arbitration for Sport*, www.tas-cas.org/fr/index.html.

années un regain de légitimité auprès du Kremlin et des instances internationales du sport. Officiellement, « depuis les Jeux olympiques de Rio 2016, les sanctions relèvent du TAS et de sa chambre antidopage »[78]. Mais cette décision est peu appliquée car, on l'a vu, le CIO est souverain concernant les JO.

Dans ces conditions, l'arbitrage du TAS, souvent pondéré et rendu après de longues enquêtes, apparaît davantage audible pour Moscou. Par opposition, le CIO et l'AMA semblent avoir une approche court-termiste, politiquement motivée et opaque. Comment croire en un système international de lutte antidopage où chacun semble maître en son logis ? Ne faudrait-il pas donner plus de pouvoir au TAS afin de clairement encadrer la lutte antidopage à l'échelle mondiale et ainsi assainir une situation qui, par son opacité, offre la part belle aux spéculations ?

Le cas russe agit donc comme un révélateur des incohérences et dysfonctionnements de ce système international de lutte antidopage. Qui décide de quoi et comment ? Une question dont les multiples réponses et les zones d'ombres offrent à Moscou un boulevard pour faire entendre sa voix dans la guerre informationnelle actuelle. La mise en place d'un tribunal centralisé, impartial et dénué d'intérêts – dont le TAS semble être l'avatar – permettrait d'offrir une solution à cette problématique. Mais cela signifierait la fin de l'influence de l'AMA et la perte de l'indépendance du CIO et des fédérations sportives internationales. Pourraient-elles s'y résoudre ?

■ La diplomatie sportive russe à deux visages : Iouri Ganous, un loup dans la *sportokratura* ?

En dépit d'un système sportif aux rouages bien huilés en apparence, l'étude de l'affaire du dopage révèle une diplomatie sportive russe en difficulté depuis septembre 2014 qui met à mal la structure même de la *sportokratura*.

---

78 « Règlement d'arbitrage de la Chambre anti-dopage du TAS », *Court of Arbitration for Sport, 2020. All rights reserved.*, 2018, www.tas-cas.org/fr/index.html.

Dans un contexte où le patriotisme en Russie est à son paroxysme, la période qui s'étend de décembre 2014 à août 2017 voit les hommes politiques, les sportifs et les oligarques russes faire front dans le cadre de l'affaire de dopage. Le discours dominant est incarné par la perchiste Ielena Isinbaïeva en décembre 2016 : « Oui, la Russie est gangrénée par le dopage [...]. Balayer chez nous est une excellente initiative. Mais concentrer les investigations sur un seul pays est un acte politique. » À demi-mots, demi-mesures. Les stratèges du *sport power* russe semble alors naviguer à vue et tentent de diviser pour mieux régner. Il s'agit de semer le doute quant à la légitimité des instances de la lutte antidopage, mais aucune décision réelle n'est prise afin d'améliorer la situation en interne. C'est justement la virulente Isinbayeva qui est nommée à la tête de RUSADA en mars 2017. Et si Vitali Moutko, le ministre des Sports russe d'alors, est bel et bien démis de ses fonctions en octobre 2016 en signe d'apaisement, il est alors promu… vice-président du gouvernement de la Russie.

Ces décisions irritent l'AMA qui monte au créneau et souhaite exclure la Russie des grandes compétitions sportives internationales. Face à ces menaces qui semblent de plus en plus sérieuses, le gouvernement russe décide de prendre de réelles mesures. I. Isinbaïeva démissionne de RUSADA en mai 2017 et Iouri Ganous est nommé à sa place. Libéral, le personnage détonne dans un paysage médiatique russe souvent monochrome. À tel point que Travis Tygart, le directeur de l'agence américaine antidopage (USADA), n'hésite pas à déclarer à l'Agence France Presse (AFP) que M. Ganous « n'est pas indépendant » et « que c'est une partition très bien orchestrée » destinée à réintégrer RUSADA dans le concert de l'antidopage international. Pourtant, ses prises de position illustrent l'inverse et il est plus probable que V. Poutine ait dû réellement se plier aux exigences de l'AMA en faisant rentrer un loup dans la *sportokratura*.

Mais l'affaire n'est pas terminée. Iouri Ganous accorde une interview le 15 octobre 2019 à l'agence Interfax. Selon lui, la situation est catastrophique, la base de données transmise à l'AMA par le laboratoire antidopage de Moscou a été falsifiée. Le 9 décembre 2019, ses doutes sont confirmés par la décision de l'AMA d'exclure la Russie du sport mondial pour quatre ans. Cette fois, c'est Vladimir Poutine qui prend la parole depuis Paris au sortir du Sommet Normandie. Selon lui, cette décision est « politiquement motivée » car elle n'est pas « individualisée », mais « collective ». Il y aurait donc deux sortes de complots dans la Russie d'aujourd'hui : le complot externe et le complot interne.

Le complot mentionné par Iouri Ganous met l'accent sur les problématiques intrinsèques liées à l'État russe. Il suppose que le FSB, piloté par les autorités, aurait sciemment falsifié les données transmises à l'AMA et donc que le problème serait avant tout interne à la Russie. Il vient de l'intérieur. Selon Iouri Ganous, le dopage d'État en Russie serait une réalité. Il se range ainsi derrière l'opinion occidentale.

La thèse développée avec constance par Vladimir Poutine exprime l'inverse. Selon lui, le problème viendrait de l'extérieur. Il le développe en trois points. D'une part, l'AMA prendrait des « décisions politiques », « injustes » et « illégales »[79], car il n'y aurait pas de dopage d'État en Russie. D'autre part, « toute sanction doit viser des violations spécifiques et individuelles ». En sanctionnant la Russie de façon collective, l'AMA se rendrait coupable d'un choix partial, car elle répondrait à un problème qui n'existe pas. Enfin, il pointe du doigt les incohérences et l'illégitimité de l'AMA à statuer sur la participation ou non d'un pays aux compétitions sportives internationales.

À l'instar de l'aigle impérial bicéphale qui regarde dans deux directions à la fois, cette schizophrénie russe n'est pas nouvelle et elle révèle un système sportif qui navigue à vue entre deux eaux. D'ailleurs, quelques jours plus tard, la Russie fait appel de la décision de l'AMA auprès du TAS en envoyant une lettre. Iouri Ganous décide de son propre chef de joindre au courrier un texte signé de sa main

79 « *Vladimir Putin's annual news conference* », *Présidence de Russie*, 19 décembre 2019, en.kremlin.ru/events/president/news/62366.

dans lequel il déclare être en désaccord avec les autorités russes. L'enjeu est alors plus important qu'une simple guerre intestine. Iouri Ganous représente désormais une Russie européenne et libérale (au sens russe du terme), c'est-à-dire qu'il accepte de se plier aux exigences internationales afin de participer au concert des nations occidentales. À l'inverse, le pouvoir russe, symbolisé par Vladimir Poutine, représente l'altérité d'un pays en quête d'identité, située au carrefour des représentations asiatiques et européennes, qui suit sa propre voie. Quelques mois plus tard, le 28 août 2020, Iouri Ganous est limogé de son poste par l'Assemblée générale du Comité olympique et paralympique russe. Officiellement, la décision a été prise, car il aurait violé à plusieurs reprises les règles administratives et financières de RUSADA. Officieusement, sa position trop libérale aurait irrité jusqu'à Vladimir Poutine lui-même.

Cette dynamique à deux vitesses a eu pour effet de faire naître deux courants de pensée en Russie à l'égard de l'affaire de dopage : le courant de pensée majoritaire que nous appellerons « conservateur » représenté par V. Poutine et le courant de pensée minoritaire dit « libéral » qui exprime un désir de changement. Ils sont tous deux visibles à travers les sondages d'opinion à ce sujet. En septembre 2015, le centre analytique de sondage indépendant russe Levada publie une enquête qui révèle que les Russes sont massivement contre l'usage de produits dopants (86 %) tout en étant divisés à l'égard des allégations de l'AMA à l'encontre de la Russie. En effet, 29 % des sondés jugent les rapports de l'AMA fondés quand 56 % y voient une marque d'hostilité à l'égard de la Russie[80]. Un an plus tard, fin août 2016, une autre enquête montre que 71 % de la population russe jugent les rapports de l'AMA à l'égard du dopage russe peu ou pas du convaincants quand 14 % sont assez ou très convaincus (15 % ne souhaitent pas répondre)[81].

80 « *Doping scandal* », *Levada,* 3 décembre 2015, www.levada.ru/en/2015/12/03/doping-scandal.

81 « *Russia doping scandal* », *Levada*, 24 août 2016, www.levada.ru/en/2016/08/24/russia-doping-scandal.

Depuis 2014, chaque camp a ainsi eu l'opportunité et le temps de polir ses arguments à travers lesquels sont véhiculées de nombreuses représentations. La *sportokratura*, elle, s'en retrouve affaiblie, car elle ne fait plus front uni.

■ Les représentations conservatrices russes de l'affaire de dopage en Russie : un élément central de la guerre informationnelle entre la Russie et l'Occident

Moscou tient une ligne politique constante à l'égard de l'affaire du dopage : les athlètes de tous les pays du monde se dopent donc les décisions prises à l'encontre de la Russie sont politiques. Tenue par la majorité de la *sportokratura*, cette position illustre la capacité des autorités russes à se défendre lorsqu'elles sont attaquées.

Un véritable courant de pensée est né de ces prises de position ces dernières années. Il s'exprime partout dans des livres, dans des discours ou encore dans les médias russes. Illustration de la double-pensée orwellienne produite par le poutinisme, il existe aujourd'hui en Russie une contre-histoire de l'affaire du dopage écrite et véhiculée par la *sportokratura*. Aux antipodes des rapports officiels de l'AMA et du TAS, cette vérité alternative montre la capacité de déploiement des élites russes pour se défendre. Dès les premières annonces de dopage en Russie, la *sportokratura* se mobilise afin de construire sa propre version des faits. Si les discours sont la face visible de l'iceberg, les nombreux livres en russe et en anglais écrits sur le sujet en sont la substantifique moelle.

À l'initiative du Fonds de la protection des valeurs nationales, l'ouvrage le plus complet sur le sujet a été écrit par Mikhaïl Degtyarev, Grigory Karamalak et Alexander Malkevich en 2019 et publié par la Fondation internationale pour l'assistance des vétérans et des handicapés du sport intitulé *Les Pratiques de dopage et campagnes occidentales pour discriminer les sports russes* (en russe : *Zapadnaya praktika dopinga i kampaniya po diskriminatsii rossiyskogo sporta*)[82]. Voici son histoire.

Créé en avril 2019, le Fonds de la protection des valeurs nationales est officiellement « une organisation à but non lucratif dont le travail vise à protéger les intérêts nationaux de la Fédération de Russie, à préserver la culture traditionnelle, à étudier l'expérience internationale, à protéger la liberté d'expression et les représentants des médias du monde entier, et à interagir avec les organisations internationales ». Il est dirigé par Alexander Makevich – l'un des trois auteurs du livre –, un journaliste controversé proche de V. Poutine. Il se fait connaître dans l'espace public américain en 2018 lorsqu'il se fait arrêter à l'aéroport de Washington par le Federal bureau of investigation (FBI) pour avoir publié du contenu « axé sur des questions politiques qui divisent la société ». Il avait en effet tenté de pénétrer l'espace informationnel américain en lançant le média *USA Really*. Mais ses activités ne se limitent pas à la Russie et aux États-Unis. Le 5 juillet 2019, A. Malkevich annonce que deux de ses employés sont détenus en Libye car, selon le bureau du procureur général du Conseil national de transition de la Libye, ils auraient « tenté d'influencer les prochaines élections dans le pays ».

Pour sa part, Mikhail Degtyarev est un homme politique très impliqué dans tous les domaines du sport. Il est le président de la Commission de la Douma d'État sur la culture physique, les sports, le tourisme et les affaires de la jeunesse depuis le 5 octobre 2016. À l'initiative de V. Poutine, il fait partie du Conseil pour le développement de la culture physique et des sports. Polyvalent, il est également membre du Conseil d'administration de la Fédération russe de hockey sur glace et président de la Fédération d'escrime de la région de Samara.

---

82 Disponible à cette adresse gratuitement et légalement au 15 avril 2021 : Degtyaryov Mikhail et *al.* « *The western doping practice and discrimination against russian sports* », *Rapport*, 2019, fznc.world/wp-content/uploads/books/DOPING.indd.pdf.

Enfin, Grigory Karamalak est un cas à part. Surnommé le « Bulgare », il est un ancien athlète moldave en exil depuis vingt ans en Russie. Actuel vice-président de la Fédération de lutte, il est le président-fondateur de la Fondation internationale d'assistance aux vétérans et aux handicapés sportifs qui a publié l'ouvrage. Problème ? Il est recherché par Interpol depuis 1998 pour extorsion, vol et grand banditisme. Il serait à l'origine de la création d'une association criminelle en Moldavie. « Maître émérite de sport » soviétique de lutte libre, il œuvre aujourd'hui pour le développement du sport russe.

Ces trois hommes aux parcours singuliers sont donc en charge de diffuser la vision gouvernementale du dopage international à travers leur livre. Disponible en téléchargement gratuit en anglais et en russe sur le site du Fonds de la protection des valeurs nationales, il est destiné à un lectorat national et international. Les auteurs déclarent dès la première page leur objectif de « donner un aperçu de la pratique courante des dérogations à des fins thérapeutiques en Occident comme moyen de légaliser le dopage dans le sport. Les lecteurs apprendront également comment les États-Unis et le Canada ont facilité la campagne lancée contre les sports russes. Cette campagne était basée sur des rapports controversés de Richard McLaren et des preuves non fiables fournies par Grigory Rodchenkov, même s'il a par la suite reculé sur certaines de ses affirmations. » En réalité, cet ouvrage est une synthèse de la pensée politique russe à l'égard de l'affaire de dopage. Il est divisé en quatre parties aux titres évocateurs :

1. Les agences antidopages aux États-Unis et dans d'autres pays : la pratique répandue des dérogations à des fins thérapeutiques.
2. Athlètes américains, britanniques et français : dopage et substances interdites.
3. Le rapport McLaren : des données imprécises et défectueuses ;
4. Discrimination antirusse et doubles standards.

Pendant plus de 130 pages, les auteurs s'attachent à démontrer méthodiquement que les sportifs occidentaux se dopent massivement grâce aux dérogations à des fins thérapeutiques, qu'il n'y a pas de dopage d'État en Russie, que le rapport McLaren est truffé d'erreurs et que, enfin, ces décisions sont le résultat d'une injustice, justifiée par une russophobie très présente au sein des instances internationales de la lutte antidopage. Afin de véhiculer ce discours de manière efficace, l'ouvrage connaît une promotion particulièrement importante en Russie depuis sa parution. Lors de la présentation du livre à Moscou en février 2019, Alexander Makevich déclare : « Il y a une campagne d'information active contre nous. Outre le fait que nous devons défendre nos droits légalement, nous devons adopter une position médiatique offensive à l'étranger. »[83] Il exprime alors sa volonté de faire traduire son ouvrage dans les principales langues des Nations unies afin de diffuser la pensée russe à travers le monde. Quelques semaines plus tard, Grigory Karamalak n'hésite pas à expliquer en interview qu'il n'aurait jamais pu écrire ce livre s'il n'avait « pas été approuvé par le ministère des Sports et le Conseil des fédérations et la Douma d'État. Je crois que c'est en grande partie le mérite de notre président, Vladimir Vladimirovitch Poutine, qui devrait être remercié pour cela. Je vois combien d'efforts il met dans le développement du sport, combien il prête attention et temps à cela, et comment il vient personnellement à certains événements. Autrement dit, le président n'est pas seulement intéressé, il donne également l'exemple. »[84] Enfin, le 14 février 2019, les trois hommes sont invités à participer à une table ronde organisée par le Conseil de l'Assemblée fédérale de la Fédération de Russie afin de discuter de leur livre sur le thème éponyme « Pratiques de dopage

83 « Pratiques de dopage occidentales et campagne de discrimination sportive en Russie », *Chambre publique de la Fédération de Russie,* 15 février 2019, www.oprf.ru/press/news/2019/newsitem/48240.

84 « Pratiques de dopage occidentales et discrimination dans les sports russes », *Ifavis.com,* ifavis.com/ifavis-opublikoval-knigu-zapadnaya-praktika-dopinga-i-diskriminaciya-rossijskogo-sporta.html.

occidentales et campagne pour discriminer les sports russes »[85]. Aujourd'hui encore, l'ouvrage est considéré par les autorités russes comme une sorte de manuel officieux de la position politique du pays à l'égard du dopage et il représente une frange majoritaire de l'opinion publique russe.

Dans un premier temps, l'affaire de dopage semble conforter la *sportokratura* dans sa zone de confort. Le patriotisme augmente à mesure que le pays est isolé et les élites clament à qui veut l'entendre un discours anti-occidental. Pourtant, l'affaire est longue et les athlètes subissent des sanctions de plus en plus dures. Peu à peu, l'unicité du discours russe se fragilise en même temps que la parole de Iouri Ganous se fraye un chemin.

Les représentations libérales russes de l'affaire de dopage en Russie : l'illustration d'une *sportokratura* en mutation ?

Cconséquences et miroir déformant de cette diplomatie schizophrène, la Russie voit s'affirmer ces dernières années une génération d'athlètes et de citoyens russes qui exprime publiquement ses désaccords à l'égard des dirigeants du sport russe sur les réseaux sociaux. Peu adeptes de la théorie du complot, selon laquelle toute cette affaire serait une conspiration venue de l'Ouest, ils sont généralement plus jeunes et font partie de cette génération d'athlètes sacrifiée sur l'autel de la victoire à tout prix.

« Lorsqu'une organisation sportive se trouve prise dans les relations politiques entre deux pays, France et Allemagne, Angleterre et Irlande, URSS et États-Unis, il n'y a pas de position de retrait possible » (Defrance, 2000), écrit Jacques Defrance. En Russie, c'est pareil. À force d'être en contact avec l'étranger, les athlètes russes finissent par réagir aux accusations de dopage d'État. Poreux et plastique, le milieu du sport mondial est un espace d'échange et de

85 « Olga Timofeeva a participé à une table ronde sur le thème "Pratique occidentale du dopage et campagne contre la discrimination contre les sports russes" dans le centre de presse de la *Gazette parlementaire* », *Conseil de l'Assemblée fédérale de la Fédération de Russie*, council.gov.ru/events/conference/101697.

partage. Comme durant l'époque soviétique, les athlètes russes sont en première ligne pour constater le grand écart qui existe entre la réalité politique russe et celle du reste du monde occidental. Depuis 2014, la *sportokratura* communique sur l'affaire de dopage en rejouant la guerre froide. Les élites critiquent abondamment le rôle des États-Unis dans cette affaire, n'hésitant pas à grossir les traits. Si bien qu'aujourd'hui en Russie, l'impression d'une nouvelle guerre froide du sport demeure. Comment réagit la population russe à cela ? Comment émerge une pensée critique à l'égard de la *sportokratura* ?

Chronologiquement, les révélations du couple Stepanov et de Grigory Rodchenkov sont fraîchement accueillies par les sportifs russes. Dans le contexte du conflit militaire en Syrie et en Ukraine, du retour de la Crimée et des JO de Sotchi, le patriotisme en Russie est alors à un niveau extrêmement élevé. Il n'existe alors que peu de sportifs pour exprimer ouvertement un désaccord à l'égard du pouvoir. Certains n'hésitent pas à politiser leur sport à outrance en faveur du pouvoir russe.

Puis, les sanctions tombent et les sportifs russes sont bien entendu les premiers concernés. Cela entraîne la réaction d'hommes et de femmes que le statut d'athlète de haut niveau empêchait jusqu'à présent de se prononcer politiquement. C'est le moment où la *sportokratura* se fissure, lorsque les athlètes se confrontent à une réalité jusqu'alors ignorée, quand tout un pan de la société souvent qualifiée d'apolitique ou de dépolitisée se révèle au grand jour. Alors que la façade uniforme du discours politique commence à s'effriter à mesure que certaines autorités reconnaissent à demi-mots les problèmes liés au dopage en Russie, plusieurs sportifs montent au créneau. La double championne du monde de saut en hauteur, Maria Lasitsken, critique à plusieurs reprises l'Association panrusse d'athlétisme. Le 9 juin 2019, elle déclare sur Instagram : « J'espère que les personnes impliquées dans cette honte sans fin auront le courage de partir. Par elles-mêmes. Et ne pensez pas que je parle uniquement de leadership, il s'agit des entraîneurs actuels qui sont sûrs que, sans dopage, il est impossible de gagner. Il est temps pour eux de se reposer. [...] Dire que le monde entier est dopé est hors de propos. Pas besoin de sauver le monde entier, il faut sauver ce qui reste de l'athlétisme russe. »[86] Idem pour le champion du monde 2013 de saut en hauteur, Alexander Menkov, la championne du monde de triple saut, Ekaterina Koneva, ou encore l'entraîneur Guennadi Gabrilyan. Tous regrettent que l'athlétisme russe soit gouverné par de vieux dirigeants jugés incompétents, car inadaptés à la réalité du sport mondial. Cette critique du mode de gouvernance du sport russe reste largement méconnue en Occident.

Comme l'explique Ekaterina Markina, chercheuse en sciences politiques spécialiste de l'héritage des JO de Sotchi 2014, diplômée de l'Université internationale olympique de Sotchi (RIOU), il y a un conflit générationnel de représentations au sein même de la Russie :

> « Il y a une rupture générationnelle en Russie aujourd'hui. Les moins de 35 ans, qui ne sont pas encore arrivés au pouvoir, mais qui sont très au fait d'un mode de vie mondialisé, du management du sport international ou de la privatisation, ne comprennent pas les plus de 35, qui sont au pouvoir et qui exercent celui-ci parfois comme du temps de l'Union soviétique. Il n'y a pas eu de «dopage d'État», ça relève du fantasme, mais un dopage systémique. C'est la résultante d'une structure politique et sportive qui n'a pas encore été suffisamment modernisée. »[87]

Cette politisation contrainte et forcée d'une partie de la jeunesse russe par le biais du sport offre donc l'illustration d'une réalité sociétale loin d'être uniforme. Six années d'affaire de dopage ont conduit à la révéler au grand jour.

L'étude du *sport power* russe dans le contexte de l'affaire du dopage en Russie révèle donc un pays traversé par des courants contradictoires, en transition où deux générations se font face. Mise à mal, la *sportokratura* reste encore omniprésente et omnipotente. Pour combien de temps ?

---

86 « Post de Maria Lasitsken », Instagram, 9 juin 2019, www.instagram.com/accounts/login/?next=/p/ByfwX0hF9Jd.
87 Entretien avec l'auteur le 14 janvier 2020.

■ Le *Rodchenkov Act* : le retour de la guerre froide ?

Signe d'une affaire où les zones d'ombre ne manquent pas, les législateurs américains introduisent en janvier 2019 le projet de loi intitulé le *Rodchenkov Act* – du nom du lanceur d'alerte moscovite qui vit caché aux États-Unis depuis fin 2015, grâce au programme de protection des témoins. Soutenu par les deux chambres du Congrès américain, le Rodchenkov Act est promulgué par Donald Trump en décembre 2020. Loi extraterritoriale ayant pour vocation de criminaliser les violations des règles antidopage, cet *Act* propose des peines pouvant aller jusqu'à 1 million de dollars d'amende et 10 ans de prison ferme pour avoir participé à des programmes de dopage dans les sports internationaux. Les auteurs de ce projet de loi n'hésitent pas à déclarer ouvertement qu'il est dirigé contre la Russie.

À l'initiative de cette loi : le sénateur démocrate Sheldon Whitehouse. Selon lui, les décisions de l'AMA ne sont pas suffisantes. « Il est temps de créer des sanctions plus dures contre la tricherie de la Russie et d'envoyer le signal que la Russie et les autres soutiens de la tricherie institutionnalisée ne peuvent utiliser la corruption comme un outil de politique étrangère », explique-t-il. « On sait par expérience qu'il nous faut contrer avec sévérité le mauvais comportement du gouvernement corrompu de la Russie. Sinon, ils [les Russes] prennent cela comme un encouragement. C'est pourquoi les réponses de l'AMA et du Comité international olympique (CIO) sont restées malheureusement loin des attentes. »[88]

Officiellement, le préambule de la loi exprime la nécessité de donner aux forces de l'ordre américaines les outils qu'elles utilisent déjà pour enquêter sur les délits de corruption non liés au dopage, afin de répondre aux précédents engendrés par « le cas russe » : « la fraude au dopage aux Jeux olympiques de Sotchi » et « d'autres

88 « Le *Rodchenkov Act*, une loi pour pénaliser le dopage institutionnalisé hors des frontières américaines », *Capital.fr*, 30 janvier 2019, www.capital.fr/economie-politique/le-rodchenkov-act-une-loi-pour-penaliser-le-dopage-institutionnalise-hors-des-frontieres-americaines-1325540.

grandes compétitions internationales »[89]. Si la pratique qui consiste à criminaliser les violations liées au dopage existent déjà dans un certain nombre de pays (France, Italie, Suède, Espagne, Suisse, Belgique, Autriche, Allemagne), la loi américaine est différente, car elle offrirait la possibilité aux États-Unis d'enquêter sur des violations qui se seraient produites à l'extérieur de ses frontières, ce qui n'est pas le cas des lois antidopages déjà existantes.

Le fond – une loi dirigée contre la Russie – et la forme – user du nom de Rodchenkov pour la nommer – engendrent des réactions virulentes à travers le monde. Les autorités russes perçoivent cela comme une déclaration de guerre froide. Le CIO, pour sa part, répond dès octobre 2019 en indiquant qu'il considère comme dangereux d'étendre le code pénal américain « aux athlètes des 206 comités olympiques nationaux »[90]. Enfin, la réaction la plus virulente vient de l'AMA elle-même. Le 12 mars 2020, cette dernière demande officiellement « au Sénat américain de tenir compte des préoccupations largement répandues à propos de la loi Rodchenkov » et de la faire retirer. Selon le président de l'AMA, Witold Bańka, cette loi présente trois risques majeurs :

- elle pourrait conduire à des chevauchements de lois dans différentes juridictions, ce qui compromettrait la mise en place d'un ensemble unique de règles pour tous les athlètes, tous les sports et toutes les organisations antidopage soumis au Code mondial antidopage ;
- plutôt que d'aider l'AMA et les forces de l'ordre à utiliser les lanceurs d'alerte comme le prévoit la législation, elle entraverait en fait la capacité d'utiliser les lanceurs d'alerte en les exposant à plusieurs juridictions et en empêchant les accords « d'assistance substantielle ». Cela compromettrait ainsi

89 Dospekhov Alexeï, « La Chambre des représentants américaine adopte la loi antidopage mondiale et omniprésente », *kommesant.ru*, 23 octobre 2019, www.kommersant.ru/doc/4134564.
90 *Ibid.*

considérablement la capacité d'enquête de l'AMA et des autres Organisations antidopage (OAD) ;
- elle engendre le risque de l'émergence d'autres juridictions extraterritoriales dans le monde et leur utilisation abusive à des fins autres que la lutte contre le dopage, par exemple pour discriminer les athlètes de nationalités spécifiques. Cela entraînerait probablement des représailles de la part des parties concernées et déclencherait une réaction en chaîne, ce qui serait préjudiciable à la lutte contre le dopage et aux athlètes de tous les pays, y compris des États-Unis.[91]

Les États-Unis ne tardent pas à répondre à ces accusations quelques semaines plus tard en menaçant de couper les financements américains à l'AMA. En effet, le Bureau de la politique nationale de contrôle des drogues (ONDCP) américain de la Maison Blanche exhorte, dans un rapport d'une vingtaine de pages, le Congrès à retirer son financement à l'AMA si elle ne procède pas à de sérieuses réformes. Selon le rapport, les États-Unis versent par moins de 2,7 millions de dollars par an à l'AMA, soit 14,5 % du budget total de l'AMA et plus que n'importe quel autre pays. Selon James W. Carroll, le directeur de l'ONDCP, « les contribuables américains devraient recevoir un retour tangible sur leur investissement dans l'AMA sous la forme d'un sport propre, de fair-play, d'une administration efficace du système mondial antidopage et d'une voix proportionnée dans le processus décisionnel de l'AMA »[92]. Sous-entendu, obtenir davantage de sièges au sein des différents conseils de l'AMA. Ce rapport révélé par le *Washington Post* le 24 juin 2020 fait l'effet d'une bombe. Il illustre le choix de l'unilatéralisme fait par les États-Unis au sein de

91 « *WADA calls on US Senate to consider widely held concerns about Rodchenkov Act (12 March 2020)* », *World Anti-Doping Agency,* 12 mars 2020, www.wada-ama.org/en/media/news/2020-03/wada-calls-on-us-senate-to-consider-widely-held-concerns-about-rodchenkov-act.

92 Maese Rick, « *Federal government threatens to pull WADA funding if it refuses reforms* », *Washington Post*, 24 juin 2020, www.washingtonpost.com/sports/2020/06/24/federal-government-threatens-pull-wada-funding-if-it-refuses-reforms.

la lutte antidopage et leur difficulté à s'adapter au multilatéralisme souvent rejeté en bloc, car jugé corrompu. Attaquée, l'AMA ne tarde pas à répondre en déclarant qu'« attribuer des sièges exclusivement aux bailleurs de fonds les plus élevés éliminerait la majorité des nations du monde ».

L'affaire de dopage russe révèle donc les tensions qui existent entre les organisations internationales antidopage, les États et les hommes. Aujourd'hui, les États-Unis cherchent à prendre le leadership d'une lutte antidopage jugée trop souple et lente. Contestée dans ses fondements et son utilité, l'AMA se voit tiraillée entre les intérêts américains et les intérêts russes. La Russie, elle, continue de critiquer aussi bien l'AMA que les États-Unis. Aucun doute, la guerre froide du sport est de retour et elle n'est paradoxalement pas sportive.

Le *sport power* russe face au coronavirus : être le meilleur élève d'Europe

En Russie, comme partout où la Covid-19 est passée, le sport s'est arrêté entre mars et juin 2020. Trois mois durant, les stades étaient vides, les salles d'entraînement silencieuses et les sportifs confinés. Quelles conséquences concrètes a eu l'épidémie sur le sport russe ? Comment a-t-il résisté ? Et que révèle cette situation extraordinaire du *sport power* russe et de la *sportokratura* ?

17 mars 2020. L'épidémie du coronavirus gagne du terrain en Russie. Les autorités décident d'arrêter la première ligue de football russe alors que le confinement de la population n'est pas encore déclaré. Dans la foulée, les autres ligues sportives de Russie prennent la même décision. Pour la première fois de son histoire moderne, le sport russe est à l'arrêt. Les événements sportifs sont annulés ou reportés, les camps sportifs interdits.

Au cœur de l'épidémie, le ministère des Sports russe met en place le programme « S'entraîner à la maison : le sport est la norme de la vie ». Oleg Matytsine lance un appel au athlètes professionnels dans les médias le 10 avril : « les sportifs doivent montrer comment s'entraîner isolément, faire preuve d'optimisme, de solidarité sportive. Les athlètes sont nos héros sur lesquels la jeunesse s'identifie. Si nous voyons l'optimisme dans les yeux des grands athlètes, où qu'ils se trouvent, cela nous donne l'espoir que l'avenir des sports russes est positif. »[93] Dès lors, tous les jours sur les réseaux sociaux, entraîneurs et athlètes de la *sportokratura* se relaient partout en Russie, sur Instagram, Vkontakte ou encore Facebook, pour faire des directs destinés à entraîner la population russe.

Officiellement, cette mesure est la continuité d'un processus mis en place en Russie depuis maintenant deux ans par le ministère des Sports : « Dans les médias et les réseaux sociaux, des communications sont établies avec des publics cibles pour une motivation ciblée du développement physique. Le besoin d'activité motrice tout au long de la vie des enfants et des jeunes se forme dans le système des sports de masse, de la formation d'une réserve sportive et de l'éducation. »[94] Soumise au coronavirus, cette innovation russe prend une nouvelle dimension pendant le confinement. En effet, les gouvernements de chaque région de Russie mettent en place des programmes virtuels adaptés aux spécificités et traditions locales. En Tchétchénie, les entraînements se déroulent par exemple sur Instagram aux heures adaptées au ramadan et ils ciblent tout particulièrement les sports de combat.

Le ministre des Sports profite également de l'occasion pour lancer un appel aux institutions mondiales du sport : « Les dirigeants du Comité international olympique, de l'Agence mondiale antidopage et les juges du TAS doivent comprendre que nous vivons en ce moment une situation complètement inédite, une crise qui a profondément transformé les relations internationales. Ils devraient effacer

---

93 « Actualités », *Ministère des Sports de la Fédération de Russie*, 10 mai 2020, minsport.gov.ru/press-centre/news/34846.

94 « Projet de stratégie-2030 », *Ministère des Sports de la Fédération de Russie*, 28 juin 2014, minsport.gov.ru/activities/proekt-strategii-2030.

l'ardoise et comprendre que la meilleure chose pour se sortir de la crise est d'être unis. »[95] Selon lui, la crise de la Covid-19 devrait être l'occasion de réintégrer pleinement la Russie dans le concert des nations du sport international. L'appel est resté lettre morte…

17 mai 2020. Trois mois jour pour jour après la fermeture du championnat russe de football, alors que la Russie est encore confinée, les autorités russes annoncent une réouverture des frontières pour… les athlètes et les entraîneurs uniquement. En Russie, le sport est prioritaire. La mesure est destinée à rappatrier les joueurs de football étrangers afin de pouvoir faire redémarrer le championnat russe en temps et en heure : le 21 juin. En Russie comme ailleurs, l'annonce fait sourciller. L'épidémie n'est pas encore contenue et déjà le pouvoir annonce le retour du sport professionnel. Pourtant, 12 clubs sur 16 s'étaient positionnés contre une reprise du championnat russe cette saison afin d'éviter un risque épidémique inutile. Les équipes favorables ? Le FK Krasnodar, le CSKA Moscou, le FK Rostov et… le Zénith Saint-Pétersbourg. Cerise sur le gâteau, les autorités annoncent que 10 % des supporters pourront être présents dans les stades afin officiellement d'aider économiquement les clubs sportifs russes en difficulté depuis trois mois à se relever. Sachant que le coût moyen d'un billet pour un match de football en Russie est d'environ 700 roubles (10 €) et que les stades de première ligue russe peuvent accueillir entre 7 500 et 65 000 spectateurs, l'argument financier avancé par le ministère des Sports semble fallacieux tant les retombées économiques seraient faibles. En Europe, l'annonce russe fait son effet. Si les autres championnats européens reprennent plus ou moins dans la même temporalité, tous ont choisi le huis clos pour éviter de nouveaux clusters. Par cette mesure symbolique forte, la Russie cherche à se différencier de l'Europe afin de montrer en Russie et dans le monde sa bonne gestion étatique de la crise. Une décision qui va dans le sens des chiffres officiels du coronavirus

---

95 « Actualités », *Ministère des Sports de la Fédération de Russie*, 10 mai 2020, minsport.gov.ru/press-centre/news/34846.

en Russie qui annoncent un nombre de cas (600 000) trois fois plus élevés qu'en France pour quatre fois moins de décès (10 000) à la mi-juillet 2020.

Alexander Dioukov, le président de l'Union russe de football, est à l'origine de cette reprise jugée hâtive et dangereuse par de nombreux observateurs russes et étrangers. Avec l'accord d'Oleg Matytsine, le ministre des sports russe, et du service fédéral de surveillance de la protection des droits des consommateurs et du bien-être humain, Rospotrebnadzor, il réussit à imposer cette décision à l'ensemble des clubs de Première ligue russe… contre l'avis de la Première ligue elle-même. Mais Alexander Dioukov n'est pas n'importe qui. Proche de V. Poutine, il est élu le 22 février 2019 à la tête de l'Union russe de football en lieu et place de Sergueï Priadkin, le remplaçant intérimaire de Vitali Moutko, lors d'une élection où il est le seul candidat. De surcroît, il est l'actuel président du Conseil d'administration de Gazprom et l'ancien dirigeant du Zénith Saint-Pétersbourg, l'un des quatre clubs qui souhaitaient ardemment la reprise du championnat russe et le favori de Vladimir Poutine… En pleine crise de la Covid-19, la *sportokratura* est toujours à l'œuvre.

Si, d'une part, il s'agit de montrer au monde la bonne gestion de la crise, d'autre part, le ministère des Sports, par l'intermédiaire d'Oleg Matytsin, met les bouchées doubles pour rattraper le temps et l'argent perdus. Un plan d'action est lancé dès la mi-avril. Il prévoit de prioriser le financement et la reprise de la préparation des équipes nationales du pays, la mise à jour des plans de préparation pour les XXXIIe Jeux olympiques à Tokyo en 2021, le développement des sports et des écoles de sport, l'organisation d'un processus scientifique et éducatif ou encore de la mise en œuvre du projet fédéral « Le sport est la norme de la vie ». Officiellement, il permettra « d'assurer une sortie progressive vers un mode de fonctionnement à part entière avec l'expérience acquise au cours des actions visant à prévenir la propagation de l'infection du coronavirus. »[96] La réalité répond à une urgence : au total, les athlètes russes ont manqué 248 compétitions internationales quand 31 compétitions sportives russes internationales ont été suspendues ou annulées ainsi que plus de 1 000 compétitions fédérales et régionales. En outre, le ministère des Sports annonce qu'il n'aidera pas financièrement les clubs sportifs professionnels. Le message est clair : aux régions d'assumer la facture si elles le souhaitent et/ou le peuvent et aux oligarques de prendre le relais. L'État se désengage, mais mobilise la *sportokratura via* les régions, les entreprises et les oligarques.

Pourtant, la stratégie de la course à l'image n'est pas terminée pour le Kremlin. Quelques mois plus tard, en mars 2021, rebelote : le pouvoir utilise le sport pour se positionner en leader mondial de la stratége vaccinale contre le coronavirus. Le Zenith Saint Pétersbourg et Gazprom offrent publiquement des doses du vaccin russe Spoutnik V aux supporters qui assistent à un match de leur équipe favorite. Désormais, pendant les rencontres, un centre de vaccination mobile se déplace dans les gradins pour vacciner à tour de bras. L'image est forte, l'information fait le tour de la planète. En Russie, à l'ère de la Covid-19, le *sport power* n'aura jamais été aussi politique.

■ De profonds changements à venir ?

Depuis l'arrivée au pouvoir de Vladimir Poutine, le *sport power* est sans conteste devenu un outil de la politique étrangère russe et l'arc 2000-2020 aura été marqué du sceau du sport. La Russie est l'organisateur d'événements sportifs internationaux le plus prolifique au monde durant cette période.

Malgré ces démonstrations de force, cette diplomatie sportive révèle peu à peu ses fragilités. Basée sur des décisions étatiques

96 « Oleg Matytsin : "le ministère russe a développé un plan d'action pour minimiser les conséquences des restrictions liées à la prévention de nouvelles infections à coronavirus et à la restauration du travail dans le travail sportif" », *Ministère des Sports de la Fédération de Russie,* 29 mai 2020, www.minsport.gov.ru/press-centre/news/34907.

mettant à profit les oligarques et « l'archipel de rente de la Russie » (Raviot, 2010), ce capitalisme administré est peu viable, car il est sujet aux cours mondiaux des hydrocarbures. Or, aujourd'hui, le sport de haut niveau nécessite une stabilité économique pour pouvoir exister dans la durée grâce à d'importantes retombées financières. De nombreux clubs russes ont connu une gloire fulgurante au début des années 2000, avant de retomber dans l'oubli, faute de moyens pérennes.

Pour pallier cela, il semblerait que le *sport power* russe soit à l'aube de profonds changements. Vladimir Poutine a annoncé lors du forum « Russie – une puissance sportive » en 2018 la nécessité de faire muter le modèle sportif du pays en mettant un terme aux investissements des entreprises d'État dans le sport russe et en comptant davantage sur les investisseurs privés[97]. Pour faire pleinement rentrer le sport russe dans l'économie de marché ? C'est peu probable tant le Kremlin aime avoir un droit de regard sur le sport.

Le projet de « Stratégie de développement de la culture physique et des sports dans la Fédération de Russie jusqu'en 2030 »[98] offre néanmoins quelques perspectives sur l'avenir du sport russe et celles-ci sont pour le moins politiques. Selon le texte officiel, parmi les clés de l'éducation physique et du sport pour les dix prochaines années, la Russie devra tenir compte de « la politisation du sport sur la scène internationale » et des risques que représentent « les boycotts des manifestations sportives organisées par la Fédération de Russie, la violation des droits des athlètes et des organisations russes ». Afin de remédier à cela, le ministère des Sports, avec l'aval de V. Poutine, va intensifier « le développement de la coopération sportive internationale, dans des formats prometteurs tels que ceux représentés par les BRICS, l'Organisation de coopération de Shanghai

97 « Poutine a exigé de réduire les coûts des régions et des entreprises publiques sur le sport professionnel », *Interfax,* le 11 octobre 2016 www.interfax.ru/business/532039.

98 « Projet de stratégie-2030 », *Ministère des Sports de la Fédération de Russie*, 28 juin 2014, minsport.gov.ru/activities/proekt-strategii-2030.

(SCO), l'Union économique eurasiatique (EAEU) et avec les pays de la Communauté des États indépendants (CEI). » Pour l'État russe, c'est une manière de prendre à contre-pied les institutions internationales du sport, jugées pro-américaines et pro-occidentales. En ouvrant la porte au développement sportif de nouvelles alliances, notamment avec les pays émergents, la Russie s'illustre par sa volonté de construire un monde multipolaire dans lequel l'hégémonie américaine ne serait plus. Le sport mondial ne serait-il pas, finalement, le miroir de Cassandre de la nouvelle guerre froide ?

CONCLUSION

Pour Vladimir Poutine, le sport est bien plus que du sport. Il est une philosophie, une spiritualité et une façon de s'approprier et de répondre au mythe national de la puissance russe millénaire dépositaire et gardienne des valeurs traditionnelles. L'objectif ? Pérenniser l'exercice de son pouvoir. Peu à peu, sa figure s'éloigne de celle du simple président. Au fil des mises en scène sportives, il transforme son image en archétype de l'homme russe et sa stature prend de la hauteur. Le peuple russe était courbé par le communisme et écrasé par le capitalisme ? Il faut le redresser physiquement. L'idéologie ne doit plus mettre l'État et le peuple à son service, c'est l'idéologie qui doit être au service du peuple et de l'État. L'alcool et le tabac sont des fléaux qui affaissent les corps ? Plutôt que d'en augmenter les prix, V. Poutine décide de montrer une autre voie. Il valorise un mode de vie sain et pratique tous les sports possibles et inimaginables. Il est une injonction physique à l'hygiénisme et à la pratique sportive. Homme politique polymorphe, il mythifie son image en montrant qu'il sait et peut tout faire. C'est dans ce contexte qu'il construit la *sportokratura* comme une excroissance naturelle de son pouvoir destinée à l'épauler dans sa quête de puissance. Mécanique et sans idéologie, elle est une machinerie au service du chef du Kremlin destinée à sportiviser la politique et politiser le sport.

Pour rendre sa stratégie efficace, V. Poutine « territorialise » les corps de l'élite du pouvoir post-soviétique russe (Deleuze et Guattari, 1973). Élites du pouvoir russe, musclez-vous ! Comment procède-t-il ? En réalité, il imprime son corps et sa philosophie du sport sur ceux des élites en les engageant à participer à l'effort commun. Force centripète, le Kremlin et son locataire attirent de façon perpétuelle les élites « sportivisées » vers le centre et rejettent ceux dont l'effort ne correspond pas aux attentes vers la marge. La « garde prétorienne » (Raviot, 2018) de Vladimir Poutine est constituée d'hommes politiques, d'oligarques et de sportifs pour qui le sport est un mode de vie. Ils sont des camarades d'entraînement, des amis d'enfance avec qui il pratiquait le sambo et le judo, ou tout simplement des personnalités dont il respecte l'abnégation dans le milieu sportif. Fidèle aux valeurs du sport qui sont les siennes, le président Poutine valorise la camaraderie, la loyauté et le respect de l'adversaire. Aussi respecte-t-il ses anciens partenaires de judo du club Troud de Leningrad parmi lesquels les oligarques et judokas Arkadi et Boris Rotenberg sont deux exemples éclatants.

Sous forme de cercles concentriques, il répercute cette logique sur l'ensemble de l'élite du pouvoir post-soviétique. Les gouverneurs sont rajeunis et/ou transformés. L'ancienne garde « militocratique » (Krychtanovskaia, 2004), composée des *siloviki* historiques (Vernon, 2005), est peu à peu remplacée par la nouvelle, composée de *civiliki* (Raviot, 2018) et de *sportokraturistes* confirmés ou en devenir. L'âge des gouverneurs baisse peu à peu et la nouvelle génération, composée d'hommes et de femmes technocrates longilignes apolitiques ou dépolitisés, prend la place. Ils ont pour point commun de valoriser un mode de vie sain, une pratique sportive intensive et de chercher à pérenniser la présence de Russie unie à la tête de l'État. Désormais, la plupart des gouverneurs et des proches du Kremlin glorifient le sport par la pratique et les discours. La « génération de Poutine » laisse sa place à la « génération Poutine ».

Afin que cette stratégie fonctionne à plein régime, un système de récompenses est mis en place. Pour une personnalité politique, pratiquer et valoriser un sport offrent la possibilité d'accéder au « corps » du président lors d'événements sportifs symboliques nationaux. Il en va de même pour un oligarque. Participer à l'effort sportif commun du pays en finançant un club sportif ou un stade moderne peut également permettre de s'attirer les faveurs du pouvoir. Le « poutinisme » s'imprime par et sur les corps. Observer l'élite du pouvoir russe par le prisme du sport permet donc d'en comprendre les mutations. Si les corps et les âges ont changé, les centres d'intérêts également. La plupart des gouverneurs n'hésitent pas à se mettre en scène à l'instar de V. Poutine afin d'inciter la population à pratiquer un sport.

La mutation physique des élites n'est pas anodine, car elle engendre peu à peu celle du peuple russe. En effet, le souhait du président est d'en faire des exemples au point de devenir des avatars de sa personne. Pour Vladimir Poutine, le « sport est la norme de la vie »[1] et il souhaite que d'ici 2025, 55 % de la population pratiquent régulièrement une activité sportive. Au début des années 2000, la tendance tournait plutôt autour des 20 % et, en 2020, elle dépasse les 40 %. Le chemin parcouru est impressionnant. « Pratiquer un sport », « avoir un mode de vie sain », le champ lexical du sport passe dans le langage courant ces dernières années à mesure que les centres de fitness ouvrent à travers toute la Russie, uniformisant un peu plus le territoire dans sa diversité. Dans un mouvement inversement proportionnel à l'augmentation de la pratique sportive, l'alcoolisme et le tabagisme reculent de façon notable ces dernières années. Il y a encore vingt ans, l'ivresse et la cigarette étaient « tendance » chez les jeunes russes, aujourd'hui, avoir un corps parfaitement sculpté selon les canons des magazines et une hygiène de vie irréprochable les ont remplacés. Entre 2000 et 2020, la population russe s'est métamorphosée sous l'impulsion de Vladimir Poutine. Désormais, prendre soin de son corps, c'est prendre soin de la nation. Se muscler, c'est respecter son identité. Pratiquer une activité sportive régulière, c'est rendre au peuple russe sa fierté. En définitive, le sport est désormais à la mode. Pour le pouvoir, l'objectif est bien entendu de le conserver. L'étude des événements sportifs locaux organisés par les autorités municipales ou régionales permet de rendre compte du caractère patriotique de ces manifestations. Souvent, les drapeaux de Russie

1 Expression qui vient du programme russe éponyme destiné à « sportiviser » la majorité de la population du pays d'ici 2030.

unie flottent au vent et les ambassadeurs du sport que sont les athlètes n'hésitent pas à afficher leur soutien pour les hommes politiques locaux, proches de Moscou.

À l'étranger, l'objectif de la *sportokratura* est multiple. D'un point de vue géopolitique, il s'agit d'abord d'attirer les plus grands événements sportifs de la planète – puissants vecteurs de représentations – sur son territoire afin de les utiliser comme un instrument de *soft power* couplé au *Nation branding*. Ce dernier, en tant qu'outil de la diplomatie publique, permet de façonner les attributs du modèle que le pouvoir souhaite montrer. Il s'agit de contrôler l'image que la Russie renvoie à travers le monde. Or, le *soft power* (*miagkaïa sila*) est avant tout envisagé par le Kremlin « dans le cadre compétitif d'un jeu à somme nulle » (Audinet, 2020). En réalité, la quête de puissance (*derjavnost'*) reste le principal objectif inhérent à toutes les décisions prises par les autorités. Dans ce contexte, le sport est destiné tantôt à attirer les populations du monde entier vers le modèle russe et tantôt à imposer ce dernier sportivement et diplomatiquement en rentrant ouvertement en conflit avec certaines nations en compétition.

Dans la deuxième moitié des années 2000, la *sportokratura* à l'échelle fédérale et régionale décide de tout mettre en œuvre afin d'accueillir les plus grands événements sportifs de la planète. C'est un succès sans équivalent dans l'histoire du sport. Le pays se voit accorder coup sur coup en 2007 le droit d'accueillir les JO d'hiver 2014 à Sotchi et en 2010 la Coupe du monde de football 2018. Dès lors, la machinerie de la *sportokratura* se développe. L'obtention de deux des trois plus gros méga-événements de la planète à quelques années d'intervalle offre un boulevard pour le pouvoir russe afin d'affirmer son image à travers le monde. La question qui se pose désormais est la suivante : laquelle ?

Le traitement par les médias occidentaux de la guerre en Géorgie en 2008 marque une nouvelle étape. V. Poutine se dit surpris de la machine informationnelle mise en place par l'Occident contre la Russie et décide de répondre en renforçant son contrôle sur les médias russes. Un *soft power* hybride (autrement appelé *sharp power*) se développe alors. Si, à l'instar du *soft power* défini par Joseph Nye, l'image renvoyée par les autorités est généralement positive, elle prend parfois des formes inattendues. Lorsque le pouvoir russe se sent attaqué, il utilise l'événement sportif comme une plateforme politique. Son *soft power* attractif se transforme en *soft power* offensif ou défensif mais toujours réactif. Exclue régulièrement des compétitions sportives internationales pour dopage ces dernières années, la Russie doit souvent concourir sous bannière neutre et sans son hymne. Conséquences, le pouvoir en profite pour faire valoir ses intérêts en tentant de contourner les sanctions. Il propose de jouer Katioucha et Tchaïkovski à la place de son hymne. Il fait confectionner la tenue de ses athlètes aux couleurs du drapeau russe. Le but ? Occuper l'espace médiatique et créer la confusion.

Le plus souvent, la *sportokratura* se façonne l'image d'un État-nation aux valeurs traditionnelles conservatrices pour répondre aux critiques. Quelques mois avant les JO de Sotchi, la Russie est vivement décriée dans la presse américaine concernant les droits de l'Homme, l'homophobie ou encore la liberté de la presse ? Le pouvoir russe répond en graciant Mikhaïl Khodorkovski quelques semaines avant l'événement. Un pas en avant ? Deux pas en arrière. V. Poutine annonce dans la foulée la suppression de RIA Novosti, l'agence de presse jugée trop libérale, et proclame la loi contre « la propagande homosexuelle » qui fait alors monter au créneau les associations LGBTI du monde entier. Dans le contexte des JO d'hiver 2014, la Russie connaît ce qu'on peut désormais appeler un *anti-branding* (Brown, 2018), c'est-à-dire que l'événement sportif s'est retourné contre son utilisateur. À l'étranger, l'image du pays ne s'est pas améliorée, elle s'est au contraire détériorée. À l'intérieur du territoire, en revanche, c'est un immense succès. Du point de vue du *Nation building*, les JO sont en effet un modèle du genre. Le pouvoir russe utilise l'événement comme un catalyseur des sentiments nationaux russes les plus forts. La fierté, le patriotisme, le retour de la grande Russie, le peuple étanche sa soif du mythe de puissance (*derjavnost'*) grâce à la *sportokratura*. Vladimir Poutine, lui, connaît l'apogée de sa popularité au lendemain de l'événement et s'impose un peu plus comme le premier *sportokraturiste* de Russie.

En réalité, la *sportokratura* ne cherche pas simplement à accueillir les plus grands événements sportifs de la planète, elle souhaite également les remporter. « Nous sommes dans notre constitution spirituelle une nation de gagnants »[2], disait Dmitri Medvedev, alors président de la Fédération de Russie, en 2010, afin de préparer physiquement et psychologiquement la nation russe à remporter Sotchi 2014. Cette spiritualité amène donc l'État à mettre tous les moyens en œuvre afin d'y parvenir. Il s'agit par exemple de naturaliser de nombreux athlètes étrangers afin de hausser le niveau du sport russe lorsque celui-ci est jugé trop faible. La Russie remporte les JO de Sotchi au classement des médailles ? C'est en grande partie grâce à cinq sportifs médaillés naturalisés durant les années qui précèdent la compétition. L'équipe russe écrase les Universiades 2013 de Kazan avec 292 médailles, record absolu de toute l'histoire de cette compétition ? C'est parce que la Russie a engagé plus d'athlètes que n'importe quel autre pays. L'équipe russe perd en quart de finale de « sa » Coupe du monde de football 2018 ? Durant les 8 années précédentes, la *sportokratura* a pourtant tout tenté pour hausser un peu plus le niveau de jeu de la *sbornaïa* grâce à la naturalisation de joueurs brésiliens et la venue de sélectionneurs étrangers de renom. Sans succès cette fois. Héritage de la guerre froide et du système sportif soviétique, cette volonté de décrocher tous les titres sur son territoire n'est pas du goût de tout le monde. En effet, ce *soft power* est souvent perçu comme une agression par les États concurrents qui voient en lui une volonté de domination. Depuis le début de l'affaire de dopage fin 2014, les contempteurs de la Russie ne manquent pas une occasion de décrédibiliser le plus grand pays du monde sur la scène sportive.

---

2 « Entretien avec les champions et lauréats des XXIes Jeux olympiques d'hiver de 2010 à Vancouver », *Présidence de Russie*, 15 mars 2010, www.kremlin.ru/events/president/transcripts/7105.

Dans ce contexte, de quel bois est fait le *Nation branding* façonné par les autorités ? Les JO de Sotchi sont auréolés du signe du retour de la puissance russe. Les thèmes du phénix, de la résurrection, de l'immensité du territoire et de la grandeur placent d'emblée l'événement sur le terrain de la géopolitique. De surcroît, les cérémonies d'ouverture et de clôture offrent un modèle de mise en récit au service de l'édification de la nation. Certains grands moments de l'histoire russe vantés par le pouvoir sont mis en avant, d'autres, en inadéquation avec le roman national sous V. Poutine, sont tus. Ce phénomène qui oscille entre amnésie et hypermnésie historique est caractéristique de l'État russe depuis 2012 et le virage conservateur opéré par le président Poutine. Il s'agit de respecter le roman national narré par les autorités et ainsi de se faire le porte-voix de l'histoire en train de se faire. Ce phénomène est particulièrement visible lors des événements sportifs qui se tiennent sur le sol russe.

En outre, certains éléments de l'histoire soviétique sont systématiquement repris afin de glorifier les plus belles heures de l'URSS et de la Russie : la conquête spatiale, les victoires sportives ou encore les grands athlètes. Cette privatisation des succès soviétiques au profit de la Russie est également une marque de fabrique du *Nation branding* russe. C'est par exemple une des raisons pour lesquelles Joseph Staline est réhabilité ces dernières années : le discours officiel accentue le fait que c'est grâce à lui que l'URSS s'est lancée dans la course aux médailles olympiques en 1952 et l'a remportée par la suite.

Ce contrôle quasi-absolu de la part de la *sportokratura* sur les événements sportifs et le sport russe en général pose la question de la pertinence de la notion de *soft power* pour qualifier cette stratégie politique. Selon Joseph Nye, le *soft power* est la capacité d'un État à influencer les relations internationales en sa faveur grâce à des moyens attractifs et non-coercitifs. En d'autres termes, il est un outil positif d'expression de la puissance. Ici, l'expression *sport power* peut également s'appliquer. Qu'il soit « dirigé », « semi-démocratique » ou « illibéral », le régime russe n'est pas une démocratie « à l'occidentale ». Même si le pouvoir se plie au jeu démocratique, son contrôle quasi-total des médias et du jeu politique le rend quasi-omnipotent. Il lui offre la possibilité de développer un système sportif unique et vertical qui répond à ses injonctions. Dans le contexte russe, le *sport power* est souvent un outil d'expression de la puissance, qui n'est ni toujours attractif ni toujours non-coercitif. En fonction de la situation internationale, le *sport power* russe peut devenir offensif, agressif ou encore belliqueux. Héritage de la guerre froide, cet usage politique du sport n'est pas nouveau. Il est simplement remis au goût du jour dans le cadre des enjeux géopolitiques contemporains liés notamment à l'avènement d'un monde multipolaire.

L'affaire de dopage est le symbole de la mutation des usages politiques du sport en Russie. Alors que l'AMA accuse la Russie de dopage généralisé et exclut l'équipe olympique russe des JO d'hiver de Pyeongchang en 2018, la *sportokratura* s'adapte en rétorquant que c'est une décision politique fomentée par l'AMA, elle-même à la solde des Américains. L'équipe russe décide de venir concourir sous drapeau neutre, mais profite de l'occasion pour « faire le buzz » en utilisant le marketing sportif à des fins politiques : une entreprise proche de l'État russe met en vente un T-shirt représentant un ours hurlant avec les initiales « OAR », qui signifient « Olympic athletes from Russia », le nom donné officiellement à la délégation sportive russe. Dans ce contexte, l'utilisation des expressions *soft power* et *sport power* semblent peu appropriées. On pourrait dès lors parler de *soft power* défensif ou offensif pour qualifier des stratégies dont le destinataire n'est pas forcément un État tiers mais bien une population cible. En l'occurrence, la population russe ou encore une frange de la population internationale qui ne se reconnaîtrait pas dans le discours de domination américain et dans les décisions des instances internationales de la lutte antidopage. Dans ce contexte, il est clair que la *sportokratura* utilise parfois le sport pour entretenir une séparation géopolitique de représentations entre l'Est (post-soviétique) et l'Occident. Lorsque le pouvoir russe ne souhaite plus s'adapter aux normes internationales jugées « occidentales », celui-ci se positionne comme le gardien des valeurs traditionnelles qui refuse de s'adapter à ce monde ultra-libéral qui ne lui convient pas.

Néanmoins, cette posture n'est pas figée. À bien des égards, la Coupe du monde de football 2018 peut être présentée comme l'anti-Sotchi 2014. Le *Nation branding* déployé lors du Mondial est l'opposé de celui des JO de Sotchi. Là où la *sportokratura* avait souhaité mettre en valeur l'altérité de la Russie et son ambition politique en 2014, il est décidé d'axer le message global de l'événement sur l'accueil des populations et des athlètes du monde entier en s'adaptant aux normes dites « occidentales ». Pourtant, le contexte géopolitique de la préparation de la Coupe du monde 2018 est très tendu, notamment entre la Russie et la Grande-Bretagne. Le pouvoir russe semble mettre de l'eau dans son vin et décide de ne pas mentionner ces désagréments. Vladimir Poutine se fait discret durant l'événement et tente de le dépolitiser. Cette position contraste grandement avec celle prise quatre ans auparavant. Dès lors, la *sportokratura* semble s'adapter au modèle occidental de l'événementiel sportif afin de ne pas faire de vagues dans un contexte très tendu d'un point de vue diplomatique et… sportif. En effet, l'affaire de dopage poursuit alors le pays depuis quatre années et il ne s'agirait pas de donner du grain à moudre à ses détracteurs. Résultat ? Le Mondial est salué dans le monde entier alors que les JO de Sotchi avaient été sous le feu des critiques en permanence. En se soumettant aux exigences des instances internationales du sport (AMA, FIFA), la Russie est rentrée dans le rang. Ce constat pose une autre question : est-il possible aujourd'hui d'exister positivement sur la scène sportive internationale en dehors du prisme dit « démocratique » occidental ? Jusqu'à présent, les critiques à l'égard des JO de Pékin en 2008, des JO de Sotchi en 2014 et de la préparation de la Coupe du monde de football au Qatar en 2022 laissent à penser que non.

Si le succès du Mondial à l'étranger est sans précédent pour un événement sportif organisé par la *sportokratura*, il en va différemment à l'échelle nationale. Les manifestations contre les retraites le mois suivant révèlent une frange de la population prête à se rebeller, alors même que la liesse populaire n'est pas encore retombée. Finalement, ce mois d'expérience démocratique « à l'européenne » semble avoir donné des idées à la population russe, notamment à la jeunesse. Il y a fort à parier qu'elle en tire des leçons dans un futur proche. Si les JO de Sotchi 2014 s'étaient retournés contre la *sportokratura* sur la scène internationale, la Coupe du monde de football 2018 s'est retournée contre elle à l'échelle nationale. La faute incombe probablement à un régime qui ne correspond pas aux canons « démocratiques » occidentaux et dont le caractère autoritaire est contesté par une partie de la population locale dès lors qu'elle en a l'opportunité.

Les usages de la *miagkaïa sila* (*soft power,* en russe) dans le domaine du sport représente donc les deux faces d'une même pièce – les deux effets contradictoires bien que liés d'un même *sport power* – dont ces deux méga-événements seraient en quelque sorte l'illustration, en représentant à quatre années d'intervalle une Russie d'abord conquérante puis accueillante. L'élite du pouvoir russe semble avoir des difficultés à manier les curseurs du *Nation building* et du *Nation branding* afin de s'adapter aux deux audiences en même temps.

Entre 2014 et 2021, l'affaire du dopage russe fait rage. L'État russe et ses rivaux occidentaux sont rentrés dans une « nouvelle guerre froide du sport » à l'ampleur inédite. Au cœur d'un conflit géopolitique de représentations, les deux camps se font face et fourbissent leurs armes. Comme du temps de la guerre froide, chacun dispose de sa propre gamme d'arguments bien rodés qui, à l'heure de la post-vérité, ne laissent souvent plus la possibilité de savoir de quoi il en retourne réellement. Selon la *sportokratura*, les athlètes russes ne sont pas plus dopés que la moyenne. Selon les États-Unis, la Russie a organisé un système de dopage d'État piloté par le Kremlin. Avec les informations dont nous disposons actuellement, ces deux affirmations sont fausses. En tous cas, pour l'instant, rien ne permet d'affirmer l'une ou l'autre avec certitude. Non, il n'y a pas de dopage d'État et oui les athlètes russes se dopent plus que la moyenne. À l'heure actuelle, nous pouvons affirmer qu'il y a un dopage systémique en Russie hérité de la guerre froide. Les entretiens menés sur le terrain laissent à penser qu'une majorité des entraîneurs et entraînés qui se dope ces dernières années le fait par réflexe pavlovien soviétique dans un contexte où la victoire est redevenue un impératif politique formulé par la *sportokratura*. En d'autres termes, ils répondent favorablement et par tous les moyens au clairon patriotique du pouvoir. Ce phénomène est également visible lors des élections : quand les autorités régionales font en sorte de « bourrer les urnes » afin de plaire au pouvoir central et à Vladimir Poutine. Mécontents de cette situation, les États-Unis décident de réagir par l'intermédiaire du *Rodchenkov Act*, du nom du lanceur d'alerte russe qui a révélé l'affaire. Cette loi a pour objectif de criminaliser le dopage d'État en offrant aux États-Unis la possibilité de légiférer sur la question. Les peines encourues ? Jusqu'à 1 million de dollars et 10 années de prison ferme. Selon les autorités américaines, l'AMA n'est pas suffisamment efficace, alors elles prennent les choses en main. En renonçant au multilatéralisme, elles franchissent une étape dans la « nouvelle guerre froide du sport ».

Le dopage en Russie est également l'illustration d'une des limites de la *sportokratura*. En effet, les coups de boutoir réguliers des instances internationales de la lutte antidopage ont fini par payer au fil des années. Les décisions consécutives d'exclure la Russie de la Fédération internationale d'athlétisme, des JO de Pyeongchang 2018 puis de la scène sportive internationale pour deux ans en décembre 2020, ont littéralement sacrifié une génération entière d'athlètes russes. Si Vladimir Poutine et consorts gardent la face en affirmant que toutes ces décisions sont politiques et orchestrées par des puissances qui veulent la peau de l'ours russe, de nombreux athlètes en Russie commencent à monter au créneau pour critiquer un système politico-économico-sportif qui ne leur convient plus. Après vingt années à prôner une philosophie du sport propre, V. Poutine a, semble-t-il, lui-même offert les armes à ses opposants pour qu'ils puissent se révolter contre un modèle qui ne leur ressemble pas. La faute à un double discours devenu banal qui ne trompe que ceux qui veulent bien se laisser berner. À l'époque soviétique, il était difficile pour la population de discerner le vrai du faux de la propagande gouvernementale. Aujourd'hui, il est possible en quelques clics sur Internet de comprendre les incohérences d'un système total dont les discours et les actes sont distendus par des années de novlangue. Alors comment le combattre ? La *sportokratura* est partout. Dans les médias, dans les partis politiques dominants, dans les domaines de la vie publique, les tentacules du système se glissent dans tous les interstices de la société ou presque… Le cyberespace reste un territoire au sein duquel les voix de l'opposition s'élèvent de plus en plus nombreuses. La force de frappe des réseaux sociaux permet à des sportifs russes populaires de critiquer le Kremlin. Éparses, ces prises d'initiative pourraient bien être le début d'un effet boule de neige.

L'homme russe nouveau « redressé » par V. Poutine serait-il en train de se retourner contre son créateur ? Comme souvent, le « poutinisme » anticipe pour mieux régner. Pouvoir caméléon, il change de couleur et d'idéologie en fonction du degré de danger auuel il est confronté. La *sportokratura* est fragilisée sur ses fondations endogames, autoritaires et clientélistes ? Elle donne du mou en offrant à la population un débat national sur le sport. Les propositions sont jugées trop virulentes à l'égard du pouvoir ? Elles sont écartées. En Russie, la démocratie est toujours dirigée.

Enfin, la question qui se pose désormais est bien celle-ci : que va-t-il advenir de la *sportokratura* après Vladimir Poutine ? À l'heure où la nouvelle constitution russe, votée début juillet 2020, offre la possibilité au président de rester au pouvoir jusqu'en 2036, sa succession continue d'alimenter les gazettes du monde entier. Il semblerait que le pouvoir ne soit pour le moment pas suffisamment solide sur ses fondations pour se permettre une alternance dans les prochaines années. Cela laissera probablement le temps à V. Poutine de consolider le « poutinisme » afin d'en faire un système pérenne dont la *sportokratura* serait l'émanation naturelle. Pourtant, l'exercice sportif du pouvoir par le chef du Kremlin est tel qu'il est omniprésent au sein de l'espace public russe. Dans les médias, il fait du sport. Sur internet, il fait du sport. Jusque dans ses discours, il fait du sport. Le pouvoir s'incarne désormais dans son corps et dans sa chair. Qu'il meure sur scène ou qu'il cède sa place, il laissera un grand vide que, pour le moment, personne ne semble en mesure de combler. En définitive, la personnification physique et sportive du pouvoir russe à travers Vladimir Poutine est la plus grande force et la plus grande faiblesse de la Russie actuelle. Lorsqu'il partira, faudra-t-il tout reconstruire à nouveau ?

Vladimir Poutine, jusqu'à quand ?

BIBLIOGRAPHIE INDICATIVE

ANDREFF Wladimir, « Les finances du sport et l'éthique sportive », in *Revue d'économie financière,* n° 55, 1999, pp. 135-175.

ANHOLT Simon, "Beyond the Nation Brand: The Role of Image and Identity *in* International Relations", *in Exchange: The Journal of Public Diplomacy »,* Volume 2 : Iss.1, Article 1, 2011.

AUBIN Lukas, « Quel *sport power* pour la Russie ? », *in Hérodote*, n° 166-177, 2017/3-4, La Découverte, Paris, pp. 189-202.

AUBIN Lukas, « Qui contrôle le sport en Russie ? Étude de la *sportokratura* à l'ère de Vladimir Poutine (2000-2019) », *in Revue internationale et stratégique*, n° 114, 2019/2, pp. 105-116.

AUDINET Maxime, « Un *soft power* d'État russe : la *migakaïa sila* », in RAVIOT Jean-Robert, « Russie : vers une nouvelle guerre froide ? », La Documentation française, 2016, p. 149-173.

BLACKBURN Matthew, "Mainstream Russian Nationalism and the "State-Civilization" Identity: Perspectives from Below", *Nationalities Papers*, 10.1017/nps, 2020, pp. 1-19. Disponible en ligne (26/10/2020) : https://doi.org/10.1017/nps.2020.8

BOGOLÛBOVA Nataliâ Mixajlovna*,* NIKOLAEVA Ûliâ Vladimirovna, *Geopolitika sporta i osnovy sportivnoj diplomatii : učebnoe posobie dlâ bakalavriata i magistratury*, Maison d'édition Yurayt, Moscou, 2018.

BOIVIN-CHOUINARD Mathieu, « Le hockey bourgeois est-il compatible avec la morale prolétarienne ? La naissance du hockey soviétique dans la complexité politique du stalinisme d'après-guerre », *in Bulletin d'histoire politique*, Volume 22, n° 2, hiver 2014, pp. 53-76.

BOLIN Göran et STAHLBERG Per, “Between community and commodity: nationalism and nation branding, Communicating the nation national topographies of global media landscapes”, *in Communicating the nation: national topographies of globla media landscapes*, Anna Roosvall & Inga Salovaara-Moring, Göteborg: Nordicom, 2010, pp. 79-101.

BOURG Jean-François, GOUGUET Jean-Jacques, *Économie du sport*, La Découverte, Paris, 2012.

BROHM Jean-Marie, « Corps et politique », Éditions universitaires, Paris, 1975.

BROWN James, “The Anti-Branding of Russia? U.S. Media and the Sochi 2014 Winter Olympics”, *in International Trends / Mezhdunarodnye protsessy*, 2018.

BUDY Sandra, KATZER Nikolaus, KOHRING Alexandra, ZELLER Manfred, *Euphoria and Exhaustion – Modern Sport in Soviet Culture and Society*, Campus Verlag, Frankfort, 2011.

CHUKHROV Keti, “Glamour as a Form of Culture *in* Post-soviet Russia”, *in Saria Reader: Frontiers*, 2007, pp. 236-248.

CLARK Katerina, “Utopian Anthropology as a Context for Stalinist Literature”, *in* TUCKER Robert, *Stalinism: Essays in Historical Interpretation*, New York, 1977.

CLASTRES Pascal, *La Société contre l'État*, Les Éditions de Minuit, Paris, 1974.

CORBIN Alain, *L'Avènement des loisirs 1850-1960*, Flammarion, Paris, 1995.

DEFRANCE Jacques, « La politique de l'apolitisme. Sur l'autonomisation du champ sportif », *in Politix*, volume 13, n° 50, deuxième trimestre 2000, pp. 13-27.

DELEUZE Gilles, GUATTARI Félix, *L'Anti-Œdipe, capitalisme et schizophrénie*, Les Éditions de Minuit, 1973.

DESCHEPPER Julie, « Le moment Kozyrev : retour sur les fondements de la politique étrangère post- soviétique », *in La Revue russe*, n° 45, 2015, p. 63-73.

DUFRAISSE Sylvain, « Les “héros du sport”. La fabrique de l’élite sportive soviétique (1934-1980) », Thèse de doctorat en histoire contemporaine non publiée, Université Paris 1 Panthéon-Sorbonne, 12 mars 2016.

DUFRAISSE Sylvain, *Les Héros du sport, Une histoire des champions soviétiques (années 1930 – années 1980)*, Champ Vallon, Ceyzérieu, 2019.

DUNNING Éric, ELIAS Norbert, *Sport et Civilisation, la violence maîtrisée*, Fayard, Paris, 1986.

DURAND Cédric, « Les privatisations en Russie et la naissance d’un capitalisme oligarchique », *in Recherches Internationales*, Association Paul Langevin, 74 54), 2005, pp. 33-50.

EDELMAN Robert, *Serious Fun: A History of Spectator Sport in the USSR*, Oxford University Press, Incorporated, 1993.

EDELMAN Robert, “There Are no Rules on Planet Russia: Post-Soviet Spectator Sport”, *in* BARKER A M, *Consuming Russia, Popular Culture, Sex, and Society since Gorbatchev*, Duke University Press, Londres, 1999.

ELTCHANINOFF Michel, *Dans la tête de Vladimir Poutine*, Éditions Solin/ Actes Sud, Arles/Paris, 2015.

ENGELS Friedrich, MARX Karl, *Œuvres*, Dietz Verlgag, Berlin, Volume 22, 3e édition 1972, 1893.

FILLER André, « L’identité nationale russe : anatomie d’une représentation », *in Hérodote*, n° 138, 2010, pp. 94-108

GENTÉ Régis, JALLOT Nicolas, *Futbol, Le ballon rond de Staline à Poutine, une arme politique*, Allary Éditions, 2018.

GOROKHOV Vitalii, “Forward Russia! Sports mega-events as a venue for building national identity”, *in Cambridge University Press*, Volume 43, Issue 2, mars 2015, pp. 267-282.

GOSCILO Helena, *Putin as Celebrity and Cultural Icon*, Routledge, 2014.

GOUNOT André, JALLAT Denis, KOEBEL Michel, *Les Usages politiques du football*, L’Harmattan, Paris, 2011.

GUELLEC (Le) Gurvan, « Les guerres olympiques de l’URSS », *in Regard sur l’Est*, 2002.

HAMBRICK Marion, PEGARO Ann, "Social Sochi: Using social network analysis to investigate electronic word-of-mouth transmitted through social media communities", *in International Journal of Sport Management and Marketing*, Volume 15, n° 3/4, 2014, pp. 120-140.

HOBERMAN John, *Sport and Political Ideology*, University of Texas Press, Texas, 1984.

HOBERMAN John, "Sport and ideology *in* the post-Communist age" *in* ALLISON Lincoln, *The changing politics of sport*, Manchester University Press, Manchester, 1993.

KALININ Mixajl, *O kommunističeskom vospitanii*, Moscou, 1962.

KASTOUEVA-JEAN Tatiana (dir.), « Mémoire de la Seconde Guerre mondiale dans la Russie actuelle », *in Russie.Nei.Reports*, n° 31, Ifri, juin 2020.

KIDD Bruce, EDELMAN Robert, BROWNELL Susan, "Comparative analysis of doping scandals: Canada, Russia, and China" *in* WILSON Wayne, DERSE Edward, *Doping in Elite Sport: The Politics of Drugs in the Olympic Movement*, Human Kinetics, 2000.

KINYAKIN Andrey A., « Les oligarques dans la Russie contemporaine : de la "capture" de l'État à leur mise sous tutelle », *in Revue internationale de politique comparée*, Volume 20, n° 3, 2013, pp. 115-131.

KOSACHEV Konstantin, "The specifics of Russian soft power", *in Russia in Global Affairs*, 3, 7 octobre 2012.

KRUGER Arnd, RIORDAN James, TERRET Thierry, *Histoire du sport en Europe*, L'Harmattan, Paris, 2004.

KRYŠTANOVSKAÂ Olga, *Anatomiâ rossijskoj èlity*, Zakharov, Moscou, 2004.

LACOSTE Yves, *Dictionnaire de géopolitique*, réédition 2003, Flammarion, Paris, 1993.

LENINE Vladimir, *Polnoye sobranie sochineni*, vol. 55, réédition 1968, Politizdat, Moscow.

MACHIAVEL Nicolas, *Le Prince*, Réédition 2000, Le Livre de Poche, Paris, 1532.

MARTINEZ Francisco, "The Erotic Biopower of Putinism: From Glamour to Pornography", *in Laboratorium*, 2012, pp. 105-122.

MARX Karl, *Le Capital, Livre I, Le procès de production du capital*, Réédition 1993, PUF, 1867.

MESROPOVA Olga, "I Choose Russia – I Choose Glamour", *in* RUDOVA Larissa, MENZEL Birgit, *Glamourour Russia*, Kultura : Russian Culture Review, 2008, pp. 12-13.

MORRIS Jeremy, "Drinking to the Nation: Russian Television Advertising and Cultural Differentiation", *in Europe-Asia Studies*, Volume 59, n° 8, décembre 2007, pp. 1387-1403.

NYE Joseph, *Bound to Lead: The Changing Nature of American Power*, Basic Books, 1990.

PERSSON Emil, PETERSSON Bo, "Political mythmaking and the 2014 Winter Olympics *in* Sochi: Olympism ant the Russia great power myth", *in East European Politics*, 2014, pp. 192-209.

POUPAUX Sandrine, "Soviet and post-soviet sport", *in* ANDREFF Wladimir, SZYMANSKI Stefan, *Handbook on the Economics of Sport*, Edward Elgar, Cornwall, 2006.

RAVIOT Jean-Robert, *Qui dirige la Russie ?*, Lignes de repères, Paris, 2007.

RAVIOT Jean-Robert, *Démocratie à la russe : pouvoir et contre-pouvoir en Russie*, Ellipses, 2008.

RAVIOT Jean-Robert, « Géographie politique de la Russie de 2010 », in *Hérodote*, n° 138, 2010/3, La Découverte, Paris, pp. 161-180.

RAVIOT Jean-Robert, *Russie : vers une nouvelle guerre froide ?*, La Documentation française, Paris, 2016.

RAVIOT Jean-Robert, « Le "poutinisme" : un système prétorien ? », in *Russie.Nei.Visions*, n° 106, Ifri, mars 2018.

RIORDAN James, *Sport in Soviet Society: Development of Sport and Physical Education in Russia and the USSR,* Cambridge University Press, Cambridge, 1980.

RIORDAN Jim, "*Playing to New Rules: Soviet Sport and Perestroika in Soviet Studies*", Taylor & Francis, Volume 42, n° 1, Janvier 1990, pp. 133-145.

SIMONS Greg, "Putin's International Political Image", *in Journal of Political Marketing* Volume 18, 2019, pp. 307-329.

STEVENSON K. L., « Le sport comme phénomène social moderne : une approche fonctionnelle », *in Sport et Style de vie*, 1979, pp. 58–65

TÉTART Philippe, « Le boycott des Jeux de Moscou (1980) : les athlètes à l'écran, entre impossible deuil d'un accomplissement sportif et sens de la responsabilité », *in Parlement[s], Revue d'histoire politique*, n° 29, 2019/1, pp. 71-81.

TROTSKI Léon, *Cours nouveau*, réédition 2020, Les bons caractères, 1934.

TSYGANKOV Andrei P., "Vladimir Putin's Vision of Russia as a Normal Great Power", *in Post-Soviet Affairs*, Volume 21, n° 2, 2005, pp. 132-158.

VALENTINOV, Nicolas, *Mes rencontres avec Lénine*, réédition 1987, éditions Gérard Lebovici, 1953.

VERNON Barbara, « Les élites en uniforme », *Pouvoirs*, n° 112, 2005/1, pp. 63-77.

VETH Karl Manuel, "Selling the People's Game, Football's transition from Communism to Capitalism *in* the Soviet Union and its Successor State", Thèse de doctorat en histoire contemporaine sous la direction de Stephen Lovell, Kings College London, 2016.

ZETKIN Clara, *Vospominaniya o Vladimire Ilyche Lenine, Part 2*, Gospolitizdat, Moscou, 1955.

ZINOVIEV Alexandre, *Homo sovieticus*, Édition française 1990, Julliard, 1982.

REMERCIEMENTS

Je tiens à exprimer ici ma profonde gratitude à Jean-Robert Raviot qui m'a offert ces cinq formidables années au cours desquelles j'ai pu cheminer intellectuellement et physiquement à travers la Russie. Ce long voyage m'a définitivement permis de grandir et de m'épanouir. Merci du fond du cœur.

Je souhaite également remercier mes parents, Isabelle Crausse-Aubin et Dominique Aubin, pour leur soutien sans faille, leurs précieuses relectures et… pour le K.

J'ai une pensée émue pour mes trois sœurs, Mathilde Fontez, Anaïs Aubin et Manon Aubin, dont le regard bienveillant est une source de courage et d'énergie quotidienne.

Merci à Myriam Pasek, mon éditrice, pour m'avoir offert la possibilité d'écrire cette phrase, déjà, et m'avoir permis de réaliser un rêve, surtout.

Je ne sais toujours pas comment remercier suffisamment Jean-Baptiste Guégan, collègue devenu ami, sans qui cet ouvrage n'existerait pas.

Merci à Pauline Muyl qui était là au début et à la fin, dans les moments qui comptent vraiment.

Merci infiniment à mes collègues et ami(e)s russisant(e)s, toujours drôles et alertes, qui mettent la barre si haut qu'on est obligé de s'élever avec eux : Louis Pétiniaud, Maxime Audinet, Claire Borgogno, André Filler, Vladimir Pawlotsky, Pauline Castier, Benjamin Staron, Louis de Bayser, Samuel Diraison, Kévin Limonier, Léa Ronzaud, Régis Genté, Éva Bertrand, Julie Deschepper, Vera Kryshtaleva, Caroline Gaujard-Larson, Colin Gérard et Yéléna Mac-Glandières.

Merci à mes ami(e)s les plus proches qui m'ont aidé précieusement tout au long de ces années, parfois à « l'insu de leur plein gré » : Gleb Khassouev, Antoine Lourme, Antoine Guerniou, Benjamin Mouhache, Vincent Taburet, Mickaël Bucket, Allan Pignata, David Marre, Martin Vincent, Alexis Lemétais et Audrey Mussat.

Merci à toutes les personnes que j'ai rencontrées en Russie au fil de mes terrains de recherche qui m'ont permis de mieux comprendre un pays complexe : Fatima Kosuma, Ekaterina Zhguleva, Abdullah Bokov, Lioudmila Dolzhonkova, Vadim Yangirov, Olga Kochkina, Anastasia Dolgova, Oleg Eshtukov, Mara Pavula, Shérane Prompsy, Ivan Potekhin, Alexandra Yatsyk, Tiphaine Blainville, Konstantin Vybornov, Sergey Pilosyan, Alexander Belokobylsky, Manon Masset, Diana Pruidze, Isaac Valitsky, Adelina Akhmetzyanova, Victoria Bragina, Anastasia Migal, Victor Apryshchenko, Aleksandra Guryanova, Vsevolod Soloviev, Manon Grard-Manoukian, et bien d'autres.....

Et, enfin, merci au peuple russe qui m'a toujours accueilli à bras ouverts à Grozny comme à Elista, à Irkoutsk comme à Samara. On y revient toujours.

Achevé d'imprimer en mai 2021
dans les ateliers d'Evoluprint
31150 Bruguières